人文与社会译丛

刘东 主编 彭刚 副主编

民族认同

[英国]安东尼·D. 史密斯 著

王娟 译

译林出版社

图书在版编目（CIP）数据

民族认同 /（英）安东尼 · D. 史密斯（Anthony D. Smith）著；王娟译. —南京：译林出版社，2024.1（2024.10重印）
书名原文：National Identity
ISBN 978-7-5447-9026-0

Ⅰ.①民… Ⅱ.①安… ②王… Ⅲ.①民族主义 - 研究 ②民族国家 - 研究 Ⅳ.①D091.5 ②D032

中国国家版本馆 CIP 数据核字（2023）第 241176 号

著作权合同登记号　图字：10-2022-367 号

民族认同　[英国] 安东尼 · D. 史密斯 / 著　王娟 / 译

责任编辑　熊　钰　张海波
装帧设计　胡　苨
校　　对　梅　娟
责任印制　董　虎

原文出版　Penguin Books, 1991
出版发行　译林出版社
地　　址　南京市湖南路 1 号 A 楼
邮　　箱　yilin@yilin.com
网　　址　www.yilin.com
市场热线　025-86633278
排　　版　南京展望文化发展有限公司
印　　刷　江苏凤凰通达印刷有限公司
开　　本　880 毫米 ×1240 毫米　1/32
印　　张　8.5
版　　次　2024 年 1 月第 1 版
印　　次　2024 年 10 月第 2 次印刷
书　　号　ISBN 978-7-5447-9026-0
定　　价　68.00 元

主编的话

刘 东

总算不负几年来的苦心——该为这套书写篇短序了。

此项翻译工程的缘起，先要追溯到自己内心的某些变化。虽说越来越惯于乡间的生活，每天只打一两通电话，但这种离群索居并不意味着我已修炼到了出家遁世的地步。毋宁说，坚守沉默少语的状态，倒是为了咬定问题不放，而且在当下的世道中，若还有哪路学说能引我出神，就不能只是玄妙得叫人着魔，还要有助于思入所属的社群。如此嘈嘈切切鼓荡难平的心气，或不免受了世事的恶刺激，不过也恰是这道底线，帮我部分摆脱了中西“精神分裂症”——至少我可以倚仗着中国文化的本根，去参验外缘的社会学说了，既然儒学作为一种本真的心向，正是要从对现世生活的终极肯定出发，把人间问题当成全部灵感的源头。

不宁惟是，这种从人文思入社会的诉求，还同国际学界的发展不期相合。擅长把捉非确定性问题的哲学，看来有点走出自我囿闭的低潮，而这又跟它把焦点对准了社会不无关系。现行通则的加速崩解和相互证伪，使得就算今后仍有普适的基准可言，也要有待于更加透辟的思力，正是在文明的此一根基处，批判的事业又有了用武之地。由此就决定了，尽管同在关注世俗的事务与规则，但跟既定框架内的策论不同，真正体现出人文关怀的社会学说，决不会是医头医脚式的小修小补，而必须以激进亢奋的姿态，去怀疑、颠覆和重估全部的价值预设。有意思的是，也许再没有哪个时代，会有这么多书生想要焕发制度智慧，这既凸显了文明的深层危机，又表达了超越的不竭潜力。

于是自然就想到翻译——把这些制度智慧引进汉语世界来。需要说明的是,尽管此类翻译向称严肃的学业,无论编者、译者还是读者,都会因其理论色彩和语言风格而备尝艰涩,但该工程却绝非寻常意义上的“纯学术”。此中辩谈的话题和学理,将会贴近我们的伦常日用,渗入我们的表象世界,改铸我们的公民文化,根本不容任何学院人垄断。同样,尽管这些选题大多分量厚重,且多为国外学府指定的必读书,也不必将其标榜为“新经典”。此类方生方成的思想实验,仍要应付尖刻的批判围攻,保持着知识创化时的紧张度,尚没有资格被当成享受保护的“老残遗产”。所以说白了:除非来此对话者早已功力尽失,这里就只有激活思想的马刺。

主持此类工程之烦难,足以让任何聪明人望而却步,大约也惟有愚钝如我者,才会在十年苦熬之余再作冯妇。然则晨钟暮鼓黄卷青灯中,毕竟尚有历代的高僧暗中相伴,他们和我声应气求,不甘心被宿命贬低为人类的亚种,遂把迻译工作当成了日常功课,要以艰难的咀嚼咬穿文化的篱笆。师法着这些先烈,当初酝酿这套丛书时,我曾在哈佛费正清中心放胆讲道:“在作者、编者和读者间初步形成的这种‘良性循环’景象,作为整个社会多元分化进程的缩影,偏巧正跟我们的国运连在一起,如果我们至少眼下尚无理由否认,今后中国历史的主要变因之一,仍然在于大陆知识阶层的一念之中,那么我们就总还有权想象,在孔老夫子的故乡,中华民族其实就靠这么写着读着,而默默修持着自己的心念,而默默挑战着自身的极限!”惟愿认同此道者日众,则华夏一族虽历经劫难,终不致因我辈而沦为文化小国。

一九九九年六月于京郊溪翁庄

目 录

导 论 …… 001
第1章 民族认同与其他认同 …… 005
第2章 民族认同的族裔基础 …… 027
第3章 民族的兴起 …… 055
第4章 民族主义与文化认同 …… 089
第5章 民族是被设计出来的吗? …… 123
第6章 分离主义与多元民族主义 …… 152
第7章 超越民族认同? …… 175

注 释 …… 215
参考文献 …… 233
索 引 …… 254

导 论

民族认同是一种集体现象，本书的目标是对这一现象的性质、起因和后果提供一种简洁明了的介绍。在当今世界的许多地区——尤其是苏联*和东欧——民族主义的浪潮正重新高涨，因此，对与民族现象相关的领域作一提纲挈领的描述是颇合时宜的。到目前为止，除了历史学的研究外，关于这一领域的讨论数量寥寥。与此同时，在西方世界，族裔复兴(ethnic revival)已经将公众和学者的注意力吸引到了与族裔民族主义相关的议题上，并在学界和政治界都引发了重要的争论。在北美地区，关于族性(ethnicity)的联合研究，同样激发了对世界各地的多族群国家问题的关注。

本书试图为民族认同提供一种历史社会学的解释，并应用我在《民族的族裔起源》(*Ethnic Origins of Nations*, 1986)一书中所发展的概念，来描述民族与民族主义从**前**现代向现代世界的转变。这里的潜在假设是：如果仅仅将民族与民族主义视为一种意识形态或政治斗争的形式，

* 本书英文版初版于1991年，当时苏联尚未解体。——译注(本书正文脚注均为译注，后不再注明)

我们就不可能真正理解它们；我们必须同时将它们视为文化现象。也就是说，作为意识形态与政治运动的民族主义，必须要与**民族认同**这个包含特殊的语言、情感与象征符号的多维概念紧密联系起来。

尽管就分析的目的而言，我们有必要将民族主义的意识形态运动从内容更宽泛的**民族认同**这个现象中区分出来；但是，如果想要理解民族主义作为一种政治力量为何具有如此巨大的影响力与号召力，我们就必须将分析建立在更广阔的视角上，而这一广阔视角的焦点正是作为一种集体性文化现象的民族认同。

这种研究路径需要对民族认同的基础和形成过程进行历史社会学
vii 的分析。这意味着我们必须首先抓住现代民族的前现代起源，并将民族认同和民族主义，与族裔认同和共同体的问题联系起来。

我在其他著作中已阐述过上述问题，因此在本书中，我将关注另一个问题：在前现代的**族群**（ethnie）与现代的民族之间具有怎样的延续性？后者是如何被形塑和创造的？关于研究族性问题的各种方法，已有大量文献作出过论述，我在这里只会简略提及这方面的内容。[尤其要参考泰勒和亚普（Taylor and Yapp，1979）和斯塔克（Stack，1986）的两本书中的文章，以及麦凯（McKay，1982）和A. D. 史密斯（A. D. Smith，1988a）的著作。]

在本书中，我关注了四个主要议题。第一，相对于其他形式的集体性文化认同，民族认同具有什么特征？第二，在现代民族的形成过程中，不同的族裔基础扮演了怎样的角色？它们是如何在早期的现代欧洲出现的？第三，各种各样的民族主义意识形态和象征符号的性质是什么？它们对基于领土或族裔的政治认同的形成具有什么影响？最后，我还关注各种各样的民族认同的政治后果，即它们对族裔冲突的加剧具有哪些潜在影响？我们是否有机会消除这类导致地方不稳定的身份认同和意识形态?

在现代世界中,民族主义可能是最具感染力的认同神话,但它们的表现形式却千差万别。在典型意义上,民族认同的神话是指将领土或血缘(或二者兼具)视为政治共同体的基础。这些差别构成了世界上许多地区的动乱与冲突的重要原因。那些艰苦而漫长的"族际"冲突("inter-national" conflict)都源于双方在民族认同的理念和诉求方面存在分歧。如果我们想要缓解(先不要说解决)这些冲突,并创造一个真正的跨民族共同体[international community,关于这一问题,可参阅梅奥尔(Mayall, 1990)的精彩论述],那么,对这些理念和诉求的理解就是至关重要的。

上述问题形塑了本书的论述和结构。我将从对不同类型的集体性文化认同的粗略考察入手,目的是凸显**民族**认同的独特性。第2章关注现代民族的族裔基础,并鉴别出它们的特征、发展动态和生存潜力。第
3章追溯了民族形成的两条主要路径,并提出这样的问题:为什么最早 viii
的现代民族性国家(national state)产生于西方?在贵族制的族裔共同体中,强大的国家机器通过官僚行政体制,将较低的社会阶层和外围地区的族群整合进来;在大众性的族裔共同体中,知识分子和专业人士将"人民"动员起来。这两个过程所形成的对比,最早出现在早期现代的欧洲,但很快也在其他大陆上出现,并且构成了现代世界的文化与政治的永恒主题。

第4章从意识形态、语言与情感的角度,介绍了民族主义的概念,重点关注民族认同的符号、仪式与习俗,并将各种基于领土的民族主义与各种基于族裔的民族主义区分开来。作为意识形态和语言的民族**主义**,出现于18世纪的欧洲,因此,我们也有必要对这个文化发源地及知识分子在其中所扮演的角色予以简要探讨。

第5章和第6章接下来将考察领土型民族认同和族裔型民族认同的形成途径，以及它们在世界不同地区产生的政治影响。第5章关注领土型的政治共同体如何从之前的帝国或殖民地中产生，以及知识阶层如何有计划地帮助创造了“公民民族”(civic nation)。第6章追溯了在19世纪的东欧和中东、20世纪的非洲和亚洲，以及自20世纪60年代起的欧洲和苏联反复出现的大众性“族裔民族主义”浪潮的发展轨迹。在每个案例中，都出现了一个相似的“方言动员”(vernacular mobilization)过程，即通过本土性的文化和历史对人民进行动员。尽管动员的形式和时机多种多样，但这种动员对既存的国家体制提出了挑战，并激发了强有力的族裔分离运动与领土收复主义运动。

最后一章将对出现一个新的“后民族”(post-national)世界的可能性予以考察。在这个新世界中，民族主义，甚至民族，将不复存在。考虑到当前跨国公司受到的种种限制、大国集团的瓦解以及全球性通信网络民族化的趋势，短期内消除民族主义的希望非常渺茫。然而，在“泛”民族主义(“pan” nationalism)的文化支持下，出现了一些区域联合体的迹象，这可能预示着，至少在这个世界的某些地区，集体性的身份认同将进入一个新阶段。

ix 这将是一个漫长和不确定的过程。我们唯一有把握做些预测的是：在可预见的未来里，民族认同和民族主义会继续保持强大的影响力，并进一步扩张。因此，对这一具有全球性影响并迅猛发展的现象，我们亟须增进理解。

安东尼·D.史密斯
伦敦经济学院
x 1990年3月21日

第1章

民族认同与其他认同

对雅典来说，公元前429年是一个转折点。在这一年，一场瘟疫席卷雅典，执政三十年之久的伯里克利染疫身亡。自此，雅典的力量明显衰落了。

同一年，索福克勒斯最伟大的悲剧《俄狄浦斯王》上演。这部剧作常被视为作家就“骄傲和权力所隐藏的极大危险”对他的国民提出的警告，但它的核心线索却是身份认同的问题。

这部戏剧的情节从一次瘟疫开始，但这一次，它摧毁的不是雅典，而是忒拜。很快，人们就了解到，这场瘟疫是由诸神降下的，原因是很久以前的一桩悬而未决的谋杀案——忒拜的国王拉伊俄斯被杀。在这场谋杀发生后不久，前往德尔菲神殿的俄狄浦斯到达忒拜。他正确地回答了斯芬克斯的谜语，将这座城市从恐怖中解救出来。于是，俄狄浦斯成为忒拜的王，并娶了拉伊俄斯的遗孀伊俄卡斯忒。他们生育了四个孩子，二男二女。

在这部戏剧的开始部分，俄狄浦斯许诺将找出导致这场瘟疫的不洁之物，并将其放逐。他派人请来了盲人先知忒瑞西阿斯，然而，忒瑞西阿斯阴郁地回答说，他俄狄浦斯，就是那个必须被驱逐的不洁之物。俄狄浦斯怀疑忒瑞西阿斯是被伊俄卡斯忒的诡计多端的兄弟克瑞翁教唆，才提出这样一项指控。伊俄卡斯忒平息了他们的争吵，并说明他的前夫拉伊俄斯是在一个“三岔路口”被一伙强盗杀死的。这唤起了俄狄浦斯的回忆，他记起自己曾经杀死一些陌生人。然而，有一个人活了下来，并在他回到忒拜时，请求被送往牧场。俄狄浦斯派人去找他，他必须弄清楚拉伊俄斯究竟遭遇了什么。

一个来自科林斯的信使带来消息说，城市的王、俄狄浦斯的父亲波
1 吕玻斯去世了。这使俄狄浦斯回想起很久以前他为什么离开科林斯，
并再未回去。原因是一条来自德尔菲神殿的神谕，它预言他将杀死自
己的父亲，并迎娶自己的母亲。直到现在，他仍然不能返回科林斯，因
为担心会与自己的母亲墨洛珀结婚。

然而，科林斯的信使还给俄狄浦斯带来一个令他吃惊的消息。事实上，他并不是科林斯的国王与王后的儿子。他是被国王夫妇收养的弃婴，因为他们没有孩子。而在很久以前将这个弃婴送到王室夫妇手中的不是别人，正是眼前这位信使。在那个时候，他还是一个在喀泰戎山放羊的牧人。如果这位信使没有从他的同伴（来自忒拜的牧人）那里收下这个婴儿，俄狄浦斯就将死于旷野之中。他的小脚因有皮带穿过而肿起，他也因此得名“俄狄浦斯”（意为“肿胀的脚”）。那个忒拜的牧人是谁？他从哪里得来了这个双脚被皮带穿过的婴孩？伊俄卡斯忒意识到了这个悲惨的真相，并请求俄狄浦斯打消继续追索的念头。可是他拒绝了，他必须弄清楚“他是谁”。伊俄卡斯忒冲了出去。俄狄浦斯唱道：

要发生就发生吧！即使我的出身卑贱；
我也要弄清楚。那女人——
女人总是很高傲的——她也许因为我出身卑贱感觉羞耻。
但是我认为我是仁慈的幸运的宠儿，不至于受辱。
幸运是我的母亲；十二月份是我的弟兄，
他们能划出我什么时候渺小，什么时候伟大。
这就是我的身世，我决不会证明是另一个人；
因此我一定要追问我的血统。[1]*

现在，一个忒拜牧人被带了进来。他正是那个在拉伊俄斯被杀时逃掉的人；然而，他也正好是那个很久以前在喀泰戎山将婴孩交给科林斯信使而使其免于曝死荒野的人。开始，他很勉强；后来，在巨大的恐惧之下，他坦露了真相：他是拉伊俄斯和伊俄卡斯忒最信任的仆人，他们将婴孩交给他，令他丢弃在喀泰戎山，原因是一条神谕；而这个婴孩是拉伊俄斯和伊俄卡斯忒的孩子。

俄狄浦斯冲了出去，他发现伊俄卡斯忒已悬梁自尽。他弄瞎了自己的双眼。他的余生变成了一场漫长的追索，追索他的诡谲命运究竟蕴含了什么寓意。开始是在忒拜，后来是在与安提戈涅的流亡中，直到在雅典城外的科洛诺斯，在欧墨尼德斯的果园里，泥土将他吞噬。正是通过这个结局，他使雅典成为永恒的圣地。这是这位诗人最后的想法， 2
时间是公元前406年，此时，他的漫长生命走到了尽头。[2]

* 此段引文采用了罗念生的译文，参见埃斯库罗斯、索福克勒斯、欧里庇得斯，《古希腊悲剧经典》（上），罗念生译，北京：作家出版社，1998年，第166页。

多重认同

索福克勒斯的戏剧有多个主题，并且不止一个层次。然而，在人物的行为中，始终纠缠着关于身份认同的问题——既有集体性的，也有个体性的。"我要知道我是谁"——推动这部戏剧的情节向前发展的动力，正是俄狄浦斯发现自我的努力，这也是他的行为的内在意义。然而，俄狄浦斯所发现的每一个"自我"，同时也是一种社会的自我，是一种类别，一种角色，哪怕这些社会自我被证明对他而言是错误的。直到这关于"他是谁"的真相以无比悲惨的方式呈现出来，他才开始瞥见自身命运的意义。他不再是一个成功的统治者，一位合格的丈夫和父亲，以及他的城邦的拯救者。相反，他变成了不洁的存在，一个杀人犯，一个出身卑微的奴隶，一个外来者，一个命运的孩子。只有在戏剧的最后部分，他才看到了在他眼明时无法"看见"的东西——那是只有盲人先知忒瑞西阿斯才能看见的。他将成为另一个忒瑞西阿斯，另一个盲人先知。通过痛苦而独特的命运，他将拥有治愈和拯救的力量。[3]

在索福克勒斯的戏剧中，俄狄浦斯横跨了一系列的类别和角色。这些角色和类别同时展示了诸多集体性的身份认同，这对公元前5世纪的希腊人来说是众所周知的。即使这些古希腊人自己并没有担任统治者或谋杀的经历，他们也都相当了解这类主题的象征与神话意义。俄狄浦斯的诡谲命运使得他不断"扮演"的这一系列虚构角色，在他们看来熟悉且易于理解。

与其他被雅典的悲剧作家戏剧化的英雄人物一样，俄狄浦斯代表了被置于不寻常环境中并被独特命运所隔离的普通人。他是一个普通人，因为在那个关于出身的真相被揭露以前，他所担当的角色代表了许多集体性的认同和“位置”。与所有人一样，俄狄浦斯拥有一系列这类“角色—认同”：父亲、丈夫、国王，甚至英雄。在很大程度上，他的个人认同就是由这些社会角色和文化类别构成的。或者说，直到事实暴露的那一刻前，情况应该就是这样的。然后，他的世界被颠覆了，他之前的诸种认同都变得空洞无物了。

俄狄浦斯的故事有助于增进我们对认同问题的理解。它揭示了自 3
我是如何由多重认同和角色（家庭的、地域的、阶级的、宗教的、族群的和性别的）构成的。它呈现出这些认同是如何建立在各种社会类别的基础之上的，而这些类别可能会被修改甚至废除。俄狄浦斯的身世告诉我们，另一个看不见的世界能对我们的物质世界产生影响，并将它的社会类别上下颠倒，将所有熟悉的身份尽数毁灭。

构成每个个体的自我认同的类别与角色通常有哪些呢？

最明显和基本的类别是性别。以性别为基础的分类体系是最为普遍和通用的，甚至可能是不可变更的。这种类别是其他差异和等级体系的源头。我们，以及我们生命中的许多机会与报偿，都是被自己的性别所限定的，无论这种限定所采取的方式是公开的，还是微妙的。然而，由于性别差异具有如此普遍和全面的特性，它在塑造具有内聚力的集体认同和动员集体行动方面的功能就要小一些。尽管女权主义在一些国家兴起，但在现代世界中，与其他集体性认同相比，遍布全球的性别差异并不那么显眼，它更多地被认为是理所当然的。性别认同的一体性被地理、阶级和族裔因素所分割，因此，若想利用性别分歧来唤起集体性的意识与行动，就必须将它与其他更具凝聚力的身份认同结合起来。[4]

第二种类别与空间和领土相关。地方性、区域性的认同同样是普遍存在的，在前现代时期尤为如此。从表面上看，地方主义（localism）

和区域主义（regionalism）具有性别差异所通常缺乏的凝聚力。然而，这种表象常常被证明是靠不住的。一个区域很容易就会分裂为多个小的地区，而这些小地区又很容易进一步分裂为更小的聚居区。我们很少能看到如法国大革命时期的旺代叛乱那样具有强大凝聚力的区域性运动。然而，即使在旺代这个例子中，运动的团结一致可能也是源自意识形态，而非自然生态。在大多数其他案例中，“区域主义”并不能为动员全体人民提供持续动力，因为这些人所面对的困境和抱怨的对象各有不同。此外，从地理上来说，“区域”是很难定义的，它往往具有多个中心，边缘又参差不齐。[5]

第三种集体认同与社会—经济地位（社会阶级）相关。俄狄浦斯担
4 心自己会被证实为“奴隶所生”，这反映出古希腊社会对奴隶身份和贫困的恐惧。即使后来农奴制取代了奴隶制，上述恐惧仍常常成为政治运动的发动机。在马克思的社会学中，阶级是最高等级的（事实上是唯一有意义的）集体认同，同时也是历史发展的唯一动力。在某些时候，特定的社会阶级（各种类型的贵族、资产阶级、无产阶级）能够成为发动政治或军事行动的基础。当然，只是“在某些时候”，因为情况并非总是如此，甚至经常不是如此。相对于由“贵族”作为一个整体发起的一致行动，在各个贵族派系之间的冲突要常见得多。自法国大革命起，同一民族的资产阶级内部不同集团和派别的斗争就屡见不鲜，更不用说在不同民族的资产阶级之间了。工人阶级同样如此。尽管“全世界无产者是兄弟”的神话被广泛接受，但由于工人群体被不同的产业部门和技能等级分割开来，因此，某个特定民族国家内部的工人联盟，同样是一个普遍和重要的神话。工人运动与农民革命同样稀少。在由这两类群体发起的运动中，各自为战的地方性骚乱才是常态。[6]

将社会阶级作为构建持久性集体认同的基础，还面临一个难题，就

是这种认同的情感号召力不足，又缺乏深层的文化基础。无论我们如何定义“阶级”——遵循马克思的理论，将阶级视为由生产方式决定的社会关系；或是遵循韦伯的理论，将阶级视为由市场中具有相同生活机会的人构成的集合——当我们试图将阶级作为构建认同感和共同体的基础时，其局限都是相当明显的。阶级，就像性别一样，通常是被领土分割开的。同时，它大体上代表了经济利益上的区分，因此也就可能会因收入和技能的差异而进一步细分。此外，经济因素随时间而波动的幅度很大，因此，将经济状况不同的多个群体长期保留在一个以阶级为基础的共同体内的可能性并不大。经济利益并不总是能够支撑起稳定的集体认同。

阶级认同还有一个特点，这个特点对形成一个稳定的共同体来说，既有利，又有弊。“阶级”指代的是一种社会关系。在某个特定的社会构成中，总是有两个或多个阶级彼此竞争。正如关于英国工人阶级文化的研究成果所揭示的那样，这种竞争有助于凸显不同阶级间的差异，从而强化各自的阶级认同。但同时，从定义来看，在一块特定的领土内，只有一部分人口具有这类阶级认同。如果出现一种更具包容性的 5
集体认同，能够覆盖这片领土上的全部人口，那么，这种认同绝不可能是建立在阶级或经济利益之上的。这种覆盖范围更广的集体认同，甚至会对更为严格的阶级认同构成挑战，并通过宣扬一种完全不同的人群分类标准，来摧毁阶级认同的基础。

这类情形经常发生。基于宗教和族裔认同而形成的共同体，都能够将不止一个阶级的人容纳进来。当宗教共同体试图在一个地区建立教派时，它会对这个特定人口单元的各部分人群都发出热切的邀请，甚至会跨越族裔边界。它发出的讯息既是民族性的，也是普世性的。即使在实践中这个宗教是局限于或主要针对某个特定阶级的，它的讯息也绝不会只对准这个阶级发出。15世纪，在萨珊王朝统治下的波斯所兴起的马兹达克主义，毫无疑问是底层阶级为争取社会公正而发动的一场运动，但从原则上讲，它所宣扬的理念是普世性的。与此类似，在18世纪的英格兰，尽管在原则上，圣公会是对所有的英国人开放的，但事实上它主要是由上层和中层阶级所独占的。韦伯指出了许多不同形式的“阶级宗教”，它们显示出阶级与宗教认同具有紧密联系，并且频繁地从一边“滑向”另一边。[7]

然而，“宗教认同”是建立在与“社会阶级”完全不同的标准之上的，这二者所涉及的人类需求与行为的范畴不同。阶级认同产生于生产和交换的范畴，而宗教认同则源自交流与社会化的范畴。宗教认同建立在文化及其诸要素（价值、象征、神话与传统）的基础之上，而这些要素往往成为习俗与仪式中的固定符号。因此，宗教认同使人们倾向于加入由全部信徒构成的单一共同体。这个共同体的成员会感到他们在共享一套象征符号、价值体系及关于信仰与仪式的传统。他们以同一个超验世界为参考，无论这个超验世界多么没有人情味；他们都被烙上了特定的组织印记，无论这种印记多么薄弱。[8]

宗教共同体通常与族裔认同密切相关。虽然“世界宗教”一直在试图跨越甚至废除族裔边界，但大多数宗教共同体的边界依然是与
6 族群边界重合的。亚美尼亚人、犹太人、信奉基督一性论的阿姆哈拉人（Monophysite Amhara），以及被阿拉伯人征服以前的埃及科普特人（Copt），为这种边界重合的情形提供了经典案例。这二者的关系还可能更加紧密：一个起初纯粹是基于宗教而形成的共同体，最终可能会演变为一个排他性的族裔共同体。在11世纪早期，德鲁兹人（Druse）是埃及的一个主张分裂的穆斯林教派，由于受到宗教迫害，他们迁徙到黎巴嫩山区的要塞。在那里，他们接纳波斯人、库尔德人和阿拉伯人进入他

们的社会阶层。这种情形持续了大约十年时间。然而，随着他们的最后一位伟大导师巴哈尔丁（Baha' al Din）于公元1031年离世，这种劝服异教徒改宗的情形就结束了。主要是出于对来自外部的宗教敌人的恐惧，这个共同体的成员资格变得固定起来。这个信徒的共同体不再允许成员进入或退出。很快，德鲁兹人就变得非常类似于一个建立在血缘和领土基础上的共同体。因此，在今天，作为一个德鲁兹人，意味着归属于一个“族裔—宗教”共同体。[9]

即使在今天，许多少数族群也保持了强有力的宗教纽带及象征符号。许多族裔共同体的认同都是建立在宗教标准的差异之上的，北爱尔兰的天主教徒和新教徒、波兰人、塞尔维亚人和克罗地亚人、马龙派教徒、锡克教徒、僧伽罗人、克伦人和什叶派的波斯人（Shi'i Persian）只是这类共同体中的一部分。在这个问题上，同样如约翰·阿姆斯特朗所展示的那样，两种类型的认同很容易从一种“滑向”另一种，并且彼此叠加的情形也经常发生。在人类历史的大部分阶段，宗教认同与族裔认同是一对孪生圈（twin circles），它们即使不是合二为一，也是非常接近的。在古代，每个群体都拥有自己的神灵、圣典、仪式、神职人员和庙宇，尽管在有些地方，少数群体或农民阶层可能也同时分享着统治者的主流宗教文化。在中世纪早期的欧洲和中东，即使是作为世界宗教的伊斯兰教和基督教，有时也会依族裔边界而分裂为不同教派。例如，亚美尼亚人与科普特人，以及稍晚时期的什叶派波斯人就是如此。尽管我们不能断然确定这是族裔差异造成的，但已有足够的间接证据显示，在宗教认同形式（即使是在世界宗教内部）与族裔区分或融合之间，存在牢固的关联。[10]

然而，为了分析的目的，我们必须将这两类文化性的集体认同明确地区分开。毕竟，宗教共同体能够将一个以族裔—语言为基础的人群

一分为二，例如，在瑞典人和德国人中间，以及在埃及，就发生了这样的
情况。在很长的时间里，直到民族主义的时代（共同体在一个新的政治
7 基础上被成功地统一起来）来临，在这些人口单元中，宗教上的分裂使
得强大而持久的族裔意识难以形成。类似地，尽管像佛教和基督教这样的世界宗教可能会适应并进而巩固既存的族裔共同体（例如在斯里兰卡和缅甸的情形），但它们同样也会对族裔差异造成侵蚀。例如，当英格兰的盎格鲁人、萨克逊人和朱特人这几个蛮族群体改宗基督教，并与近邻的其他群体相互融合时，这种情况就出现了。[11]

在下一章中，我将探究族裔认同的一些特别之处，正是这些特征将它与包括宗教认同在内的其他认同区分开来。但在这里，需要强调的是宗教认同与族裔认同的相似性。在对人群进行分类时，它们都源于类似的文化标准。它们经常是彼此重合并相互强化的。无论是单独一种，还是共同作用，它们都能够动员并维持一个强大的共同体。

“民族”认同的要素

在索福克勒斯关于忒拜人的戏剧中，几乎没有提及一种在今天非常重要且广泛存在的集体认同。尽管这些戏剧有时会以城邦间的冲突为主线，但它们从未提出“民族”认同的问题。俄狄浦斯有多重认同，但“异乡人”（也就是“非希腊的人”）这种身份从未构成其中之一。集体性的冲突至多只是希腊诸城邦及其统治者之间的战争。事实上，这不正是公元前5世纪的古希腊人的情况的真实写照吗？

1908年，弗雷德里希·梅尼克将“文化民族”（Kulturnation）与“国家民族”（Staatsnation）这两类现象区分开来，前者基本上是消极的文化

共同体，而后者则是主动的、自决的政治民族。我们可以反对他对这些词汇的使用（事实上是反对这些词汇本身），但这种区分还是富有成效和意义的。从政治上看，古希腊并不存在“民族”，它只有一系列的城邦，其中每个城邦都对最高统治权心存觊觎。但从文化上看，的确存在一个古希腊共同体——“赫拉斯”（Hellas，希腊语中的“希腊”）。并且，这个共同体可以在政治领域被动员起来——通常是为了雅典的利益。例如，伯里克利就发起过这种动员。换句话说，我们可以谈论一个希腊的文化和族裔共同体，但不能谈论一个古希腊“民族”。[12] 8

这暗示着，在我们使用“民族”认同这个概念时，无论其含义还包含了哪些其他要素，但至少有一种是不可或缺的：某种政治共同体意识，无论这种意识多么薄弱。进一步讲，一个政治共同体意味着至少存在一些公共机构和一套规定全体成员的权利与义务的统一法典。它还意味着一个明确的社会空间——一块边界相对清晰的，为其成员所认可并为他们带来归属感的领土。启蒙思想家（philosophes）所抱持的也正是这样的观点，他们将民族定义为“一个在特定的领土内，遵守相同的法律与制度的人群共同体”。[13]

这当然是一种关于民族的西方式概念，但后来，这些源自西方的经验对我们关于“民族”的理解产生了强大的（事实上是首要的）影响。西方世界最早出现了两种彼此密切相关的现象：新型的政治体（理性国家），与新型的共同体（领土民族）。后来的非西方概念即使偏离了这二者的规范，但依然带有它们留下的印记。

我们需要对这种西方的或“公民的”民族模型进行更细致的阐释。首先，它主要是一个空间或领土的概念。根据这种观点，民族必须拥有紧实的（compact）、边界清晰的领土。可以说，人口和土地必须彼此相属。例如，早期的荷兰人认为他们自己是在外海（high sea）中形成的，而他们所占有的土地是由他们自己锻造的（forging，名副其实的“锻造”），因此，这些土地是他们自己的。但是，这里所讨论的土地并不是随便地存在于任何地方的；它不是任意一块土地。它是并且必须是“历史性的”（historic）土地，是“祖地”，是我们的人民的“摇篮”。即使在有些地方，这块土地并不是他们最初的发源地（就像土耳其人的情况那样），但这种对土地的要求并不会改变。“历史性的土地”是这样一个地方，在那里，土地与人民经历了长达数代的相互影响与良性互动。祖地成为保存历史性的记忆与联系的博物馆，它是“我们的”智者、圣徒和英雄曾生活、工作、祈祷和战斗的地方。所有这些都使得祖地如此独特。它的河流、海岸、湖泊、山脉和城市都变成了被敬慕和颂扬的“神圣”场所。只有那些了解这些历史的，即具有自我意识的民族成员，才能真正明白它们的内在意义。同样，这块土地上的资源也专属于它的人民；它们不是
9 供“外人”（alien）使用和开发的。民族的领土必须变得自给自足。经济自给既是为了保卫神圣祖地，也是为了保护经济利益。[14]

第二个要素是关于**祖国**（patria）的概念。这是一个以法律与制度为基础的共同体，拥有单一的政治意志。它至少包含了一些一般性的管理制度，从而能够表达共同的政治情感与目标。事实上，在有些时候，**祖国**是通过高度集权以及统一的制度与法律表现出来的，就像大革命之后的法国那样——尽管在那里，各个地区还是将它们的地方性认同一直保留到了20世纪早期。在另一个极端，我们发现了由分散的殖民地、省、城邦等组成的联盟。它们的联邦制度和法律被设计出来，既是为了表达一种共同意志与政治情感，也是为了保护地方性的或省内的自由。美利坚合众国和尼德兰联省共和国为这种类型的民族联邦提供了有详细记录的案例。从许多方面看，1579年成立的乌得勒支同盟和尼德兰总议会（Netherlands' States General）的首要目的都是保护各成

员省历史悠久的自由与特权；在哈布斯堡王朝查理五世和腓力二世的统治下，这种自由与特权遭到了集权化政策的粗暴侵扰。然而，这场残酷而持久的反抗西班牙的战争，很快就培育出一种关于共同目标与认同的意识（这与加尔文主义的影响截然不同）。这显示出，一个荷兰民族的政治共同体已经出现。尽管它尚不完备，但却在不断成长。[15]

与在法律和政治意义上不断增长的共同体意识同时出现的，是一种关于“共同体的所有成员拥有平等的法律地位”的意识。它的充分表达形式就是社会学家所列举出的各种各样的“公民权”，包括公民的与法律的权利，政治权利和义务，以及社会经济权利。在这里，由西方思想家整合进民族模型的，正是这些法律与政治的权利。这意味着，存在一种最低限度的对内互惠、对外排他的权利与义务。这也意味着，存在一部凌驾于地方性法律之上的公共法典，以及相应的执行机关、最终上诉法庭等类似机构。在这个问题上，同样重要的是，要在原则上接受“这个民族的全体成员在法律上是平等的”这一观念，富裕者和权势阶层都要受到**祖国**的法律的约束。

最后，在这块划定的祖地上，政治共同体的成员在法律上的平等地 10
位预设了一个前提，即在全部人口中，或至少在“核心”共同体中，存在一定程度的共同价值和传统。换句话说，民族必须拥有一定程度的共同文化和公民的意识形态，一系列相同的理解、抱负、情感与观念，从而将祖地上的人口结合在一起。确保实现这套共同的公共性大众文化的任务，要交给专门的大众社会化机构（主要是公共教育系统和大众媒体）来承担。在民族认同的西方模型中，民族被视为文化共同体。它的成员即使不是同质的，也能够通过共同的历史记忆、神话、象征和传统而被统一在一起。对那些新的，带有自己的历史文化的移民共同体来说，即使他们已经被接纳为国家的成员，也依然要花费好几代人的时间，才能使其后代被接纳进当地“民族”及其历史文化的范围。这个过程是通过民族的大众社会化机构来完成的。[16]

历史性的领土，法律—政治意义上的共同体，全体成员在法律—政治意义上的平等关系，共同的公民文化与意识形态——这些就是标准的、西方的民族模型的构成要素。由于西方国家在现代世界具有重要影响，因此，在大部分非西方的民族认同概念中，这些要素尽管稍微改变了形式，但仍然是至关重要的。与此同时，在西方以外（主要是在东欧和亚洲），一种非常不同的民族模型迅速地发展了起来。从历史上看，它挑战了西方模型的支配地位，并带来了具有重要意义的新要素。这些要素能与非西方共同体的特殊环境与历史轨迹更好地协调起来。

我们可以将这种非西方的模型称为“族裔的”民族概念。它的与众不同之处在于，它将重点放在了以出身和原生文化为基础的共同体上。西方概念规定，一个个体必须隶属于某个民族，但他或她可以选择其所属的民族；而在非西方概念（或族裔概念）中，则没有这种选择余地。无论你留在自己的共同体内，还是迁移到其他共同体中，你仍然是你所来自的共同体的无法改变、不可分割的一员，并且身上永远带着这个烙印。换句话说，一个民族首先且主要是一个拥有相同血缘
11 的共同体。

这个族裔模型也包含许多方面的内容。第一，它显然认为最重要的不是领土，而是血缘——或者更准确地说，是假定的血缘。民族被视为一个虚构的“超级家庭”，它夸耀自己的血统和宗谱，并以此来支持它的诉求。这种血统和宗谱往往是由本土知识分子追溯得来的。这种情况在东欧和中东的国家最为明显。重点在于，在这种观念中，民族能够将自己的源头追溯到一个推定的祖先，因此它的所有成员都是兄弟姐妹，或至少是表亲。家庭纽带将他们与外人区分开来。

这种对假定的家庭纽带的重视，有助于解释为什么民族的族裔概念中包含了强大的大众性和平民性要素。当然，在西方的模型中也有“人民”的角色，但他们是被视为一个服从共同的法律与制度的政治共同体。在族裔模型中，即使人民实际上并没有被动员起来投入政治运动，他们也还是可以被视为民族主义抱负的服务对象，并充当修辞意义上的最高上诉法庭。民族的领导者只需通过诉诸“人民意志”，就能证明他们的行动是正当的，并将分散的阶级和群体统一起来。这使得族裔概念的基调更加显示出“跨阶级”和“民粹主义”的色彩，即使知识阶层并无意愿鼓动人民投身政治竞技场。因此，在族裔概念中，大众动员就算没有发挥实际作用，也扮演了重要的道德和修辞角色。[17]

与此类似，法律在西方的公民模型中的地位，在族裔模型中被方言文化（通常体现为语言和习俗）所取代。这正是词典编纂者、语言学家和民俗学家在东欧和亚洲的早期民族主义中发挥了中心作用的原因。他们关于过去与当前的“民间”（folk）文化的语言学和民族志研究，为这个“即将形成的民族”（nation-to-be）的蓝图提供了材料，即使他们复兴某种特殊语言的努力没有取得成功。就像在爱尔兰和挪威的例子中那样，尽管古老的语言衰落了，但通过创造一种关于共同体的神话、历史和语言传统的普遍自觉意识，他们成功地使一种族裔民族的观念在大多数成员的头脑中保留下来并具体化了。[18]

家族谱系和推定的血缘纽带、大众动员、方言、习俗和传统——这
些就是另一种“族裔民族”概念的构成要素。这个概念既是许多东欧 12
和亚洲的共同体在“民族形成”的历程中所走过的完全不同的道路的写照，也构成了一个充满活力的政治挑战。正如我们将看到的，直到今天，这个挑战依然在世界上的许多地方重复出现，并且反映了这样一

个事实：在每一种民族主义的核心中，都存在一种深刻的二元性。实际上，每一种民族主义都在不同程度上，以不同形式包含了公民的与族裔的两类要素。在有些时候，公民和领土的要素占据主导地位，而在另一些时候，族裔和方言的成分凸显出来。例如，在雅各宾派的领导下，法兰西民族主义主要是公民性和领土性的；它所宣扬的是共和**祖国**(patrie)的统一和在政治—法律共同体内的公民间的兄弟情谊。但同时，一种语言民族主义出现了。巴雷尔(Barère)和格里高利神父(Abbé Grégoire)所宣扬的是一种支配性的法兰西文化，而这种语言民族主义就反映了对这种文化的纯洁性与文明化使命的自豪。在19世纪早期，法兰西文化民族主义开始越来越多地反映出族裔民族(无论是法兰克人还是高卢人)的观念；后来这些变成了具有法律效力的宪章，但却指向了完全不同的法兰西理想。拥护教权和君权的右翼势力与强调血统和方言的"有机"民族概念结合起来，正好与共和主义的领土和公民模型相对立。在"德雷福斯案"*期间，这种情形表现得极为明显。[19]

然而，即使在由这两种对立的民族模型所形成的最严重的冲突中，也存在某些基础性的假设，从而能够通过一种共同的民族主义话语，将敌对的派别联系在一起。例如，在前面提及的法兰西的例子中，共和党人和保皇党人都接受法兰西拥有"自然的"与历史的领土(包括阿尔萨

---

* 1894年，法国陆军参谋部通过情报部门发现内部有奸细向德国出卖军事情报，军事法庭根据莫须有的证据认定犹太裔的上尉军官德雷福斯(Dreyfus)为奸细，将其判处叛国罪，革职并终身流放，法国右翼势力也乘机掀起反犹浪潮。不久之后，即有证据显示德雷福斯乃被诬告，但法国军方和政府坚持不承认错误，拒绝重审此案。围绕援救德雷福斯，法国国内掀起了声势浩大的社会运动，公众舆论分成两派，出现了反德雷福斯派组成的"法兰西祖国联盟"和由法国社会党领导的"人权联盟"。这场斗争的影响非常广泛和深入，以至原有的政治团体内部，朋友之间，甚至家庭内部，都由于观点不同而发生了分裂，两派的斗争也从文字论战发展为武装冲突，法国陷入了一场空前的政治危机。直至1906年，激进派领袖克列孟梭出任法国总理，该案才得以重审，最高法院宣布德雷福斯无罪，德雷福斯恢复了名誉和军籍。

斯）的观念。与此类似，在通过大众性的公共教育体系来反复灌输关于民族的理想与历史这个问题上，两派之间并没有真正意义上的分歧，只是在一些教育内容上有不同意见（主要是关于天主教的方面）。对法兰西语言的热爱同样是普遍存在的，没有人质疑法兰西及法语的独特个性；两个派系只有在关于“这种独特性的历史内容包括什么”，以及“应该从这些经验中吸取哪些教训”的问题上有些分歧。

上述事实显示，在“哪些要素构成了民族，并将它与其他类型的集体性文化认同区分开来”这个问题上，这两种相互竞争的民族模型其实持有相同的观点。这些观点包括：民族是与领土紧密相连的人口单元， 13
并且必须拥有自己的祖地；民族的成员共享相同的大众文化、历史神话与记忆；民族的成员在同一个法律体系内拥有互补的法律权利与义务；民族拥有统一的劳动分工与生产体系，成员可以在领土内流动。对所有的民族主义者来说，这些假定和要素都极为普通。甚至民族主义的批评者也普遍接受这些观点，尽管他们会继续对那些由这样的民族造成的全球性分歧与冲突予以强烈谴责。

这些共同假定，使我们能够将民族认同的基本特征归纳如下：

1. 一块历史性的领土，或祖地
2. 共同的神话与历史记忆
3. 共同的大众性公共文化
4. 适用于全体成员的一般性法律权利与义务
5. 统一的经济体系，并且成员可以在领土范围内流动

因此，民族可以被定义为**一个被命名的人口总体，它的成员共享一块历史性的领土，拥有共同的神话、历史记忆和大众性公共文化，共存于同一个经济体系，共享一套对所有成员都适用的一般性法律权利与义务。**[20]

这个临时性的定义，揭示了民族认同所具有的复杂而抽象的本质。事实上，民族从其他类型的集体认同中吸收了养料。这不仅能够解释民族认同是如何与阶级、宗教、族裔等其他类型的认同结合起来的，而且也解释了作为意识形态的民族主义为什么会与自由主义、法西斯主义及共产主义这些其他类型的意识形态相交织，从而衍生出变色龙般多样的组合形式。民族认同从根本上说是多维度的，它不能被化约为一个单独的要素。即使对某个特殊的民族主义派别来说，情况也是如此。同样，我们也不可能通过人为方式简单或迅速地在一个人口单元中催生出民族认同。

这个民族认同的定义也清楚地与任何关于国家的概念有所区别。后者专门指代某类公共机构，它既不同于其他社会机构，也不受其制约，并在既定的领土内垄断性地行使强力管制和税收的职能。与此相
14 对，民族则指代一种文化和政治的纽带，它将一个单一政治共同体内分享同一种历史性文化与祖地的所有成员统一在一起。这并不是说这两个概念没有重叠之处，毕竟它们都涉及历史性的领土和（在民主国家中）对人民主权的要求。然而，尽管现代国家都以“特定民族的国家”（state of particular nation）的名义存在，以在民族与大众的意义上获得合法性，但它们的内容和重点是大相径庭的。[21]

今天的许多“复数”国家（“plural” state），就是国家与民族间存在不一致性的典型例证。事实上，沃克·康纳在20世纪70年代早期所做的估测显示，只有大约10%的国家能够说自己是真正的“民族—国家”（nation-state），即国家的边界与民族的边界相一致，并且国家的全部人口共享一种单一的族裔文化。虽然大部分国家都渴望成为这种意义上的民族—国家，但它们往往还是将合法性诉求限制在“实现政治统一与人民主权”这个目标范围内。然而，这个目标很可能会遭到边界内的

族裔共同体的挑战，即使是老牌的西方国家也难逃此劫。类似的案例还有很多，它们表明，在国家与民族这两个概念之间存在一条深深的鸿沟。我们接下来将要讨论的历史资料都会强调这一点。[22]

民族认同的功能与问题

让我简要地总结一下。民族认同与民族都是复杂的概念，由许多相互关联的要素构成：族裔的、文化的、领土的、经济的与法律—政治的。在那些因共同的记忆、神话与传统而形成的共同体中，民族认同标志着成员间的联结纽带。这种纽带可能会表现为国家的形式，也可能不会，但无论如何，它与国家中那种纯粹的法律和行政纽带完全不同。从概念上来说，民族综合了两组维度，一个是公民与领土的，另一个是族裔与血缘的。在每一个具体的案例中，这两个维度各自所占的比重不同。正是这种多维特性，使得民族认同这个现象成为现代生活与政治中一种多变而又持久的力量，并使它能在不失其特质的前提下，有效地与其他具有影响力的意识形态与运动形式相结合。

为了展现出民族认同所具有的多面向力量，我们可以考察它对群体和个人所具有的功能。与前面列出的维度一样，我们可以方便地将 15
这些功能划分为“外部的”和“内部的”两类客观后果。

外部功能是与领土、经济和政治相关的。首先，民族定义了一个明确的社会空间，其成员必须在其中生活和工作；同时，民族也划定了历史性的边界，从而将共同体置于特定的时间和空间位置上。此外，民族也为个体提供了“神圣的中心”，这是精神与历史朝圣的目的地，展示了这个民族的“道德地理”的独特性。

从经济上看，民族确保了对领土上的各类资源（包括人力）行使控制权的要求。它们详细地规划了独立的劳动分工体系，鼓励物资和劳动力流动，并将这些资源向所有生活在祖地上的成员进行分配。通过定义成员资格、边界和资源，民族认同为实现民族经济自给的理想提供了理由。[23]

从政治上看，民族认同同样构成了国家机构（或它们的前政治等价物）的存在基础。遴选政府公务人员、制定政治行为规范及选举政府等行动都是建立在民族利益标准的基础之上的，而所谓民族利益则被假定反映了民族意志和全体人口的民族认同。

然而，民族认同最重要的政治功能可能是：它使法律制度所规定的基本权利与义务具有了合法性。这些法律制度定义了该民族独特的价值和特质，并反映出其人民悠久的传统和道德观。因此，在今天，对民族认同的诉求成为社会秩序与团结的主要合法性来源。

对共同体中的个体来说，民族认同还能够实现一些更具私人性的内部功能，其中最显明的就是对其成员进行社会化，从而使他们成为“国民”或“公民”。今天，这一目标是通过强制性的、标准化的公共教育体系实现的。通过这一体系，国家政府希望能够在国民的意识中灌输对民族的忠诚和一种独特而同质的文化。在追求文化的真实性与统一性的民族主义理想之下，绝大多数政权都对上述目标孜孜以求。[24]

民族还被用来为不同的个体与阶级提供社会纽带，因为它是全部
16 共享价值、象征符号和传统的集合。象征符号（旗帜、货币、国歌、制服、纪念碑和典礼）能够唤起民族成员对共同的历史遗产和文化血缘的情感；对某个共同身份的认同和归属感会使他们感觉变得强大和高尚。民族因此成为一个“获取信仰”的群体，能够克服障碍和困苦。[25]

最后，通过集体人格及其独特的文化，民族认同感为个人在这个世界中的自我定义和自我定位提供了一种有力的方式。在当今世界，

正是透过一种共享的、独特的文化，我们才能够知道“我们是谁”。通过重新发现文化，我们也“重新发现”了自我——那个“本真的自我”。或者说，对许多不得不在充满变化和不确定性的现代世界中奋斗，并因此感到分裂和迷失的个体来说，情况大抵如此。

在许多情况下，这一自我定义与定位的过程是民族认同的关键，但同时也是遭到最多怀疑的要素。由于人们的态度与看法是如此多样，因此，如果民族主义者、他们的批评者以及其他人无法就民族的自我定义与定位的标准达成一致，这也丝毫不会令人感到惊奇。在民族主义者的事业中，对民族性自我（national self）的追寻及其与个体的关系，始终是最难厘清的要素。

这类怀疑既是哲学性的，也是政治性的。在具体实践中，民族性自我会以各种不同的形式表现出来（这是民族的多层次本质的自然结果），这导致民族主义的信条被批评为逻辑矛盾或前后不一。尽管个别的民族主义主张（如文化多样性）获得了尊重，但在民族主义者的论著中，界定民族的标准并非精确无疑，它们是模糊的、变动的，并且常常是武断的，而这些都损害了这一意识形态的可信度。往好了说，关于民族的理念是粗糙和难于把握的；往坏了说，它就是荒谬和自相矛盾的。[26]

与智识上的怀疑主义携手而来的，是道德上的谴责。在“民族认同”的名义下，人们据说是心甘情愿地放弃了自己的自由，同时也剥夺了他人的自由。他们准备好了要去践踏那些无法被这个民族所吸纳的族裔、种族或宗教少数群体的公民权与宗教权。民族间的关系，或者更准确地说，国家间的关系，都遭到了类似的损害。民族的理想，从西方
世界的心脏地带发源，逐渐扩散到全世界，也将这些困惑、不稳定性、冲 17
突与恐惧带到了全球的各个地区，尤其是那些族群和宗教混杂的地区。

民族主义的信条，让任何一种政治尝试都以民族作为目标，也让任何一种人类价值都以民族认同作为衡量标准。自法国大革命起，这一信条就对涵盖单一人性、世界共同体及其道德统一性的整个理念发起了挑战。作为替代方案，民族主义为政治共同体提供了一种狭隘的、充满矛盾的合法性基础，这将不可避免地导致不同的文化共同体相互竞争。同时，由于文化的数量如此众多，彼此间的差异又如此巨大，这种合法性基础只能将人类拖入政治的卡律布狄斯漩涡*。[27]

这是一种常见的批评，然而，批评的范围和强度恰恰表明了这个被批判的信条在情感和政治上所具有的强大力量。既然民族主义者所面临的环境如此多样，这种理念和认同所承担的功能又如此繁多，那么，它们所带来的社会和政治后果也就必然是极为多样的。我们同样也可以对民族主义的积极效果进行分类登记：它保护了少数群体的文化，它挽救了“遗失的”历史和文学，它激发了文化复兴，它解决了“认同危机”，它为共同体和社会团结提供了合法性基础，它鼓励人们抵抗暴政，它树立了人民主权和集体动员的理想，甚至它激发了自我维续的经济增长。所有这些良性后果，都可以归因于民族主义的意识形态，并且与批评者所罗列的负面后果同样具有说服力。这些证据已足以显示：民族认同和民族主义具有模棱两可的力量，并且对当今世界绝大多数地区的绝大多数人口都具有或好或坏的深刻影响。

为什么会是这样的情形？今天民族认同所迸发的力量的深层根源
18 是什么？我们现在就开始探索。

---

* 卡律布狄斯（Charybdis），希腊神话中的人物，为海王波塞冬与大地女神该亚之女，因偷宰了大英雄赫拉克勒斯的牛羊，被宙斯扔进墨西拿海峡，囚禁于意大利半岛南端。她因积愤难平，每日三次吞吐海水，形成一个巨大的漩涡，将经过的船只吞噬。

第2章

民族认同的族裔基础

被我们称作“民族认同”的这一现象的起源与它的性质一样复杂。在许多方面，每个民族的起源都是独特的；在成为现代民族的过程中，它们各自的起点、轨迹、速度和时机不尽相同。但是，我在这里所说的复杂性并不仅限于此。“民族的起源是什么”这个问题，需要被分解为几个更进一步的问题，例如：这个民族是谁？为什么是这个民族？它是如何成为这个民族的？它在何时何地成为这个民族？

事实上，通过这些问题，我们能够很方便地从三个方面获得关于现代民族的起源与发展历程的一般解释：

1. 这个民族是**谁**？现代民族形成的族裔基础及模式是什么？为什么是这些特定的民族出现了？

2. **为什么**是这个民族出现了？它是**如何**出现的？也就是说，哪些一般性的原因和机制启动了民族形成的进程，从而使它从多种多样的族裔纽带与记忆中演化出来？

3. 这个民族是在**何时与何地**出现的？哪些特别的理念、群体和地点使得个别的民族更倾向于在某些特定的时间和地点形成?

通过回答这些问题(尽管答案只是一般性的,并且肯定是不完备的),我们期望能够为“民族的起源与发展”这个棘手的主题提供一些更深入的见解。

族群与族裔基因

神话讲述的是过去的事情,但却服务于当前的目的和(或)未来的目标。如果像俄狄浦斯这样以戏剧形式呈现的神话能够成为人们普遍相信的故事,那么,民族主义就是当代最广为流传、无所不在的神话之一,而民族则处于这个神话的中心位置。这个神话的核心观念是:民族
19 是自古以来就存在的,民族主义者必须将它从漫长的睡梦中重新唤醒,并使其在一个由众多民族构成的世界中占有一席之地。正如我们将看到的,民族的控制力部分地源自民族主义的救赎戏剧所提供的承诺本身;但是,使这种力量无限放大的,则通常是那些依然生机勃勃的传统。这些传统是关于一群人、一个共同体或一个地区的早期生命历程的记忆、符号、神话和价值。因此,我们首先要探究的正是这些前现代的族裔认同与传统。[1]

近年来,“族性”这个概念获得了很多关注。对一些人来说,它具有一种“原生的”品质。它存在于本质当中,超脱于时间之外。它是人类存在的“禀赋”之一(这个观点近来得到了一些来自社会生物学的支持,在这个领域中,它被视为基因选择和包容性适应过程的延伸)。在另一端,族性被视为“情境性的”。属于某个族群是一件与态度、观念和情感相关的事情,因此必然是短暂和易变的,它会随主体所处的特殊情境的变化而变化。当个体所处的环境发生改变时,群体认

同也会随之改变。或者，至少某个人所拥有的各种认同和话语的重要程度，会随着这个人所处时段和情境的不同而有所变化。这就使得族性可能会被“工具性地”利用，尤其是被那些彼此竞争的精英所利用，来为他们自己攫取更多的个人或集体利益。在争夺权力的斗争中，这些精英需要动员大批的追随者去支持自己的目标，而族性就成了一种有用的工具。[2]

在这两个极端观点之间，还有一些研究取向关注的是族裔认同的历史和象征—文化特质。这也正是本书所采纳的视角。一个族群就是一种文化集体，它强调血缘神话和历史记忆的作用，并通过一种或多种文化差异（如宗教、风俗、语言、制度等）被识别出来。这类集体在双重意义上是“历史性的”，因为不仅历史记忆对于它们的存续而言至关重要，而且这类族群中的每一个都是具体的历史力量的产物，并因此受制于历史性的变迁与消亡。

在这一点上，将**族裔类别**（ethnic category）与**族裔共同体**（ethnic community）区分开来是有益的。前者是指这样一类人群，他们至少在外人眼中构成了一个独立的文化与历史类别；但在被这样划定时，他 20
们的自我意识可能仅仅是模糊地感到自己组成了一个独立的集体。因此，在1900年以前，安纳托利亚的土耳其人大体上没有感知到一种独立的、能够与占支配地位的奥斯曼认同或压倒一切的伊斯兰认同区分开来的“土耳其”认同；并且，建立在亲属、村庄和地域基础上的地方性认同往往更为重要。对于1850年以前居住在喀尔巴阡山谷的斯洛伐克人来说，尽管他们拥有共同的方言和宗教，但情况也大抵如此。在这两个案例中，基本上都不存在关于共同起源的神话、共享的历史记忆、对彼此休戚与共的感知以及与一块选定的祖地的联系。[3]

与之相对，族裔共同体则是能够通过这些特质而被识别出来的；尽管在这个被划定的人群中，可能只有很小的一部分人能够清晰地说出并牢牢掌握这些特质，或者在某个特定的时段里，这些特质中的某一些要比其他的更加强烈和显著。我们可以列出族裔共同体[或使用法语词汇ethnie（族群）]的六个主要特质：

1. 一个集体性的适当名称
2. 一个关于共同祖先的神话
3. 共享的历史记忆
4. 一个或多个与众不同的共同文化要素
5. 与一个具体的“祖地”的联系
6. 在人口的主要组成部分间存在团结感[4]

一个特定的人群拥有或共享这类特质的种类越多、程度越高，它与理想型的族裔共同体（或族群）的相似程度就越高。如果我们发现存在这些特质的组合形式，那么，我们就能够准确无误地找到一个拥有共同认同感的历史文化共同体。如果**种族**（race）被认为是拥有独特的遗传性生物特质的社会群体，并且这种特质据称可以决定该群体的心理特质，那么我们所讨论的这种族裔共同体，就必须与种族严格区分开来。[5]在实践中，族群常常会与种族相混淆，这不仅发生在社会感知的层面，甚至也出现在对**智人**亚种（如蒙古人、黑人、澳大利亚土著人、高加索人等）的医学与人类学的观念中。这种混乱反映了种族主义的意识形态
21 和话语，以及它们对关于种族斗争、社会有机体及优生学的“科学的”观念所产生的广泛影响。在1850—1945年的近百年间，在欧洲以及被殖民的非洲和亚洲，这种观念被应用于对族群间纯粹的文化和历史差异的描述，并产生了众所周知的结果。[6]

然而，我们只要简要了解上面所列出的族裔特质，就会发现：这些特质不仅在内容上大体仅与文化和历史相关，而且（除了第4项）含有

强烈的主观性要素。最重要的是，起决定作用的因素，是关于共同祖先的神话，而非事实（通常很难厘清）。对族裔认同来说，重要的是虚构的血统与想象的祖先。事实上，霍洛维茨将族群比作由虚构的血统造就的"超级家族"（super-families），因为其成员都认为他们的族群是由相互关联的家族构成的，这些家族由关于世系与祖先的神话性纽带联结在一起，共同形成了一个巨大的"家庭"。在民族主义者的神话体系中，这种联结家族与民族的纽带再次出现了，并证实了族性的这项特质会不断地产生向心力。如果没有这种世系神话，族群是很难存续较长时间的。这种对"我们从哪里来"的感知，对定义"我们是谁"而言非常重要。[7]

被我称为"共享的历史记忆"的现象，同样可以采取神话的形式。事实上，对许多前现代的人群来说，神话与历史之间的分界线常常模糊难辨，甚至根本就不存在。即使在今天，这条线也不像有些人所期望的那样轮廓清晰。关于荷马及特洛伊战争的历史真实性的争论，就是这方面的一个例子。施陶法赫尔与"吕特利誓约"（Oath of the Rütli）的故事*，以及威廉·特尔和盖斯勒的故事**也同样如此，它们已经进入每个

* 1291年，为了对抗哈布斯堡王朝的统治，瑞士中部的三个森林州施维茨、翁特瓦尔登和乌里的代表在卢塞恩湖畔的吕特利草地（Rütli Meadow）签署了一份公约，保证共同对付所有敌人。这份公约奠定了瑞士作为独立国家的基础，吕特利草地也因而成为瑞士联邦的象征。施陶法赫尔（Stauffacher）是当时施维茨州的代表。

** 相传，在哈布斯堡王朝统治时期，乌里州的地方总督盖斯勒（Gessler）为人凶恶残暴。他在闹市中立了一根柱子，将自己的帽子绑在柱子上，要求所有经过的人都必须对帽子鞠躬行礼，否则就将被治罪。威廉·特尔（William Tell）是一位来自附近村庄的出色猎手，他拒绝向盖斯勒的帽子行礼。为了惩罚威廉·特尔，盖斯勒命令在威廉·特尔的儿子的头顶上放置一个苹果作为靶子，并承诺，如果威廉·特尔能够射中这个苹果，就可以赦免其罪。结果，威廉·特尔射中了苹果。但盖斯勒发现威廉·特尔还藏了另一支箭，原来他打算如果第一支箭未能射中苹果，就用第二支箭射死盖斯勒。盖斯勒于是食言，下令逮捕威廉·特尔，并用船将他押往监狱。当船在湖上航行时，忽起暴风，于是，威廉·特尔被松了绑，受命划船，他因此趁机跳船逃走。第二天，威廉·特尔埋伏在路上，伺机射死了盖斯勒。

瑞士人的“历史观念”之中。不仅那些广为流传的戏剧故事（它们是关于过去的，却服务于当前或未来的目标）是以已经被证实的历史事件为模本，而且那些关于政治建国、自由、迁移和被神拣选的神话，也将一些历史事件作为起点，并加以进一步的解释和细化。基辅的弗拉基米尔改宗基督教（公元988年）或罗马建立（在公元前753年？）都可被视为历史事件，但它们的重要性则存在于与之相关联的传奇故事中。正是这种关联，使这些事件具有了一种社会性的目标，并成为政治凝聚力的源泉。[8]

22 与此类似，对某一块具体领土及领土内的某些地点的依恋之情，也具有神话和主观的性质。对族裔认同来说，重要的正是这种依恋和关联，而不是实际占有或居住于这块土地。它是我们所归属的地方；它也往往是一块神圣的土地，属于我们的祖辈，我们的立法者，我们的国王、圣贤、诗人和教士，这使它成为我们的祖地。我们属于它，就像它属于我们一样。并且，即使族群成员经历了漫长的流亡生活，祖地这个神圣中心还是吸引或激励着他们从远方回归。因此，即使一个族群已经离开它的祖地很久，它依然可以凭借一种强烈的乡愁与精神依恋存续下来。这正是犹太人和亚美尼亚人这样的流散共同体所拥有的命运。[9]

只有当我们去关注某个人群的共同文化中将他们与其他人群区分开来的多种要素时，一些更为客观的特征才会进入这幅图画。语言、宗教、风俗与肤色，经常被用来描述那些客观的“文化标志”和本质差异，这些标志和差异不仅独立于个体意志，甚至会对个体意志形成约束。然而，对于族裔认同来说，肤色和宗教之所以重要，更多是由于它们被许许多多的个体（和组织）赋予了重要意义，这甚至要比它们本身的持久性和独立存在性更为重要。在过去的两三个世纪中，语言和肤色在政治上的重要性的不断提高，正显示了这一事实。只有当这些标志被赋予可辨识的重要意义时，它们才开始被认定为客观的。至少在族裔边界的问题上，情况正是如此。[10]

所有这些都表明，无论民族主义的意识形态和话语采用了怎样的诉求与修辞，族群绝不是原生性的。在它的诸多特征中，哪一种更重要，这取决于共同体成员的主观判断。正如这种判断会因情境不同而发生变化，这个共同体的全体成员的凝聚力和自我意识，也会有时高涨，有时低落。当这几种特征同时存在，并变得强烈和显著时，族群认同感和对族裔共同体的感知也会变得强烈和显著。与之相反，如果这些特征中的每一个都变弱了，那么，共同体成员对族性的整体感知就变弱了，这个族群就可能因此而自我解体或被同化。[11]

一个族群是如何形成的？我们只能给出一些试探性的答案。有些
历史资料记录了这个过程，展现了族群形成的某些模式。从经验上看， 23
这些模式可以分为两个主要类型：联合与分裂。一方面，我们能够观察到多个独立单元合为一体的族群形成过程。这又可以进一步细分为两类：独立单元合并，一个单元被另一个单元吞并。前者的例子是城邦，后者的例子是对地区或“部落”的同化。另一方面，族群也可能发生分裂。这可以通过“裂变”(fission)的方式来实现；例如，教会分裂为不同的教派就属于这种类型。这也可以通过霍洛维茨所谓的“增殖”(proliferation)的方式来实现，即族裔共同体的一部分分离出去，形成一个新的群体。孟加拉国的案例就属于这种类型。[12]

这类过程的频繁出现表明：族裔边界具有变动不居的本质，族裔成员的文化认同在一定范围内是容易变化的。同样，这也揭示出：基于族裔(以及更一般的集体性文化)的从属关系，具有“同心圆”的性质。也就是说，个体所感受到的忠诚对象，可能不仅仅包括他们的家庭、村庄、

种姓、城市、地区和宗教共同体，也包括阶级和性别认同；他们也可能以不同的程度同时效忠于不同的族裔共同体。在古代世界，古希腊人的情感提供了这方面的例子：他们是一个城邦或“亚族群”（多利安人、爱奥尼亚人、伊奥利亚人、皮奥夏人——完全由他们自己确认的族裔认同）的成员，同时也是希腊的（Hellenic）文化族群的成员。[13]在现代世界，马来人和约鲁巴人内部还拥有多种基于部族、语言和祖先的“亚族群”，这也提供了一个同心圆式的族裔认同与效忠的例子。当然，在每一个特定的时间点，基于政治、经济或人口学的原因，这组效忠同心圆中的一个或几个可能会上升到显著位置；但这只是强化了“工具主义者”对“族裔共同体具有原生性本质”的观点的反驳，并凸显了边界变化的重要性。[14]

与此同时，这只讲出了这个故事的一部分。我们决不能过度强调族裔边界的易变性或其文化内容的流动性。这样做会使我们无法解释族裔纽带与共同体为何会反复出现（更不用说他们最初是如何结合到一起的了），以及（在一些特别的例子里）它们为什么在边界与文化发生变革的情况下仍能长久存在下去。这样做也会使认同根本无法形成，
24 因为认同作为确认个体身份的观念、态度和情感，并不仅仅是由一系列连续不断的瞬间构成的。更糟糕的是，在这无数关于个体情感、观点和记忆的瞬间之上，我们不能对任何与集体性、群体形成等相关的问题做出解释。然而，事实上，族性与其他建立在集体认同上的社会现象（如阶级、性别和领土）一样，稳定性与流动性是同时存在的，至于孰轻孰重，则取决于所考察问题的目的及观察者的距离。某些族群在人口构成、部分文化特征及社会边界都发生了变化的情况下，仍然持久地存活了下来。这类案例必须被用来反驳那些更具工具主义或现象学色彩的解释。那些解释没有考虑到先前的文化亲缘性的重要性，而正是这种

亲缘性周期性地限定了对族裔认同进行重新定义的边界范围。[15]

因此，任何关于族裔认同或族源的务实解释，都必须避免在原生主义与工具主义的争论及其所关注的问题中陷入极端——一端强调文化模式在本质上的稳定性，另一端则聚焦于对族裔情感的“策略性”操纵与持续不断的文化变迁。与此不同，我们需要从历史性、主观性和象征性的意义上，对集体性文化认同这个概念本身进行重构。集体性文化认同所指代的，并不是一系列跨越数代人而稳定不变的文化要素，而是一个特定的文化人口单元中的相继几代人所拥有的连续感，是他们对该单元的历史中的早期事件与时代的共享记忆，以及每代人关于该单元及其文化的集体命运所持有的观点。因此，文化认同的变迁是指，某个特定文化单元的文化要素的基本模式被痛苦的发展历程所打断的程度，而正是那些文化要素构成了该单元的人口所拥有的连续感、共享记忆及关于集体宿命的观念。这里的问题是：这种发展历程在多大程度上瓦解或改变了神话、象征、记忆和价值的基本模式，因为正是这些文化要素将此后的几代人联结在一起，将他们与“外人”区别开来，并围绕这些要素来固化文化差异的边界，从而为边界控制提供“文化标志”。[16]

我们可以通过简要考察几个破坏性文化变迁的案例，来展示以上观点。就像我们在上面所定义的那样，在这些案例中，这些文化并没有被完全摧毁，而是重建了它的共同族性意识及认同。会导致这类认同 25
的文化内容发生深刻变迁的典型事件包括战争与征服、流亡和监禁、移民流入和宗教改宗。至少从萨珊王朝时期起，波斯人就被阿拉伯人、土耳其人及其他人群征服。他们逐渐改信伊斯兰教，并经历了不止一次的移民流入。然而，尽管这些过程导致了集体性文化认同的变化，但波斯人独特的族裔认同感却保存了下来，并时常重获新生，其中最著名的一次是10—11世纪的新波斯语言与文学的复兴运动。[17]亚美尼亚人同样经历了对其族裔认同的文化内容产生了重大影响的痛苦事件。他们是最早皈依基督教的王国和人民；他们被萨珊人和拜占庭人打败、驱逐，并部分地被流放；他们接收了大量流入的移民，并最终在自己的部分祖地上遭遇被大规模驱逐和种族灭绝的厄运。然而，尽管历经数个世纪，他们的地理位置、经济行为、社会组织和部分文化都发生了变化，但一种关于共同的亚美尼亚认同的意识却在他们的流散过程中得以留存；他们先前的文化形式（尤其是在宗教和语言文字方面），确保了他们对自己的文化认同怀有一种主观性的依恋，并将他们与周围的环境区分开来。[18]

这些例子显示，我们需要继续考察这样一个问题：常常不利的外部因素是如何与丰富的内部或“族裔的”历史结合起来，进而推动族裔认同的形成与长久存续的？如果文化差异本身的起源已无法追溯，我们至少可以尽力鉴别出那些重复出现的力量，因为正是这些力量促成了族群认同感，并确保它在漫长的时间里存活下来。

在所有这些力量中，国家政权建设、军事动员和组织化宗教是最重要的。很久以前，韦伯就对政治行动在族群形成和延续中的重要意义发表过评论，他认为：“首先，正是政治共同体——无论它在多大程度上是人为组织的产物——激发了对共同族性的信仰。”[19]这可能夸大了国家政权建设在族群形成中发挥的作用（我们可以想到勃艮第的失败和
26 普鲁士的有限成功）；然而，对于古埃及、伊朗、罗马、萨珊波斯、日本和中国而言（更不用说法国、西班牙和英格兰了），统一政体的建立显然在族裔共同体情感和最终具有内聚力的民族的发展过程中扮演了主要角色。[20]

如果还有什么事情更重要，那就是战争了。战争，不仅如蒂利所宣

称的那样“创造了国家(同时国家创造了战争)”,也塑造了族群。这些由战争塑造的族群不仅来自战争的参与方,甚至也可能来自第三方,因为正是这些第三方的领土经常充当了战场。这样的案例很多,古以色列人是其中最突出的一个:他们陷入了古代近东、亚述和埃及几个大国的竞争漩涡中,因而无法独善其身。亚美尼亚人、瑞士人、捷克人、库尔德人和锡克教徒则提供了类似的案例:他们都居住在具有战略意义的地理位置上,因此被卷入了几个强大国家间旷日持久的战争。他们的共同族性意识即使不是源自这些战争,也是在这些战争的影响下一次次地得到增强。而对于那些战争参与方,我们只需关注这些族群根据敌对关系而成对出现的频率:法国人与英国人、希腊人与波斯人、拜占庭人与萨珊人、埃及人与亚述人、高棉人与越南人、阿拉伯人与以色列人……虽然如果将这种对“外人”和敌对国家的恐惧视为形成共同族性意识的基础未免有些夸大其词,但战争的中心作用仍然是不可否认的。这种作用并非像齐美尔认为的那样,是对族群凝聚力的严酷考验(战争可能会撕裂族群,就像第一次世界大战在一些欧洲国家所导致的结果),相反,它是一种对族群情感和民族意识的动员手段。对共同体来说,战争提供了一种向心的力量,能够为子孙后代提供神话与记忆。在族群认同的形成过程中,或许正是战争的这种功能产生了最深远的影响。[21]

就组织化宗教而言,它的角色既是精神性的,也是社会性的。关于共同族裔起源的神话,通常是与创世神话交织在一起的,或至少也是以创世神话为先决条件的。赫西奥德的《神谱》(*Theogony*)中的丢卡利翁(Deucalion)与皮拉(Pyrrha)的神话,以及《圣经》中关于诺亚的神话都属于这种类型。族裔共同体的英雄通常也是宗教传说与传统中的英雄,尽管在前者中,他们被视为族群的奠基者或领袖,而在后者中被视为“神的仆人”。摩西、琐罗亚斯德、穆罕默德、圣乔治、圣帕特里克等许多人物都是这方面的例子。教会或信仰共同体的宗教仪式，提供
27 了关于这个独一无二的族裔共同体的文本、祷辞、圣歌、宴会、庆典和习俗，有时甚至还包括脚本，从而将他们与相邻群体区别开来。在所有这些彰显文化差异的历史遗产之上，站立着“传统的守护者”——教士、文士和诗人。他们从那些所有民众都对之毕恭毕敬的神圣传统中，挖掘出关于这个族群的神话、记忆、象征和价值，将它们记录和保存下来，并通过庙宇、教堂、修道院和学校，传播到这个文化共同体范围内的每个城镇和村落。[22]

在族群形成和延续的历史记录中，尽管国家政权建设、旷日持久的战争和组织化宗教扮演了重要角色，但它们也可能会产生瓦解或分裂族群认同的作用。这种情况在亚述和阿契美尼德波斯这样的帝国中发生过：这些帝国建立在使用阿拉姆语的混合文明的基础上，因此为不同的族裔类别或族裔共同体间的持续融合创造了条件。这种情况也发生在像迦太基人和（诺曼底的）诺曼人这类族群身上：漫长的战争和对抗使得他们的族群国家与共同体走到了尽头。当宗教运动突破了族裔边界而建立起庞大的超地域组织时（像佛教、天主教或东正教那样），族群认同可能会获得发展。相反的情况也可能发生，就像在瑞士人和爱尔兰人中那样，教派竞争导致族群共同体的成员间出现了裂痕。然而，对所有这些案例来说，我们都能够找到更多证据来证明：国家、战争和组织化宗教作为前置变量，对族群形成过程具有重要影响。

族裔变迁、消亡与存续

与此紧密相关的问题是：族群的特点如何变化？它们如何消亡或

存续？当我们转向这些问题时，同样会看到上述要素及其他一些要素是非常重要的。

让我们从一个众所周知的例子——希腊人——入手，来考察族裔变迁的问题。现代希腊人被告知，他们不仅是拜占庭希腊人的后裔，也是古希腊人及古典希腊文化的继承者。在这两种情况下（事实上，从19世纪早期起，就存在两种相互竞争的血统神话），“血缘”（descent）大体上被视为人口学的用语；或更确切地说，与拜占庭和古希腊（特别是雅典）的文化亲缘性是能够根据人口学意义上的连续性被推定出来的。 28
然而，不幸的是，关于古典希腊神话的人口学证据，往好了说是非常薄弱的，往坏了说就是根本不存在。正如雅各布・法尔梅赖尔在很久以前就已指出的那样，从公元6世纪晚期到8世纪，大规模流入的阿尔瓦人、斯拉夫人及稍后的阿尔巴尼亚移民，都无情地打断了希腊人的人口学连续性。来自这个时期的证据显示，这些移民成功地占领了希腊中部和伯罗奔尼撒半岛（即摩尼亚半岛）的大部分地区，从而将原来说希腊语的居民（他们自己已经与更早的马其顿人、罗马人及其他移民混为一体了）挤到了沿海地区及爱琴海的岛屿上。这就使希腊文化真正的中心，向东转移到了爱琴海、小亚细亚半岛的爱奥尼亚沿海地区及君士坦丁堡。这也意味着，现代希腊人几乎不可能被算作古希腊人的后裔，即使这种可能性永远也不会被完全排除。[23]

在某种意义上，上一段讨论的内容与希腊人的认同感（无论在现在还是从前）既相关，又无关。之所以说它们是相关的，是因为无论在现在还是从前，希腊人都**觉得**他们的“希腊性”（Greekness）来自他们的古希腊（或拜占庭希腊）血统，而这种血缘关系使他们**感觉**自己是一个伟大的希腊“超级家庭”中的一员。对一种富有生命力的认同感来说，这种关于连续性和成员资格的共同情感是至关重要的。之所以又说它们是无关的，是因为族群得以形成的条件，并不是生物学上的血缘，而是连续感、共同的记忆与文化宿命，即特定的文化人口单元所保有的那些与众不同的神话、记忆、象征符号与价值中内含的文化亲缘性。在这个意义上，现代希腊的许多元素都是从古希腊的现存文化遗产中保存下来并重获新生的。即使是在斯拉夫人大迁移的时代，在爱奥尼亚（特别是在君士坦丁堡），希腊语言、希腊的哲学与文学，以及思想与学术的古典模型，也都获得了越来越多的重视。在10世纪、14世纪及此后的时代里，这样的“希腊复兴”又反复出现过，这有力地推动形成了一种对古希腊及其古典文化遗产的文化亲和感。[24]

尽管希腊人的共同族性意识被成功地保存了下来，但我们一点
29 也不想否认他们所经历的巨大文化变迁，以及周边人群在两千多年的时间里所施加的文化影响。但同时，就文字、语言、某些价值观、特殊环境及相应的思乡之情、持续的社会互动，以及在宗教和文化上的差异感乃至排他性而言，我们能够断言：在两千多年的诸多社会和政治变迁中，的确有一种希腊人的身份认同和对族性的共同情感保留了下来。[25]

关于族群排他性在确保族群存续中的作用，我后面还会再讨论。现在，我想要看看硬币的另一面：族群消亡。我们可以谈及族群如何通过裂变或增殖消失不见。然而在这些案例中，族群共同体在某种意义上，仍然以**某种**形式保存了下来。它们的规模变小了，或者可能被复制了，但无论如何，它们还是“在那里”。那么，我们能否谈及族群灭绝——一个族群消失了，它不仅不再以之前的形式存在，而且不再以任何形式存在？

我一直运用历史的、文化的和象征的标准来界定族群认同。我认为，如果坚持采用这种标准，那么就可以讨论族群灭绝的问题。在完整

的意义上，存在两类族群灭绝的情况：种族灭绝（genocide）与文化灭绝（ethnocide），后者有时又被称为“文化的种族灭绝”（cultural genocide）。在某种意义上，种族灭绝是一种罕见的现象，并且可能是一种现代的现象。在这类案例中，我们确知，某个文化集团成员的大规模死亡是一项有预谋的事件，并且确定被消灭对象的唯一标准就是该文化集团的成员身份。纳粹对待犹太人和部分吉普赛人的政策就属于这种类型；欧洲人对塔斯马尼亚原住民的行动，以及土耳其人对其治下的亚美尼亚人的行动，可能也属于这种类型。[26]还有一些政策和行动从结果上看是种族灭绝性的，但其初始目的并非如此。当美洲白人遇到了美洲印第安人，西班牙征服者遇到了阿兹特克人和其他墨西哥印第安人时，发生的族群毁灭就属这种情形（尽管在这个过程中，疾病扮演了更重要的角色）。在这些案例中，族群灭绝并不是一个计划要实现的目标，但也没有专门的措施去减轻这些政策所产生的副作用——种族灭绝。我们还是要将这类种族灭绝行动与 13 世纪的蒙古人和现代的苏联与纳粹所进行的那种对特定人群（如卡廷大屠杀，或是对利迪策和奥拉杜的报复性屠杀）的大规模屠杀区分开来，后者是经过设计的，其目的是通过恐吓 30
民众或剪除领袖来摧毁抵抗意志。[27]

关于种族灭绝，有趣之处在于：至少在现代世界，无论是作为宣称的目标，还是作为意外的后果，它们几乎都从未实现过。这类行动很少摧毁过族群或族裔共同体。事实上，它们可能正好做了相反的事——重新唤起了族群凝聚力和族群意识，或促使族群形成。在原住民运动或说罗姆语的吉普赛人的民族主义运动中，情况就是如此。或许正是某些深深扎根于现代性中的因素，既鼓励又阻碍了成功的种族灭绝行动（在这里，成功的标准是完全灭绝），而这可能与民族主义的条件及散布关系密切。在前现代时期，要摧毁一个族群可能会容易一些。无论如何，当罗马人最终决定一劳永逸地消灭迦太基时，他们将这座城市夷为平地，屠杀了四分之三的人口，并将剩余的人卖作奴隶。尽管古迦太基文化的遗迹一直保存到圣奥古斯丁的年代，但作为西腓尼基人的族群和族裔国家的迦太基，已经灭亡了。[28]

同样的命运也发生在古代世界的其他几个人群身上，包括赫梯人、非利士人、（黎巴嫩的）腓尼基人和埃兰人。在每个案例中，丧失政治权力和独立地位就预示了族群灭绝，但其灭绝又通常是通过文化吸纳和族群融合的方式实现的。无论政治事件的戏剧如何发展，这些案例都属于文化灭绝而非种族灭绝的类型。公元前636年，亚述王亚述巴尼拔摧毁了苏萨城，推翻了埃兰人的国家，但他并没有消灭所有的埃兰人（事实上，亚述人通常会将他们所征服的人群的精英驱逐）。然而，这项毁灭行动的规模是如此巨大，以至于埃兰王国再也没能恢复元气。新的人群在它的边界内定居下来。尽管埃兰语一直被保存到阿契美尼德波斯时期，但没有任何埃兰人的共同体或国家重新出现，来延续埃兰人的宗教与文化中的那些神话、记忆、价值和象征。[29]

亚述人自身的命运甚至更加变化莫测和富有戏剧性。公元前612年，在基亚克萨雷斯率领的米底人和拿波坡拉撒率领的巴比伦人的联合进攻下，尼尼微城陷落了。三年后，亚述人最后的君主（亚述乌巴立特）在哈兰被击败。自那以后，我们就很少再听到“亚述”这个名字
31 了。它的诸神都被居鲁士接纳进了巴比伦的万神殿，但这个国家或人民却不再被提及。当色诺芬带领军队穿过亚述的土地时，他发现，除了埃尔比勒以外，所有的城市都已成为废墟。这个案例属于种族灭绝的行动吗？[30]

这是不可能的。对亚述的敌人来说，目标是推翻亚述令人憎恨的统治。这意味着要摧毁她的主要城市，从而使她不可能再恢复之前的

政治地位。拿波坡拉撒的确曾声称要“将这块充满敌意的土地夷为平地”，但这并不意味着要消灭每一个亚述人。尽管如果他想要这样做，那也是可以实现的。亚述人的精英可能的确被驱逐了；但无论如何，在宗教和文化方面，他们与他们力图模仿的巴比伦文明间的差异已经越来越小了。除此之外，在庞大的亚述帝国的最后岁月中，无论在军队里，还是在乡村中，都已经出现了严重的社会裂痕。同时，在帝国的心脏地带，出现了相当规模的族群融合。随着阿拉姆人大量流入，在商业和行政系统中开始使用一种以阿拉姆语为基础的混合语言。因此，在帝国覆灭以前，亚述人的族群独特性就已经受到严重威胁。这种文化混合与族群融合有助于周边的人群与文化对亚述人的族群共同体及其文化的削弱和同化。[31]

与腓尼基人、埃兰人及其他人群一样，亚述文化及其共同体相对迅速的消失，必须被视为一个文化灭绝的案例。至少在古代世界，如果一个共同体或国家的神灵与庙宇被摧毁了，那么这个共同体本身就被视为毁灭了。这样看来，当波斯人于公元前482年摧毁巴比伦人的神庙，以及罗马人于公元70年摧毁耶路撒冷的庙宇时，他们的目标正是如此。[32]在所有这些案例中，行动的目标都是消灭某个群体的文化而非群体本身。同时，这种有意为之的行动，也与那些更为缓慢的、非计划的文化同化过程不同，而正是后面这种形式逐渐削弱了许多小型的族裔类别或族裔共同体的根基。

历史中总是充斥着非计划的文化同化和族群消亡的案例。1859年，恩格斯在审视了欧洲的族群地图后，将这些即将消亡的族裔文化和共同体称为众多的“民族志纪念碑”，并希望它们尽快消失，从而为大 32
型的资本主义民族—国家让路。事实却让他感到相当失望。同时，像欧西坦尼亚（Occitanie）、索布人（Sorb）、温兹人（Wend）及许多其他案例那样，许多从前的族群规模变小了，情感也变弱了，这表明通过合并和分裂来实现的渐进式同化，才是普遍存在的过程。

然而，这些过程同样也展示了硬币的另一面：族裔纽带、文化、集体认同乃至共同体，能够历经数个世纪而被牢固和持久地保留下来。如果族裔边界和文化内容都经历了周期性的变迁，那我们如何解释族群的存续潜力有时竟会长达上千年呢？

我们需要再次考察一个众所周知的案例。犹太人将他们的祖先追溯到亚伯拉罕，将他们的解放追溯到《出埃及记》，将他们的创始纲领追溯到西奈山，将他们的黄金年代（各不相同地）追溯到大卫和所罗门的王国，或第二圣殿时期晚期及以后的圣人时代。就内容而言，上述这些都是神话，但它们直到今天还保留着宗教上的效力。即使对世俗的犹太人来说，这些神话也是他们的族裔认同的许可证。这与希腊人、亚美尼亚人、爱尔兰人和埃塞俄比亚人的情形一样：今天的族群与他们的远古历史之间存在一种**被感受到**的血统承继和文化亲缘关系。他们的共同体正是在这段历史中形成的。尽管经历了所有的变迁，这个共同体依然在某种意义上被认为是“同一个”共同体。这种对连续性、共享记忆和集体命运的感知究竟源自何处呢？

简单的答案是：这些人群扎根于自己的祖地，并在很大程度上享有独立国家的地位，因此能够以某种形式生存下来。但这个答案显然不符合犹太人的情况。在近两千年的时间里，这两个条件犹太人都不具备。对犹太人的认同感来说，这两点并非不重要，只是它们更多是象征，而非活生生的记忆。就国家地位而言，这一判断当然是正确的。除非我们将哈扎尔人的王国也包含进来，否则，哈斯摩王朝（Hasmonean）就是最后一个真正独立的犹太国家。至于以色列的土地，有时它的意义的确超出了对一种弥赛亚式复兴的象征；成群结队的犹太人不断地历尽艰险来到这里，并建立教堂；然而，即便如此，人们对锡安山的向往仍更多是精神性而非现实性的。这是一种关于恢复土地与城市的愿景。[33] 33

另一个常见的观点是专门针对流散（diaspora）人群的。这种观点认为，这些人群能否幸存下来，取决于他们能否在东道国社会中找到一个独特的经济地位。这种地位通常是中间人或手工匠人，位于拥有军事力量或土地资源的精英与农民大众之间。毫无疑问，与黎巴嫩人和中国的商人一样，犹太人、希腊人和亚美尼亚人在中世纪欧洲和早期现代的社会中找到了这样的独特地位，并且这种独特的职业地位强化了那些已经存在的居住模式和文化隔离。在这里，值得讨论的问题是：这种“独特的职业地位”作为一个变量，如何从那些形成典型流散共同体的复杂环境中分离出来？它又如何在解释族群的生存与地位时被赋予了优先权重？与上述观点不同，阿姆斯特朗认为，典型的流散共同体源自宗教与文化上的差异，它必须被视为一个包含了一系列相互关联的面向与维度的总体，在其中，职业区隔和中间人地位有助于增强并清晰地表达出（但并不必然保证）族群的差异及生存机会。当然，在摩尔人统治下的西班牙，犹太人从事所有类型的职业，他们的族群存续是与更为根本性的宗教和文化独特性紧密联系在一起的。[34]

一种更为基础性的考虑源自之前对组织化宗教的强调。在德鲁兹人、撒玛利亚人、马龙派教徒和锡克教徒这类由教派转化而来的族群的流散共同体案例中，宗教典礼、仪式和等级结构都扮演了强有力的保护性角色，从而确保在上一代人与下一代人之间、前一个共同体与后一个共同体之间，能够有非常正式的连续性。除此之外，神圣的语言、文字、文本和历法都具有将这些群体分离出来的力量。这些流散社群能够历经千年而存续下来的秘密就在于此。

然而，这里也存在一些困难。首先，这个观点完全没有谈及这些幸存下来的共同体的形态、规模和地理区位。例如，直到最近，撒玛利亚人还在走向族群灭绝的结局，因为在几个世纪的大规模人口死亡后，族内婚姻已无法再为其补充足够的成员。在埃塞俄比亚北部的贝塔以色列人（或者叫“法拉沙人”）的案例中，其成员数量因战争而减少，其工匠共同体又与其他群体相互隔离。如果不是更大范围的犹太族群复兴运动、犹太复国主义与以色列建国，那么，上述情况可能已经导致这个族群因被吸纳进周边族群而消失。[35]

34 这种观点也没有讨论共同体的生命力。宗教可能会变得僵化和守旧。正如我们所看到的那样，在亚述国家的案例中，宗教并没有对提升族群的生存机会做出任何贡献。在晚期的罗马宗教和托勒密埃及的法老宗教中，我们同样能够发现这种自内而外的衰败。在这些案例中，我们无法以任何一次传统宗教内部的运动来解释族群存续的问题，就更不必提及族群的生命力了。[36]

因此，正如希腊东正教的案例所显示的，宗教就像蚕茧一样，至少可以在一段时期内，为那些在奥斯曼帝国统治下自治的希腊东正教“米勒特”*保存一种对共同族性的感知。然而，除非新的运动与潮流能够在宗教框架内部激发起精神力量，否则，宗教的保守主义将使族群丧失活力，或者宗教将会变成一个包裹着孱弱认同的空壳。[37]显然，组织化宗教自身并非充分条件。那么，族群自我复兴的特别机制是什么呢？我将提炼出四种机制：

---

* millet，本义类似于“民族”，是奥斯曼帝国按照伊斯兰国家的传统，对境内非穆斯林宗教共同体施行的内部自治制度。1453年，苏丹穆罕默德二世占领君士坦丁堡（后改名伊斯坦布尔）后，首先承认希腊东正教会为“米勒特”，任命真纳狄奥为东正教总主教。在总主教领导下，东正教徒只要不触犯帝国的行政当局和穆斯林，就享有宗教、文化等方面的自治权。

1. 宗教改革　我们已经接受了“组织化宗教对族群的生存潜力具有重要意义”这个观点，还需要考察宗教改革运动在推动族群自我复兴中所扮演的角色。在犹太人的案例中，有许多这样的运动：从公元前8和前7世纪的犹大王国中的先知运动与申命改革，到公元前5世纪中期的以斯拉改革，公元2世纪法利赛主义和密西拿的拉比主义的兴起，再到18和19世纪的哈西德派运动与新正统派运动。在每个案例中，宗教改革都与族群的自我复兴交织在一起，共同体的复兴模式是由宗教激发的。[38]

失败的宗教改革或僵化的保守主义，可能将族群的自我复兴模式导向其他方向。在19世纪初，希腊人中就发生了这样的情形。君士坦丁堡的希腊东正教等级体系，变得越来越远离中层阶级和普罗大众的渴望。这些被疏离的人群也包括低等级的教士，正是这个阶层支持了摩里亚地区的叛乱，其中一些人还担任了领袖。由此，希腊人越来越多地使用世俗性的意识形态话语来表达他们的目标。[39]

2. 文化借用　在更广阔的文化领域中，族群的存续并非依赖与世
隔绝，而是有选择的文化借用和受控制的文化接触。在这里，我们再一 35
次在犹太人的历史中找到了例证。从亚历山大的时代起，希腊文化作为一种刺激因素，就在希腊人与犹太人之间激起了充满活力的思想碰撞。尽管这产生了严重的政治后果，但也使文化得到了丰富，并由此全面地增强了犹太人的文化与身份认同。[40]还有许多其他例子都展示了这样的情形：外来的文化刺激和与其他文化的接触，能够实现选择性的文化挪用，并由此复兴族群认同感。19世纪的日本、俄罗斯和埃及提供了众所周知的案例。

3. **大众参与** 从社会的角度看，我们同样能够发现族群通过社会阶层与阶级运动实现自我复兴的模式，其中最重要的是大众为要求在文化或政治体制中获得更大参与权而发起的运动。在5世纪萨珊王朝时代的波斯，马兹达克主义的追随者发动了一场声势浩大的社会—宗教性民众运动。这场运动动摇了萨珊王朝的基础，同时也使萨珊波斯和琐罗亚斯德教共同体早已遭到严重破坏的组织结构得以复兴。到6世纪，库思老一世（Chosroes I）尽管镇压了马兹达克运动，但也进一步推动了族群复兴——包括编纂《王书》，恢复伊朗人的神话与仪式，以及复兴民族性的文学、礼仪、知识和艺术。[41]犹太教的民众运动——从摩西的时代直到刚刚提及的哈西德派教徒——同样推动了大众性族群的复兴，其所依靠的力量就是狂热参与的民众和热忱的传教士。类似的情形也出现在多种多样的伊斯兰民众运动中，这些运动既包括伊斯兰教的建立，也包括今天逊尼派或什叶派的各种纯净化运动和麦西哈信仰运动，如瓦哈比主义、马赫迪主义和伊朗的什叶派革命。[42]

4. **族群拣选的神话**（myth of ethnic election） 在很多情况下，族群拣选的神话都是族群实现自我复兴与长久存续的核心要素。首先，我们注意到，对那些没有这类神话（或没能将这类神话灌输给普罗大众）的族群来说，当失去独立地位以后，他们即使怀有排斥他者的族群中心主义，也往往还是会被同化进其他的共同体中。这当然是一种默证法（argument from silence）。总的来说，正是那些拥有族群拣选的宗教神话的族群占据了专业人士阶层，他们的地位与视野都与拣选神话的成功
36 和影响力密不可分。并且，正是这些人常常充当了我们唯一的书面证人。然而，当考察那些拥有这种阶级地位但从未宣扬这类族群拣选（与家族拣选相对）神话的族群（如亚述人、腓尼基人和非利士人）的命运

时，我们会发现，他们的族群存续机会明显降低了很多。

当然，这只是把解释因素推到了那些孕育和维持族群拣选神话的环境条件上。然而，这样一种方法并没有关注族群通过排他性的拣选来实现存续的过程。拣选神话所许诺的是一种有条件的救赎，这对于理解它在族群生存潜力中所扮演的角色是非常重要的。关于拣选，常被引用的权威章节来自《出埃及记》："如今你们若实在听从我的话，遵守我的约，就要在万民中作属我的子民；因为全地都是我的；你们要归我作祭司的国度，为圣洁的国民。"[43] 当一个族群将自己视为潜在的"圣洁的国民"时，拣选就与集体性的神圣化牢不可破地联系在一起了。只有通过赎罪，才能实现拯救；而若要赎罪，就需要回归之前的道路与信仰。这些道路和信仰，正是实现神圣化的方式。因此，在许多族裔—宗教传统中，"回归"(return)都是一个反复出现的词语；它既能激励宗教改革，也能鼓动文化复兴。由于族群身份的认定过程无法排除主观性因素，因此，这种提出要使潜在的拣选重新神圣化的道德召唤，就成为实现族群自我复兴与长久存续的有力机制。对于始终面临不利环境的犹太人来说，这当然是一个关键要素；在其他人群(操阿姆哈拉语的埃塞俄比亚人、亚美尼亚人、皈依东正教的希腊人、信仰东正教的俄罗斯人、德鲁兹人、锡克教徒，以及波兰人、德意志人、法兰西人、英格兰人、卡斯蒂利亚人、爱尔兰人、苏格兰人和威尔士人等诸多欧洲族群)中，我们同样能够探寻到拣选神话所具有的复兴效应。显然，这样一种广泛存在的现象需要接受更为彻底的考察。[44]

"核心族群"与民族形成

宗教改革、文化借用、大众参与及族群拣选的神话：这些机制与地

理位置、自治地位、多语种人口、贸易技能及组织化宗教一起，有助于确
37 保某些族裔共同体在其社会构成与文化内容都发生了许多变化的情况下，仍能跨越数个世纪而得以存续。这些案例使我们再一次尖锐地遭遇了族性问题的核心矛盾：变动性与持久性同时存在，不断变化的个体与清晰可辨的社会和文化界限同时存在。后者是通过历史遗产和传统的形式表现出来的。这些历史遗产和传统被一代代地传递下来，在形式上会发生或大或小的变化，但却为共同体的外观和文化内涵划定了边界。关于影像、崇拜、习俗、仪式及艺术品的特定传统，以及特定的事件、英雄、风景和价值，共同为族裔文化打造了一个独一无二的资源库。共同体的后人可以有选择地从中汲取养分。

那么，这些传统是如何对后人产生影响的呢？在前现代的共同体中，对传统进行重新阐释和重新演绎，并将其编纂成文的，是神职人员、文士和游吟诗人。在通常情况下，这几类人是仅有的识字阶层，并且是与神圣力量沟通时必不可少的角色，因此，在许多共同体中，他们都具有相当大的影响力和声望。他们通过兄弟会、寺庙和教堂组织起来，形成了一个覆盖主要城镇及周边众多乡村的社会化网络——覆盖范围取决于他们的组织化程度和在共同体领土内的信仰垄断能力。事实上，在许多古代和中世纪的帝国里，教士集团与他们的庙宇及文士阶层，在政府和（或）王廷及官僚集团争夺权力的中心，都成了不可或缺的合作者。在古埃及和萨珊波斯，这种情况尤为明显。[45]

即使是在流散共同体中，我们也发现了教士、祭司和律法学者的作用。他们以一种多少有些集权化的形式组织起来，形成了一个由法官和律法顾问组成的包容性网络。在经常充满敌意的环境中，他们为那些分散的飞地注入了宗教、法律与文化上的统一性。正如阿姆斯特朗所展示的那样，在犹太人和亚美尼亚人中，这种由宗教官员和机构组成

的高度发达的网络，能够确保共同体的主观统一性和持续生存，并保存它的历史与宗教传统。[46]

正是在这种兼具统一性与包容性的机制的基础之上，我们所称的“核心族群”逐渐建立起来了。这是一些相当有凝聚力，并能够觉察到自身独特性的族群。他们构成了中世纪早期诸蛮族**政权**那样的国家和 38
王国的核心与基础。在法兰克人、伦巴第人、萨克逊人、苏格兰人和西哥特人的王国中，这种以习俗和血缘为基础的共同体意识扮演了至关重要的角色。尽管这些国家的许多居民并不属于占主体地位的族裔共同体，但在大众观念中，这类政权越来越被认为是公共性的，并具有一个统一的文化基础。[47]到了中世纪晚期，这些在主观上统一的文化共同体形成了一个个核心。正是围绕这些核心，强大的国家建立起它们的行政、司法、财政和军事设施，并继续吞并邻近领土及居住在这些领土上的文化异质人口。例如，在爱德华一世统治时期，英格兰人的（盎格鲁—诺曼）国家扩张到了威尔士，摧毁了威尔士人的王国，并将大部分威尔士人纳入统治范围，使他们成为英格兰国家支配下的边缘文化共同体。类似的情形也发生在路易八世统治时期的法国奥克地区，尤其是阿尔比派十字军东征时期的图卢兹地区。[48]

通过对这些核心族群的仔细考察，我们能够获得大量信息来预测：如果接下来还有民族能够产生，那么，当这些民族出现时，它们会呈现出怎样的形态？具有哪些特点？这能帮助我们大致回答“这个民族是**谁**”的问题，并在一定程度上回答“这个民族在**哪里**”的问题。也就是说，一个国家的核心族群往往塑造了这个民族的性格和边界，因为国家通常都是在这个核心的基础上联合起来，并因此形成民族的。尽管当代的大多数民族事实上都是多族裔的，或者更确切地说，大多数民族—国家都是多族裔的，但许多都是先围绕一个主体族群形成的，然后吞并或吸引其他族群或族裔碎片进入这个国家，并给予它一个名称和一种文化特许权。既然从定义上讲，族群就是与特定的领土相关联的，那么，“一群被神选中的人拥有一块特殊的神圣领土”自然是常见情况。这个民族所认定的边界大体上是由主体族群的神话和记忆（包括创始纲领、关于黄金年代的神话，以及与之相联系的领土要求或族裔领地所有证明）所决定的。因此，甚至直到今天，在亚美尼亚、科索沃、以色列和巴勒斯坦、欧加登及其他地区，依然存在许多为争夺族裔祖地中那些被分裂出去的部分而爆发的冲突。

39 无论在概念上，还是在历史指代物上，族群与民族间都既存在紧密联系，又互有差别。这一点也能够通过回顾我们关于民族的定义看出来：一个民族是**一个被命名的人口总体，它的成员共享一块历史性的领土，拥有共同的神话、历史记忆和大众性公共文化，共存于同一个经济体系，共享一套对所有成员都适用的一般性法律权利与义务**。从定义上看，民族与族群一样，是一个建立在共同的神话与记忆之上的共同体。然而，虽然对族群来说，它与领土的联系可能仅仅是历史性的、象征性的，但对民族来说，它却是有形的、真实存在的。民族是占有领土的。换句话说，民族总是要求获得族裔的“要素”。这些要素当然可能会被重新加工；事实上它们也经常如此。但是，如果没有一些关于领土家园的共同神话与记忆，民族就是不可理解的。

这暗示了，在关于“民族是建立在核心族群的基础上”的论述中，存在一种循环论证。在族群与民族之间，的确存在相当多历史上的与概念上的重叠。然而，我们正在处理不同的概念和历史过程。族裔共同体并不具备民族的几项特质。他们不需要居住在“他们的”领土祖地上。他们的文化可能不是公共的，或并不适用于所有成员。他们不需要展现出一套统一的劳动分工体系或一个经济统一体，他们通常也的确没有这些。他们也不需要拥有适用于所有成员的、规定了一般性权利与义务的共同法律。正如我们将要看到的，这些属于民族的特质，都是特殊的社会和历史条件作用于先前的核心族群与族裔少数群体所产生的结果。

在这幅图画的另一面，我们应该关注这样一个问题：在没有直接的前身族群的情况下，民族形成的可能性有多大。在几个国家（美国、阿根廷和澳大利亚）中，民族是通过将相继几波移民潮（主要是欧洲人）的文化联合起来而形成的。在另外一些案例中，国家则是从帝国的行省脱胎而来。这些国家都被帝国强加了一种共同的语言和宗教，最著名的例子就是拉丁美洲的情况。在这里，克里奥尔人的精英，同样是在不存在与众不同的族群的情况下，开始了民族建构的过程。事实上，随着民族形成过程的推进，他们发现：塑造一种与众不同的墨西哥的、智利的、玻利维亚的文化，并强调每一个"即将形成的民族"在象征符号、价值观和记忆方面的特别之处，是必不可少的。[49] 40

在非洲撒哈拉沙漠以南地区，这种困境更加尖锐。这里的国家都是被创造出来的，其边界与族群的情况并不相符。这即使不是刻意设计的结果，至少也是不曾得到周全考虑的问题。在这里，殖民国家不得不培育一种纯粹的领土爱国主义，一种对新创造出来的国家及其所孕育的政治共同体的政治忠诚感。在那些脱胎于这种领土共同体的独立国家中，若干个族群、族裔碎片或族裔类别被联合起来。这项努力是通过政治规范和社会边界来实现的。这些规范和边界将之前并无关系的群体包含进了一个后殖民时代的政治体系中，并在可能违背其意愿的情况下，将它们卷入到一场争夺稀缺资源与政治权力的新斗争中。在这些情况下，统治精英通常来自主体族群或族群联盟。他们渴望塑造一套新的政治神话和象征符号。这不仅仅是为了使他们通常采取威权形式的政权获得合法性，而且也是为了抑制经常发生的族裔冲突乃至分离运动。在这些案例中，国家被利用来创造一种“公民宗教”。当不存在主体族群或其能力不足时，这种“公民宗教”的神话、记忆、象征符号及其他类似要素，就将提供相应的功能。这样，非洲撒哈拉沙漠以南地区的民族建设工程就显示了这种功能。新的族裔认同与意识的诸构成要素被创造出来，而当这些创造物融为一体时，它们就能够将既存族群的一部分文化及忠诚感吸纳进来。至少对许多非洲和亚洲的精英阶层来说，这就是他们的民族“工程”。[50]

这意味着，现代民族与任何核心族群之间的关系都是成问题和不确定的。那么，既然并非每一个现代民族都能够回溯到一个族裔基础，我们为什么还要从前现代的族裔纽带中去寻找民族的起源呢？我认为，有三点理由可以解释我们为什么应该这样做。

第一，正如我们将看到的，从历史上看，最早的民族是建立在前现代的核心族群的基础之上的；并且，由于这些民族强大且具有文化影响力，它们为此后世界上许多地区的民族形成案例提供了模板。

第二，民族的族裔模型变得越来越流行，这并不仅仅是由于前面已提及的原因，还因为它可以非常容易地从前现代的“大众性”共同体中生长出来；而在世界上如此众多的地区，正是这类共同体幸存到了现代
41 世界。换句话说，在社会学的意义上，族裔模型是一片肥沃的土地。

第三，即使一个即将形成的民族没有能够自夸的重要族裔前身，即使任何族裔纽带都是虚幻或人为捏造的，但对于民族的生存和统一来说，有一项条件无论在哪里都是最重要的，即利用任何可获得的文化材料，为一个历史与文化共同体创造一套条理清晰的神话体系和象征符号。如果没有某种族裔谱系，这个即将形成的民族就可能解体。民族形成过程中的这三个因素，正是我们将在后面两章进行的分析的
42 起点。

第3章

民族的兴起

一个人口单元如果拥有以族裔为基础的共同体纽带与历史记忆，它就更适宜或更可能转变为民族。然而，这种转变为什么会发生？它又是如何发生的？对此，我们知之甚少。在多种多样的族裔纽带与记忆的基础上，民族形成的一般性原因和机制是什么？为了回答这个问题，我们需要对认同形成的主要模式及促使这些模式发展演变的宏观变革予以考察。

在这个语境下，"民族形成"（formation of nations）这个概念是至关重要的。它提醒我们：尽管为方便起见，我们给了"民族"一个具体的定义，但事实上，我们要处理的并非某类固定不变的"实质"，而是一系列随时间演变的复杂进程。在第1章中，"民族认同"这个概念的复杂性和抽象性表现得很突出。"民族"是**一个被命名的人口总体，它的成员共享一块历史性的领土，拥有共同的神话、历史记忆和大众性公共文化，共存于同一个经济体系，共享一套对所有成员都适用的一般性法律权利与义务**。在这里，"民族"是一个多维度的概念，是一个提供标准和对照物的"理想型"，而每个具体的例子都只是在不同程度上与其相似。我们必须预料到，在每个个别的案例中，不同的进程沿着这几个维度发展并结合，其所产生的结果，与理想型的相似程度会表现出相当高的差异性。当我们探索民族产生的原因和机制时，有必要将这一点铭记于心。

民族先于民族主义？

在第2章的开始部分，我已提及：民族主义者相信，民族是自古就存在的，尽管这种存在往往表现为一个漫长的非自觉状态。因此，对民族主义者及稍早期的学者而言，民族的起源与形成原因并不构成一个
43 特别的问题，没有必要去探究它们形成的过程。民族是亘古不变的，变化的只是它们自我觉醒和开展行动的程度。[1]

与这种耳熟能详的陈旧观点不同，当代学者揭示了民族和民族主义的历史偶然性与相对现代性。对大多数学者来说，作为社会运动和意识形态的民族主义，可以被追溯至18世纪晚期。直至法国大革命爆发前夕，我们所表现出的民族情绪和民族主义思想还都是短暂而模糊的，并且诉求的重点放在了具有文化独特性的民族的自治问题上。"现代主义者"相信，甚至民族本身就是一个纯粹的现代构造物，尽管在这些学者内部，在关于欧洲民族的形成时期这个问题上，仍存在重大分歧。一些人倾向于18世纪或更早，另一些人则倾向于19世纪晚期到20世纪早期，因为直到此时，普通民众才最终实现了"民族化"，妇女也获得了选举权。显然，在现代主义者（这些人宣称民族完全是"现代的"）内部，关于民族的见解也存在诸多差异。[2]

然而，如果现代主义者是正确的，那么在前现代时期，将既不存在

民族，也不存在民族主义。在古代和中世纪，那些导致民族产生的条件并不存在。并且，前现代的集体性文化认同与现代的集体性文化认同间的差异是如此之大，以至于不可能将其简单地化约为“民族”这个单一概念。大众性的“公民民族”只有在工业主义和民主化的时代才能出现。[3]

这个观点中包含了许多事实，但在几个重要的方面，它还需要一些限定条件。它预设了一个单一的标准（普通民众和妇女的参与程度）来判断民族是否产生和存在。这种标准即使不会产生误导，也是过度严苛了。此外，在这种标准下，任何动员民众进行军事和政治行动的人口单元都将成为“民族”。那么，我们能将早期苏美尔人的“城邦”或早期瑞士的“州”称为“民族”吗？我们能仅仅因为古代埃及人和亚述人的民众被排除在政治行动和权力机构以外，就否认它们是“民族”吗？这难道不是将一种非常西方式的民族概念强加于与之情形大相径庭的地区与时代吗？[4]

然而，我们能在一定的形式和程度上避免这样做吗？我认为不 44
能。即使我们采用一种更加多维的民族概念（如同我曾经推动的那样），在实际的工作中，我们仍然需要在一系列过程和维度中对前现代与现代的集体性文化认同间的差异进行测量。让我来尽力解释我想表达的意思。

我们可以从这样一个问题开始：在古代，是否存在民族和民族主义？古埃及是一个显而易见的考察对象。尼罗河及其沿岸的沙漠赋予了她一块相当固定和紧实（compact）的领土（南部地区可能是个例外）。自从上埃及和下埃及完成统一，王朝统治的漫长历史留给当代人的全部印象，就是一个强大、统一的官僚制国家，其居民都服从同一部法典，尼罗河则维系了一个统一的经济体系。至于文化，法老在宗教和习俗上的垄断地位给予了埃及所有阶层一种独特的文化形象。至少在这个国家衰落以前，情况一直如此。[5]

在这里我们似乎找到了一个被命名的人群，它具有历史性的领土、神话、记忆和大众文化，甚至还拥有统一的经济和法律体系。在任何意义上，古埃及不都与亚述、萨菲时期的波斯或德川时期的日本一样（甚至更加）近似于一个“理想型”的民族吗？

毫无疑问，古埃及人与亚述人、萨菲时期的波斯人及德川时期的日本人一样，构成了我称之为“族群”的那类人群共同体，这类共同体都相应地带有族裔中心主义的色彩。但是，他们又在几个重要的方面不同于理想型的民族。从经济上看，尽管尼罗河促成了一个统一的贸易体系，但埃及仍被分割为一个个的区域，其经济大体上是建立在自给自足的村庄农业的基础之上。从法律上看，情况同样如此。尽管所有的埃及人都服从法老的法律，但他们并没有任何共享的权利和义务，更不用说如古希腊那般的公民观念了。事实上，在所有这些国家中，适用于不同的阶级和阶层的法律是不同的，神职人员构成了一个自成一体的类别。教育体系同样是根据阶级来划分的。埃及贵族的子弟所接受的训练与寺庙培养文士的学校所提供的教育是相互隔离的。因此，尽管
45 那些共同的神话、记忆、神灵和仪式将埃及人与其他人群区分开来，但这个法老国家的公共文化大体上是局限在宗教机构内部的，并且这些宗教机构本身就是分裂的，因此难以弥补地方主义对埃及国家的统一性的侵蚀。在后来的时代，精英阶层与农民和工匠阶层间日益扩大的鸿沟，导致了对古老的法老神庙宗教的不满，底层阶级开始求助于新的神秘教派，并最终基督教化。[6]

根据我们的定义，古埃及也许更应该被描述为一个族裔国家（ethnic state），而非民族。显然，与法国和英国不同，古埃及国家没能冲

破贵族与教士统治的藩篱。与亚述、波斯及日本这些族裔国家类似，它既没能把公共文化灌输给中层和底层阶级，也没有努力将全部人口整合在一起；它没有在领土内实行单一的职业体系，也没有为王国的全部成员规定同样的权利和义务。族裔国家仍然是现代民族的前现代等价物，它需要一次革命来打破禁锢。

那么，我们能在避免陷入逆向决定论（retrospective determinism）的前提下谈论古埃及人的民族主义吗？我们知道，埃及的君主们（包括阿克纳顿）都清楚地认识到，埃及是一个王国，是（后来发展起来的）帝国。阿克纳顿歌颂太阳神的赞歌甚至将价值归于其他人群（“天上的尼罗河，它是外国人所设”）。但是，这些情感似乎只局限在精英阶层内部，并且被激发起来用以抵制外国人和捍卫旧秩序。正如于公元前1580年驱逐了希克索斯国王的底比斯王子卡摩斯所言：

> 我要抓住他们，并剖开他们的肚子！
> 我要解救埃及，推翻亚细亚人的统治！[7]

如果民族主义所指代的仅仅是对文化与政治上的外来者的抵抗，那么卡摩斯和他的继承者都是民族主义者，我们也能够在任何一个时代里，在任何一块大陆上找到这种民族主义。然而，如果我们希望用民族主义这个概念来表示某一类意识形态和政治运动（它预设了一个由众多民族构成的世界，每个民族都具有自己的特质，对民族的原生性忠 46
诚构成了政治权力的唯一来源和世界秩序的基础），那么，我们将很难在古代或中世纪世界找到由这种理念所激发的运动，就更不必说古埃及了。

因此，古埃及为我们提供了族裔国家的明晰案例，它是王朝国家与拥有同质性历史文化的人群共同体的完美结合。只有日本的族群同质性能够与之匹敌，尽管它也拥有阿依努人、朝鲜人等少数群体。其他的族裔国家（亚述、埃兰、乌拉图、波斯、中国）都快速地兼并具有异质文化的外围地区，或邀请（或驱逐）外来者到他们的国土上居住，并允许这些外来者与本地族群通婚。

在对古代世界存在民族或民族主义的程度进行评估时，我们的工作因缺乏证据（即使是关于规模很小的统治阶层的证据）而受到很大限制。或许正是基于这个原因，在我们掌握了较多证据的两个案例中，我们都更愿意承认可能存在民族和民族主义。

我所指的当然是古希腊和以色列。如果说有可能在哪里找到民族主义，那么就是在这里了：我们可以预期会发现一种强烈的**民族**认同感和令人印象深刻的民族主义。然而，即使在这里，证据也至多是模糊和武断的。

我们已经看到，古希腊的统一性是如此严格地由文化而非政治来界定。事实上，这幅文化图景甚至更加复杂，因为在范围较大的希腊族裔共同体内部，还存在次一级的族群单元，爱奥尼亚人、伊奥利亚人、玻俄提亚人和多利亚人之间的分歧，同样在社会乃至政治生活中扮演重要角色。在伯罗奔尼撒战争中，多利亚人的“刚毅”与爱奥尼亚人的“优雅”间的差异就可能被凸显出来（通常是被消极地描述为“粗野”与“女人气”），从而成为各团体为寻求联盟或为其战争行为进行辩护时可供利用的资源。在社会与宗教生活中，这种多样性也扮演了重要角色。各个次级族群单元在部落划分、宗教仪式、历法和艺术形式等方面都不尽相同。然而，即使是这些次级族群单元也没能形成有效的共同体，因为它们又都被进一步分割为一个个polei，也就是所谓的“城邦”，它们要求每个希腊人都将自己作为最高的忠诚对象。尽管它们在后来结成了近邻同盟，但却从未放弃这种要求。[8]

这也正是古希腊没能表现出更多的民族主义样貌的主要原因。就 47
像在古埃及一样，我们再次遇到了大多数古代文化共同体所表现出来的典型的族裔中心主义。在危急时刻，正是这种族裔中心主义，促使希腊文化共同体的各组成部分联合起来，抵抗他们共同的敌人。事实上，对波斯人的成功抵抗，的确鼓舞了泛希腊的文化情感，并激发出希腊人相对于“被奴役的”野蛮人的优越感。然而，奇怪的是，希腊并没有因此而统一起来；尽管在反抗波斯的斗争中，基蒙和伯里克利都曾做出过这种努力，但波斯人的黄金还是要比泛希腊的情感更有效力。[9]

在犹地亚（Judea）的犹太人中，可能存在着更高的统一性和更多的民族主义。这是一个相对较迟的发展过程。古以色列无疑得益于共同的起源神话、共享的记忆和传统，以及一种公共的宗教文化。但是，它的统一性被部落差异以及南北部落间的潜在冲突破坏了。与迦南人和非利士人的反反复复的战争，的确酝酿出一定的政治统一性，但在北部的以色列王国于公元前722年陷落后，真正阻止文化同化浪潮的，却是耶路撒冷的神职人员和先知运动。与此类似，在阿契美尼德帝国及后来的托勒密王朝统治时期，是以斯拉（Ezra）的改革和尼希米（Nehemiah）的政治举措使得犹太人的联合体得以保存下来。接踵而至的是巨大的希腊化危机，塞琉西王朝的安条克·艾皮芬尼斯（Antiochus Epiphanes）的措施使得情况愈加恶化；这一次，扭转文化同化大潮的依然是一系列宗教运动。马加比家族（Maccabees）、法利赛人（Pharisees）和奋锐党人（Zealots），以及众多拉比与贤哲，先后领导了这些运动。[10]

然而，即使如此，我们能够谈论犹太民族和犹太民族主义吗？我们能将马加比家族和奋锐党人等同于当代的民族主义游击队和自由战士吗?

我们很难得出明确的答案,因为在犹太人的思想和实践中,对宗教共同体的认同,与对具有宗教弥赛亚意识和民族主义的民族的认同是非常接近的,并不像我们以为的那样可以被区分开来。尤其对奋锐党人来说,以色列的土地属于上帝,因此是不可剥夺的。将它从罗马人的
48 手中夺回来,是每个犹太人的义务,是末日来临前的序曲。这种末世希望的核心,是要实现以色列与上帝定下的誓约。那个在大地上建立上帝之国的弥赛亚式的承诺,将在以色列的土地上,由一个犹太人的神权政体来实现。在这个构想中,不可能将犹太民族与以色列的宗教共同体区分开来,也不可能将犹太人的弥赛亚意识与犹太民族的渴望区分开来。[11]

正如我们将要看到的,即使民族主义从根本上说是一种世俗的意识形态,但宗教的民族主义也并不罕见。民族主义者不仅经常发现诉诸大众的宗教情感是必要的,而且他们还发现,在像斯里兰卡、亚美尼亚、波兰和爱尔兰这样的案例中,族裔共同体的范围是由宗教共同体界定的,将民族与宗教共同体合二为一是相对容易的。但是,在这几个案例中,对族裔—宗教共同体的自觉调用都发生在民族主义盛行的年代;但在古犹太人的案例中,并不存在欧洲和世界范围内的民族主义思想及关于民族本身的意识形态可供借鉴。根据我们对那个时代的了解,公元1世纪的犹地亚奋锐党人(以及任何其他犹太人)不可能怀有一个与犹太教相分离的世俗民族的概念。但是,这种由默证法得出的结论,必须被谨慎对待。[12]

或许,我们可以谈论一个第二圣殿时期的犹太民族?在共同的名称和祖先神话、共享的历史记忆、对乡土的热切依恋,以及共同的语言

（希伯来语和阿拉姆语）和宗教文化之中，当然蕴藏了一种对共同族性的鲜活感知。然而，在其他方面，证据就不那么清晰了。尽管以色列地（Land of Israel）的范围是由传统所规定的（“从丹到贝尔谢巴”），但实际的领土范围和统一性则有所不同：加利利和沿海平原（以及南部的内盖夫），都距离犹太人的中心稍远。因此，尽管圣殿作为商品集散地，发挥了统一市场的作用，但这种地理上的分散性还是相应地带来了经济上的多元性。特别是加利利，基本上成了富裕的农场主自给自足的家园（橄榄油和葡萄园受到偏爱），这种情形在密西拿时代晚期尤为严重。我们也不清楚，哈斯摩联合体（Hasmonean commonwealth）中的犹太人在多大程度上被共同的公民权利与义务统一起来了。我们唯一知道的是，宗教律令及义务平等地适用于所有成年男性。至少
在理论上，他们接受的是同样的宗教教育。随着犹太教堂和法利赛人 49
的崛起，所有人都能享有的地方性宗教教育得以实现，但可能要等到随后的密西拿时代，“以色列地的人民”（Am Ha-Aretz）的法律权利和义务才获得承认。当然，到那个时候，关于政治自治的全部希望都已经破灭。[13]

这表明，在第二圣殿时期晚期的犹太人中，存在一种民族的近似物，它比古代世界的其他地方的同类现象都更接近理想型的民族，并且它必然使我们在否定前现代的民族（乃至一种宗教民族主义）的存在时要非常谨慎。对从古代晚期到现代的许多群体而言，“上帝选民”（chosen people）概念的深远影响、对神圣土地和中心的热切依恋，以及神圣语言与经典的持久印记，都被证明是持久有效的历史遗产，能够维系他们对自身独特性的感知，并培育他们关于重生的希望。[14]

那么，我们能期望在中世纪找到类似的近似物吗？事实上，几个

中世纪的王国和人群开始将他们自己视为晚近版本的“以色列的子孙”——被上帝拣选，拥有神所支持的领袖，从事英雄的事业。他们认为自己是具有相同的风俗与血统的共同体，拥有神圣的土地与中心。

在西方，一些在罗马帝国的废墟上崛起的蛮族政权声称他们拥有正统的特洛伊和（或）与《圣经》相关的血统。在大众的信念中，拥有共同信仰与血缘的共同体开始与它的王室家族的高贵血统联系在一起。在西哥特人、萨克逊人、法兰克人和诺曼人中，出现了一种关于族裔拣选的神话。在这种神话中，他们的统治者将成为大卫王的继承者，而他们的共同体则是古以色列人的后裔。然而，无论从民族事业的意识形态上看，还是从民族形成所必不可少的过程上看，无论从文化、教育和法律的角度看，还是从领土或经济的角度看，现实情况都与这个模型相去甚远。只有到了中世纪晚期，这些过程才开始发展出一种模式，从而为民族的形成与自觉奠定基础。很快我就会回到这个主题。[15]

50 在欧洲另一边的波兰和俄罗斯，类似的政权建立于10—12世纪，但最终都遭到了肢解——在俄罗斯的案例中，它还经受了“蒙古人的征服”。尽管在这两个王国中，斯拉夫人都占主体地位，但其族裔同质性从未达到古埃及或犹地亚的程度，在经济或法律上的统一性也不能与之相比，就更谈不上公共的教育体系了。只有他们的语言和宗教文化（一个是天主教，另一个是东正教）成功地结晶出一种对独特的共同族性的感知。关于皮雅斯特王朝和（基辅罗斯的）留里克王朝的早期国家地位的记忆，进一步强化了这种感知。从15世纪开始，在波兰民族和俄罗斯民族的形成与界定过程中，这些记忆扮演了重要角色。[16]

如果我们要讨论的是族裔国家，而非大约公元1300年以前的欧洲诸民族，那么，我们能谈论中世纪晚期以前的民族主义吗？如果民族主义指的是一种**意识形态运动，它致力于为一个被认为构成了**

民族的社会群体争取或保持自治、统一与认同，那么，我们几乎不能这样说。根据主要来自教士和官僚阶层的文字记录，我们会发现：在中世纪的早期和顶峰时期，存在大量族裔中心主义的情感表达；但在盎格鲁—法兰西战争爆发及西方的基督教世界因几个强大王朝国家的竞争而分裂以前，并未出现能够与民族主义联系起来的观念和行动。到17—18世纪，诸如政治的文化决定主义、自动解放（auto-emancipation）、民族至上和人民主权的观念和信条，才获得较多的表达机会；也直到此时，这些观念和信条才开始被解读为民族主义的行为和运动。[17]只有在像1320年的苏格兰人的《阿布罗斯宣言》（Declaration of Arbroath），或1291年公布、1307年修订的瑞士人的《吕特利誓约》这类经常被引用的表述或运动中，那种更为激进的论调才会出现。这是一种对建立在人民的文化差异和独特的法律与习俗基础之上的自治地位的渴望，并与马加比家族和奋锐党人关于族裔拣选的宗教观相呼应（布鲁斯被比作“另一个马加比或约书亚”）。然而，尽管这种理想鼓舞了反抗运动，但从长期效果来看，它并没有帮助建立起一个苏格兰民族或瑞士民族，并使之在这个由民族构成的世界中占有一席之地。[18] 51

族裔共同体的类型

显然，无论我们能从个别案例中得出什么结论，从总体上看，古代和早期中世纪的集体性文化共同体都与理想型的民族相去甚远。这些共同体的理想和情感也没有经常表现出那些在更晚近的年代里与民族主义相联系的观念和信仰。这在多大程度上能够符合我们所用的定义？又在多大程度上反映了一种重要的历史与社会差异？对此，我们必须详加阐释。既然历史文献中记录了这种差异，那么证据似乎已足够清楚了；然而，对这些证据的相关性和重要程度的解读，是依赖人为判断的。如果仔细审阅这些历史记录，我们会发现相当多的疑点。这个事实暗示：在前现代的族群和族裔中心主义与更为现代的民族和民族主义之间，存在一种连续性，其程度比任何现代主义者所愿意承认的都要高。

这意味着，任何试图解释“民族如何以及为什么会出现”的努力，都必须从族裔纽带和认同入手，因为通常正是这些因素构成了他们的文化基础。正如我希望展示的那样，在最早的及随后的民族的形成过程中，族裔纽带和认同扮演了重要角色。

我的讨论将从区分两类族裔共同体——“水平的”（lateral）与“垂直的”（vertical）——开始。

在西欧由蛮族建立的诸政权中，由罗洛（Rollo）于公元913年建立的诺曼人的诺曼底公国，保留了一种对建立在风俗与血统神话基础上的共同体的鲜活感知。正是这种共同体意识使得这群挪威移居者与这一地区说法语的居民能够统一在一起，并一直维持到公元1204年被法国征服。在将近三个世纪的时间里，诺曼人以武士集团的形式，维持了自己的精英阶层地位，甚至当他们把远征军派遣到爱尔兰和西西里那么遥远的地方时，情况也是如此。然而，诺曼人的族群实际上只是由上层阶级构成的。这并不一定是他们蔑视本地居民的结果；毕竟，他们与本地居民通婚，并采纳了他们的语言和许多风俗习惯。重要的是，他们的共同体意识、血统神话与历史记忆，都是紧紧围绕着掌权家族的。圣康坦的杜多（Dudo of St. Quentin）和奥尔德里克·维
52 塔利斯（Orderic Vitalis）所歌颂的，正是诺曼底公爵的系谱和功绩。统治家族代表整个武士—贵族阶层的利益，因为是他们创立了公国并定

居于此；其他阶级只是被纳入了这个附加在统治家族的荣耀之上的神话与习俗体系。[19]

与诺曼军队所征服的其他地区一样，诺曼底的诺曼人共同体，展示了一种可以被称作“水平的”族裔共同体的形式。这种类型的族群通常都由贵族和高级教士构成，尽管它偶尔也会将官僚集团、高级武官和富裕商人囊括进来。它之所以被描述为“水平的”，是因为在社会整合方面，它是局限在上层阶级内部的；在地理延伸方面，它则是扩展开去的，并经常与邻近的水平族群的上层阶级形成紧密联系。结果是，它的边界通常是“参差不齐”的，它缺乏社会性的深度，并且它那显而易见的共同族性意识，是与其作为社会上层和统治阶级的集体意识（esprit de corps）密不可分的。

与之相对，“垂直的”族群类型更为紧实（compact）和大众化。它的族裔文化往往会在不同的社会阶层或阶级中扩散。社会分化不是建立在文化差异的基础上，相反，以共同的文化遗产和传统为核心，一种独特的历史文化有助于将不同的阶级统一起来。当这种文化遗产和传统面临外部威胁时，这种情况尤为明显。结果是，在这类族群中，族裔纽带往往更加强大和排他，进入的壁垒也更高。与周边的迦南人和非利士人这样的贵族式族群相反，以色列人的部落联盟和王国表现出了一种更具排他性的族裔中心主义，并为应对旷日持久的战争而对所有社会阶层进行积极动员。这种更加大众性的垂直族群的例子还包括德鲁兹人、锡克教徒、爱尔兰人和巴斯克人。在所有这些共同体中，都存在明显的阶层差异，甚至阶级冲突；但族裔文化并不是保护某一个阶层而排除其他——相反，在不同程度上，它是共同体所有成员的共同财产。[20]

显然，对水平的与垂直的族裔共同体的区分是一种理想型，它既在两种类型间造成了一种断然的区分，又遮蔽了每种类型的内部差异。贵族式的水平共同体可能属于征服型，例如高贵的赫梯战车御者或匈
53 牙利骑士。他们也可能是本地人，例如萨珊波斯的君主、贵族和琐罗亚斯德教祭司——他们在上层阶级中复活了波斯的荣耀（尤其是在公元531—576年的库思老一世统治时期），却没能将乡村大众和城市里的少数群体、摩尼教徒、基督教徒及犹太教徒吸纳进来。马兹达克运动正显示了这种状况。[21]类似地，大众性的垂直共同体既包括都市性的城邦联盟、不同教派和流散社群的飞地，也包括更具乡村性的部落联盟（阿拉伯人、蒙古人和爱尔兰人），以及像加泰罗尼亚和瑞士这样的“边疆”武士族群。然而，正如这些案例所显示的那样，事实上，我们所发现的并非固定的类型，而是历史和社会的进程。某个特定的历史共同体可能会从一个极端转变为另一极端，甚至使两个类型的要素混为一处，存于一身。阿拉伯人的政治进程始于先知将松散的部落联盟统一为一个信仰共同体。此后不久，在他们的定居地的中心地带，它就变得“贵族化”了。它的统治方式既像一个水平的征服族群，又因伊斯兰化和通婚而具有许多本地化的特征，而各伊斯兰苏丹的领地之间，边界又是犬牙交错的。[22]亚美尼亚的封建贵族在丧失了统治一个独立国家的能力后，变得更加“大众化”了，或者更确切地说，共享的亚美尼亚宗教—族裔文化向下扩散到了整个社会。直到最终，在流散社群中出现了一种更为大众性的垂直共同体（或一系列飞地共同体），取代了之前更为贵族化的水平族群。[23]

在这里，区分这两类族裔共同体的意义，不仅在于它凸显了前现代的族裔冲突与族群生存的持久源泉，而且在于它提出了核心族群的不同类型和两条主要路径，而民族正是围绕这些核心、遵循这些路径建构和形成的。现在我们需要探究的就是这些轨迹。

水平族群与官僚体系的吸纳

让我们从水平方向的路径开始。对实行贵族政治的族群共同体来说，如果贵族阶层能够将人口中的其他阶层都纳入自己的文化圈，那么，这些共同体是有能力实现自我延续的。在通常情况下，他们很少会主动地将本阶层的文化向下扩散至整个社会。赫梯人、非利士人，甚至 54
亚述人，都满足于统辖那些文化上的异质附属人群，同时又成功地确保了自己的精英文化在数个世纪甚至更久的时间里得以延续。然而最终，他们的政治组织瓦解了，他们的文化被外来移民所同化。在其他几个案例中（此时浮现在脑海中的是波斯人和埃及人），水平族群是通过"改变他们的特质"而生存下来的。也就是说，他们会采纳新的宗教与（或）风俗习惯，甚至使用新的语言；但同时，他们保留了自己的名称、关于共同祖先的神话、高等级的历史记忆以及他们的祖地。[24]

有几个贵族政治的族群成功地将他们的身份认同维系了数个世纪，甚至上千年。这项成就部分地源于他们对独特宗教形式的严格遵从；但同时，这也是他们包容政治边界内的其他族群，并将自己的宗教文化在整个社会的范围内进行有限扩散的结果。在中世纪的"所罗门"王朝，阿姆哈拉（Amhara）的君主们，曾致力于将居住在外围地区和处于较低社会阶层的人群都吸纳进他们的基督一性论的族群文化中。尽管这项努力只取得了部分成功，但这已足够确保他们在面临穆斯林的攻击和随后的欧洲人入侵时能够幸存下来（至少在他们的心脏地带）。[25]

一些西欧的族群国家在这方面的努力更为成功。在英格兰、法国、西班牙和瑞典（在一定程度上也包括波兰和俄国），占主体地位的水平族群构成了国家的核心族群，他们能够逐步地将中间阶层和外围地区的人口吸纳进主流的族群文化中。实现这种整合的首要力量，就是新兴的官僚制国家。通过其军事、行政、财政及司法机构，这种国家形式能够控制和传播相应的价值、象征符号、神话、传统和记忆，而正是这些要素构成了占主体地位的贵族核心族群的文化传统。通过这种方式，贵族政治的族裔国家能够为它的全体人口提供一种新的、更广泛的文化认同；尽管在实践中，这一过程通常包含了支配族群文化与边缘族群文化在一定程度和范围内的相互调和。[26]

这种调和构成了英格兰在诺曼征服后的发展历程的重要标志。在12—13世纪，作为征服者的诺曼人与作为归顺者的萨克逊人的较高阶层之间，发生了大规模的语言借用、通婚及精英流动的现象。这
55 些都是在不断增强的国家集权的统一框架下和英格兰天主教教会的组织内部发生的。这意味着，对被征服的族群人口进行官僚体系的吸纳，就是要实现盎格鲁—萨克逊人、丹麦人和诺曼人之间程度相当高的社会交往与文化融合。在14世纪以前，语言融合的结果已经产生了乔叟式英语*和关于“不列颠血统”的公共神话。这个神话在12世纪由蒙莫斯的杰弗里（Geoffrey of Monmouth）提出，并获得了广泛的社会和政治认可。[27]

这并不是说，在14世纪时就已经产生了一个讲英语的民族，而只是表明，一些有助于民族形成的过程在那时就已初现端倪。民族的族裔要素已经获得了很好的发展。在与近邻苏格兰、威尔士及法兰西的

---

* 杰弗里·乔叟（Geoffrey Chaucer，1343—1400），英国诗人。他生于富裕酒商家庭，长期在政界担任要职，多次出使欧洲大陆诸国。当时英国文化深受法国影响，上流社会文人通用法语和拉丁语。乔叟率先采用伦敦方言写作，对英国民族语言和文学的发展影响极大，故被誉为“英国诗歌之父”。

漫长战争的滋养下，不仅共同的名称和关于族裔血统的神话逐渐形成，并且多种多样的历史记忆和传统也得以积累。一种关于共同文化的感知不断增强，这既是英语广泛使用带来的结果，也得益于极具影响力的英格兰教会组织。对岛国家园日益增长的依恋同样对这种感知贡献颇多。尽管这种依恋在更早的时期就已出现，但正是在与法兰西的漫长战争中，它才愈发强烈。与此同时，其他方面的统一性也缓慢地出现了。除了影响力无所不在的教会外，我们并不能说，在中世纪存在着真正共享的公共教育体系。事实上，它的完备的世俗形式还要再等待数个世纪才会出现。但在16世纪晚期，一种精英教育体系已经建立起来了。经济上的统一性同样是最小限度的，但从亨利二世开始，国家在财政与行政方面的干预开始逐渐加强。地方主义持续了相当长的时间；在那些没有受到羊毛贸易影响的地区，自给自足的经济形式也同样得到了长久的维持。甚至连王国的疆域也是有争议的，这是合并威尔士以及与苏格兰之间持续的边界战争的结果，就更不用提金雀花王朝那些跨越海峡的领土了。除了大宪章和习惯法外，共同的法律和义务只适用于数量极少的社会上层。直到晚得多的时代，这些权利才在更大的社会范围内获得普及，而这又往往是通过与君主和领主的斗争才实现的。[28]

然而，尽管直到都铎王朝时期的文艺复兴和宗教改革，英格兰民族 56
的文化和认同才充分地展现出来，但在此之前很久，集权化的诺曼人国家与英格兰教会就已经成功地奠定了这种民族文化和民族认同的根基。有趣的是，恰恰是在这个时点，古老的不列颠血统神话开始让位于盎格鲁—萨克逊神话，后者将英格兰人的起源追溯到日耳曼部落和他们古老的“自由”体制。同样是在这个时点，一种新的民族宗教开始为英格兰人提供独特的身份认同，这种认同与罗马及其西班牙盟友所提供的普世性诉求正相抵触。虽然这个民族显然没有囊括工匠和农民阶层，但最迟在16世纪（甚至更早），先前实行贵族政治的盎格鲁—诺曼人的水平族群共同体，就已经建立起了一套强大的国家传统与行政机构，足以将上等中层阶级及位于北部、西部和威尔士边界的外围地区吸纳进来。尽管这个过程常常伴随着冲突，但它依然在持续推进。在这个例子所展示的路径中，民族既是借助于国家行动（在教会的支持下）得以形成的，又是围绕着一个相对同质（尽管只局限在社会上层）的核心族群来建立的。[29]

在法国的历史中，尽管发展进程更为缓慢和零碎，但同样可以看到类似的族群官僚体系的吸纳过程。在基督教化的墨洛温王朝的统治下，上层法兰克人与罗马—高卢人的族群文化发生了一定程度的融合，但是，的确要等到12世纪晚期，法兰西政权才会在中部的“法兰西岛”（Ile de France）地区出现。卡佩王朝的君主们当然能够利用身份认同的神话，以及古老的法兰克王国与加洛林帝国的荣耀，来为自己的目的服务，这主要是因为：在查理曼大帝的统治分崩离析后，东法兰克王国开始被视为条顿人的政权，并形成了一种不同的身份认同。[30]然而，发挥了同等重要作用的，还有法兰西教会所扮演的关键性象征角色。其中最值得一提的是兰斯的大主教区，在这里举行的涂油礼使卡佩王朝的君主在面对诸多对手时获得了竞争优势，它给这个王朝戴上了一顶光环，使得它的声望甚至超过了巴黎的法学院或后继君主的军事能力。法兰西王权的神圣性可以追溯到公元754年，矮子丕平的篡权行为获得了教皇的许可，后来查理曼又得到教皇的加冕。这种神圣性通过一个
57 精心培育的神话（法兰西王室是由神选定的统治者）反映出来，也在教皇博尼费斯于13世纪末所使用的族裔—宗教语言中得到了回应。当时，教皇如是宣称：“与以色列人民一样，法兰西王国是一群被神所拣选

的特殊人民，它将执行来自天国的指令。”[31]

尽管法兰西的这个过程远比英格兰缓慢和冗长，但其所经历的事实却是相同的：卡佩王朝的君主们建立起了一个相对有效和集权的王国。在初始阶段，它的地理范围只局限在法兰西的北部和中部；从13世纪起，西部、东部和南部的奥克地区逐渐被吸纳进来，而这些后划入的地区的文化传统与北部地区大相迥异。在文艺复兴时期，英格兰人被赶走，南部诸王国及布列塔尼地区也被吞并进来，由此，法兰西国家在行政管理和语言使用两方面的统一程度都在不断提高，法语被提升为沟通和统治的官方语言。在追求领土统一和经济一体化方面，进展则缓慢得多。尽管波旁王室和它的大臣们一直致力于提高国家的集权化程度，但要等到大革命时期，标准化的法律体系才最终建立起来。事实上，地方主义一直存续到19世纪；直到1900年，由具有“雅各宾派”色彩的第三共和国政府推行大众民族主义教育和强制征兵制度以后，大部分的法国农民才被完全吸纳进法兰西民族。[32]

在水平的族裔国家实行官僚体系的吸纳方面，西班牙提供了一个更加不连贯和不完整的例子。在这里，卡斯提尔（Castile）和阿拉贡（Aragon）王国成了天主教世界抵抗穆斯林征服的主要阵地。在中世纪晚期，统治者越来越多地借助宗教的力量来实现人口的同质化。像犹太人和摩里斯科人这些不能被同化的群体，或是被迫改宗，或是最终被驱逐。在这里，“血统纯洁”（limpieza di sangre）的观念同样有助于界定一个伊比利亚人的天主教水平族群的成员资格，这个族群力图通过行政管理和文化控制来实现对外围地区和中层阶级的渗透。[33]

然而从最开始，西班牙王室的统一性，就因存在若干要求保留其古老权利及既存文化传统的群体而备受困扰。尽管在1640年的加泰罗尼亚叛乱后，加泰罗尼亚人、巴斯克人和加利西亚人所居住的地区，都经

58 历了相当程度的政治整合，但他们依然成功地将各自的文化认同一直保留到近代。我们就更不用说葡萄牙人的分离行动了。到17世纪时，西班牙国家和它的帝国已经相当虚弱了。它无法再继续扩展和加深它在社会与地理上的渗透范围，结果形成了一个——与法兰西和不列颠相比——统一性较弱的民族共同体和多元化程度更高的国家。到了19世纪中期，加泰罗尼亚的复兴运动已经为接受族裔民族主义的理念铺平了道路。这一情形在加泰罗尼亚和尤兹卡迪两地表现得最为明显，并进一步损害了西班牙国家的统一性。与此同时，对各少数族群共同体中的大部分成员来说，他们在常常颇为强烈的族群情感之外，也在不同程度上共享了这种最具包容性的、对西班牙的政治忠诚。然而此后，这成为大多数西欧国家的标准模式。[34]

最早的民族？

英格兰、法兰西以及西班牙（在较次要的意义上，也包括荷兰和瑞典）的范例，深刻地影响了19—20世纪的民族形成过程。造成这一现象的主要原因是，这些国家在西欧的民族形成阶段拥有强大的军事和经济力量。它们在16—17世纪获得迅速发展，因此被那些不那么幸运的国家当成了模仿的对象，他们所采取的民族形式也越来越多地被视为其取得成功的密钥。在英格兰、法兰西以及不那么典型的西班牙的案例中，这种关联并不是偶然的。在这些国家，相对较早的民族发展过程，与在其行政体制、经济及文化领域持续不断的革命是同时发生的。事实上，许多人都会认为，在这几个案例中，实际上是国家“创造了”民族，即国家在税收、征兵和行政管理方面的行为，赋予了其管辖范围内的全部人口一种对集体认同和公民忠诚的自觉意识。在今天，对民族的忠诚感是一种显而易见的现象，但在它的孕育过程中，则是国家提供了必不可少的条件。公民权利得到了拓展，新建造的基础设施将领土内距离遥远的各部分连接了起来，并大幅提升了边疆地区的交通网络，这些措施将越来越多的地区和阶层带到了民族的政治舞台上，创造出 59
了“英格兰”、“法兰西”、“西班牙”这些民族共同体的形象，并激发了直到今天依然强烈的信仰与归属感。[35]

事实上，若以国家对社会及其所辖各地区的**深度**渗透作为衡量标准，西方世界的民族实现进程将被推迟数个世纪。在民族形成的过程中，仅在最近大约几十年的时间里，这项标准才获得了比其他过程更重要的地位，因为直到19世纪的最后阶段，法兰西和英格兰的底层阶级才被吸纳进政治体制中，而妇女的这项权利则迟至20世纪20年代才得以实现。但是，英格兰和法兰西对更大范围的世界产生影响的时间要早得多，因此，我们不能确定地将“国家实现大众动员”与“最早的民族出现”这两件事等同起来。至少在其他国家的观念里，情况并非如此。正如我们已经看到的，声称是国家“创造了”最早的民族，只是一个过于简单的答案。就其所承担的责任而言，国家的确在完成其他改造过程的同时（也是在这个环境中）“创造了”民族。[36]

与我们的讨论相关的这类过程或“革命”有两项。第一项是经济上的：在中世纪晚期的西方世界，向市场经济的转型是从几个核心国家开始的，此后扩散到欧洲的其他地区，然后再到拉丁美洲、美洲和亚洲，最后到达非洲。资本主义革命使得西方世界及一些被选中的边缘地区的贸易网络大幅拓展，这进而鼓励了资本积累，富裕的城市中心与商业资本也由此兴起。本国资产阶级的行为，为这些经常陷入彼此战争的欧洲国家带来了收益。他们得以建立规模更大、装备更好的军队，以及更加高效、由“专家”组成的行政机构。[37]

这种“西方的”革命的另一项涉及文化与教育，其核心是：伴随着教会内部的改制运动和宗教改革引发的战争，教会的权威性衰落下去。进而，这种情形为大学教育中的世俗性研究（尤其是古典人文主义和科学）的发展让出了空间，并最终鼓励了大众传播模式（小说、戏剧与杂志）的发展。在这些过程中，知识分子和专业人员（或知识阶层）扮演了重要角色。他们拥有技术性的“专长”和“理性的”话语，因此，不
60 断扩张的国家行政机构雇佣他们来为王朝和政治的目标服务。由于理性国家在西方的发展相对较早，因此，尽管它在社会渗透方面的成效有限，但对知识分子和专业人员阶层的吸纳则效果明显，后者大体上都属于国家机构及其官僚化的程序与人力系统。尽管一些知识分子在国家机关以外工作（最明显地体现在法国启蒙运动中），但他们中的大多数人都被排挤到古代的大学中，或被指派到王室或政党的机构中供职。由此可见，在对民族共同体的边界与特质进行定义时，国家充当了主导者，而革命的雅各宾派爱国者政权只是巩固了这个过程。[38]

以官僚制国家为中介，通过在行政、经济与文化三个领域的革命，占主体地位的水平族群就将外围地区的族群及中下层阶级都吸纳进了自己的文化。归根到底，世俗的大众性民族的出现，是一项充满活力的政治社会化工程的结果，所借助的手段则是公共的大众教育系统。但是，在这项成就达成之前很久，贵族式的族群文化逐渐扩散，并向一种真正的民族文化转型的过程就已经开始了。这种民族文化既是公民性的，也是族裔性的，同时还具有社会包容性。这个过程与公民的和法律的权力向王国内更广泛领域扩展的过程是一致的。然而最终，这个过程恰恰可以被追溯到一个核心族群的出现。正是围绕这个核心，强大的国家才得以建立，并可能将其他阶层和外围地区的族群吸纳进来。由于某些蕴藏在风俗、传统、规范和风格中的族裔神话、记忆与

象征非常强韧，因此，英格兰（很早）和法兰西（稍晚）能够在（主观上）相当同质的族群基础上形成王国。进而，他们的强大国家对这个族群进行拓展和深化，从而创造了一个在此后几个世纪里都相对新颖的概念——民族。[39]

"垂直"族群与方言动员

如上所述，贵族政治的族群共同体是通过官僚体系的吸纳来完成民族形成过程的。与此路径不同，以大众性族群为基础的民族的形成过程仅间接地受到官僚制国家的影响。这主要是因为，垂直族群通常 61
都是被外国统治的共同体；同时，在这类案例中，将成员联结起来的纽带是排他性和总体性的。在垂直共同体中，维系族群存续的主要机制是组织化的宗教及其神圣的经典、礼拜、仪式和神职人员。在这里，宗教意味着一套完整的生活方式。对于拜占庭希腊人、早期的东正教俄罗斯人、信奉基督一性论的科普特人和埃塞俄比亚人、格里高利教派的亚美尼亚人、天主教的爱尔兰人和波兰人、锡克教徒、犹太人和德鲁兹人这类大众性共同体来说，它们的性格特质正是由救赎性宗教的社会层面所塑造的。在所有这些族群中，关于上帝拣选的神话、神圣的文本和手稿，以及神职人员的声望，都有助于确保共同体的传统和文化遗产得以延续。

然而，由宗教塑造的人群也面临着自己的特殊问题。如果这个问题涉及的是寂静主义者 * 如何适应常常充满敌意的环境，那么，古老信

* 寂静主义（quietism）是一种神秘的灵修神学，相信信徒在灵修中应单单享受与神交流的神秘经验，并且这种经验乃是神主动赐下的，并非来自个人修为。这个名词在17世纪80年代末出现，故狭义的"寂静主义"是指17世纪天主教里受教会谴责而被指为"有害"和"可疑"的灵修运动。

仰的象征符号与组织机构就提供了一个轻巧便捷的保护罩。然而，如果这个问题所关涉的是这个共同体要转变为一个民族，那么，它所面临的任务就艰难得多了，因为它必须打破思想中那些习以为常的族群框架及与之相伴的生活方式。更为重要的是，并没有内部的强制性机构和官僚制国家来帮助打破这种模式。因此困境在于，在这个大众性共同体中，如此多的成员都单纯地认为自己已经构成了一个民族，并且早就如此，因为他们拥有一个民族所必须的族裔构件——共同的名称、祖先神话、历史记忆、与祖地的联系及类似要素。如果这些共同体已经拥有了独立国家，那么他们会认为自己就是民族，与其他民族一样。[40]

然而，只要简略地了解一下阿拉伯“民族”的情况，就足以证明，事情并不那么简单。从大众性族群向民族的转变过程往往是漫长而痛苦的。显然，阿拉伯人面临着不利的地缘政治因素：他们的土地过于广阔，由于殖民势力及阿拉伯世界不同地区间的历史和经济差异，他们被分割为若干国家。单单这一点，就使我们很难设想一个拥有统一的劳动分工和经济体系的阿拉伯民族。尽管**沙里亚法**（Shari'a，伊
62 斯兰教法）可以为实现普遍公民权提供一定基础，但几个阿拉伯国家迥然相异的历史遗产，使我们难以设想能够建立一套共同的法律权利与义务体系；同样，也没有迹象表明存在一种共享的教育方式，就更不用说为所有阿拉伯人提供一套单一的公共大众教育体系了。就共同的公民文化而言，伊斯兰教的巨大影响既有利又有弊。从原则上讲，这种共享的宗教文化无疑可以成为阿拉伯民族的社会黏合剂；然而事实上，伊斯兰的信仰共同体——**乌玛**（umma）——具有完全不同的精神追求和地理范围，而这构成了一个反作用力。从一个纯粹阿拉伯人的观点来看，这种宗教文化所描述的统一性和命运是模糊不明的，它既推动人们去重新发现阿拉伯的历史，同时又以一种微妙的方

式抵制着这种努力，因为这个历史既不是普世性的，也不是全球性的。“创造一个‘紧实的’阿拉伯民族”所面临的困境，并不仅仅是由地缘政治造成的。[41]

毫不奇怪，阿拉伯知识分子已经发现了阿拉伯自我定义的困境。问题并不在于缺乏一种基于历史、语言和宗教表述的独特的阿拉伯族群文化，而在于阿拉伯的自我定义是与覆盖范围更大的伊斯兰文化及忠诚相交叠的，因此，一个阿拉伯知识分子会发现，要将这种族群文化转变为真正民族的、公民的大众文化是非常困难的。这正是具有世俗思想的新兴知识阶层的首要任务：改变宗教与族性之间、信仰共同体与历史文化共同体之间的基础性联系。[42]在理性化的“科学国家”（通常是一种帝国主义或殖民主义的变体）的影响下，宗教传统与大众性族群的“承载者”之间的联系正在被侵蚀。科学国家不断地对传统的宗教形象和自然神学施加压力，在这一影响下，帝国主义或殖民国家与它们所统治的少数族群间旧有的和解模式逐渐瓦解，西方化和市场经济则将一个由专业人员和知识分子主导的新阶级推上舞台。这些人被各种各样的西方意识形态及话语所吸引，其中就包括民族主义的思想。[43]

在这种情况下，在知识分子及其来自专业人员的追随者中，出现了各式各样的倾向：一种主张在现代化的意义上自觉地回归传统（或称为“传统主义”）；另一种则对同化于西方式的现代性及其全部成就表现出弥赛亚式的渴望（或称为“同化主义”或“现代主义”）；还有一种
做出了更具防御性的努力，试图将传统要素与西方现代性的某些方面 63
结合起来，从而复兴一个以从前的黄金年代为模板的、纯粹而原始的共同体（或称为“改良复兴主义”）。尽管在水平族群的民族形成路径上，我们同样能够发现这些倾向，但在大众性的垂直共同体转变为民族的

过程中，它们出现得尤其频繁和强烈。对那些拥有丰富的族裔历史（有很好的文字记载，并记录了许多细节）的共同体来说，这几种倾向都是非常典型的。[44]

这些存在于知识分子内部的倾向和争论是至关重要的，因为它们反映并表明：在大众性族群向政治性的民族转变时，存在几种截然不同的方向。这场转型的赞助者所持有的倾向（传统主义、现代主义或复兴主义，或是它们的结合或变形），对转型的形态、节奏、范围和强度都具有重要影响。在每个案例中，知识分子都试图为共同体提供一种新的自我定义及目标，并对原来的消极共同体进行动员。这种重新定义不应仅仅被视为知识分子的发明或建构。相反，这是一种试图将他们对西方民族形成过程的理解与重新发现族群历史的工程相结合的努力。这项努力能将所在群体及其方言文化提升到中心位置，并常常取代了（或重新解释了）古老的宗教传统。该"群体"不再仅仅是宗教救赎的神选容器和神圣教规的消极接受者，现在他们变成了救赎的源泉，而那些旧时代的圣徒与智者，则成为该群体所具有的民族精神的证明。[45]

那么，族裔知识阶层所面临的主要任务就是：对一个原本消极的共同体进行动员，重新发现这个共同体所具有的全新的、以方言为基础的历史文化，并以此文化为核心，来形成一个民族。在这种对西方化的不同态度之下，潜藏着对道德和政治革命的必然要求。它需要将数个世纪以来在人民身上层层堆积的污染物一举涤清，只有这样，他们才能被解放出来，从而进入一个由平等公民构成的政治共同体。这场革命涉及几个相互关联的过程，包括：

1. 从对共同体的消极服从转变为积极的政治参与。

2. 将共同体建立在祖地（一块安全的、可识别的、紧实的领土）

之上。 64

3. 为领土共同体建立起统一的经济体系。
4. 将人民置于中心地位，并通过关于民族价值、记忆和神话的再教育来歌颂普通大众。
5. 赋予族裔成员以公民的、社会的和政治的权利，从而将他们转变为法律意义上的“公民”。

这些都是艰难的任务。它们所面对的激烈反对者，不仅包括帝国主义或殖民主义势力及其在本土上层阶级中的同盟者，还包括那些传统的卫道士，因为知识分子所提出的关于共同体的新定义，使他们的价值观和领导地位都受到了损害。这些任务若想取得成功，就需要知识分子返回到“活着的过去”中，这种过去不仅关乎古代的文物，而且能够从人们的情感和传统中生发出来。这意味着，在为共同体绘制“地图”时，需要遵循双重策略，一方面是关注它的历史、前途以及它在诸多民族中的位置；另一方面，则要为这个重生的共同体提供“道德感”，这种道德感能够鼓舞当代人去效法那些被认为是蕴含于民族性格中的公共美德。通过这些方式，这个新民族就拥有了认知的基础和道德上的目标，而这些东西将确保它独特的文化传统和愿景能够持续获得新生。[46]

有两种主要的途径，能够从鲜活的族裔历史中构建出这种地图和道德感。教育者—知识分子发现，它们既存在于人们的生活和象征符号中，也存在于大众性的历史传统中。第一条途径是通过回归“自然”及其“诗意空间”来实现的。这种自然和这类空间都是非常特殊的，它们构成了这个群体的历史家园，是他们的记忆的神圣源泉。他们拥有自己的史诗，歌颂那些与他们具有相同精神气质的英雄。祖地不只是民族大剧的舞台，而且是这部剧的主角。对它的人民来说，这块土地的自然属性具有历史性的重要意义。因此，湖泊、山脉、河流和山谷都能转化为大众美德的象征符号和“本真的”民族经历。因此，少女峰成为瑞士人的纯洁与自然之美的象征，而卢塞恩湖则成为一部
65 历史大剧（1291年“永久同盟”的建立）的剧场。在这段诗意的历史中，事实与传说混于一处，形成了一系列关于反抗暴政和净化灵魂的动人神话。[47]

反过来，祖地的历史事件和遗迹也能够被“自然化”。城堡、庙宇、古村落遗址和墓碑牌坊都被整合进自然风光，并被认为是独特的自然环境的一部分。在18—19世纪，巨石阵作为复兴的浪漫历史的一部分，成为不列颠古文明的“自然”符号。事实上，它的确变成了“不列颠的”风景的一部分，与威塞克斯荒原及其周围丘陵那样的原始自然景观一样，以至于人们很难去想象它不是自然的，或是不内在于不列颠的族裔性格。在特定的时间和环境中，一个纯粹的历史遗迹已经被“自然化”了。[48]

为当代人构建地图与道德感的另一种途径，是对历史加以利用——尤其是对黄金年代的狂热崇拜。民族主义的教育者—知识分子的目标是社会和政治的，而不是学术的；他们致力于对人民进行净化和动员。为了达到这个目标，就需要树立来自族裔历史的道德楷模，并生动地重现共同体的辉煌往昔。因此，需要经由一系列神话来回到那段历史：族源与血统的神话，自由与迁移的神话，黄金年代及其英雄与传奇的神话，也许还有上帝的选民将在衰落与（或）流亡的长眠后重生的神话。这些神话主题合在一起，就能构建起一套综合的民族主义神话体系与救赎戏剧。[49]

19世纪90年代的盖尔复兴运动（Gaelic rivival）就提供了这样一个民族主义者运用历史并渴望回到黄金年代的案例。在这幅图景中，

异教事物与天主教事物同样重要：在对爱尔兰的圣帕特里克黄金年代的颂扬中，具有不同文化倾向的民族主义者所强调的重点各不相同。对奥格雷迪、格雷戈里夫人*等人而言，他们要宣传的是库丘林和芬恩·麦克库尔这样的传奇人物**，他们来自被重新发现的“阿尔斯特组诗”（Ulster Cycle）中所记载的塔拉高王（High Kings of Tara）的黄金年代。这是一个贵族勇士的社会，但又是乡村的、自由的、充满精神智慧的，它拥有芬尼亚勇士团（fianna bands）和游吟诗人。对其他人而言，他们所认可的，是被圣帕特里克改宗以后的时代。在这个时期，爱尔兰几乎独自承担了“在野蛮的西方世界中保存理智与文明之火种”的重任，其最著名的标志就是修道院、凯尔特艺术和基督教文献。在主张回归 66
传统的爱尔兰知识阶层看来，这种对凯尔特英雄与基督教的学者—传教士的双重崇拜，展示了这样一种假设：如果爱尔兰的发展进程没有被入侵的诺曼人和后来的英格兰新教徒残忍地切断，那么，一个自由的爱尔兰本该呈现出什么样的面貌。对族裔黄金年代的回眸，可以告诉现代爱尔兰的男人和女人“什么是‘他们的本真属性’”，以及“如何在一个自由的爱尔兰再次成为‘他们自己’”。[50]

在芬兰，历史及其英雄也同样被引人注目地应用于民族主义动员。在19世纪初，芬兰人形成了一个处于从属地位的垂直族群共同体，并与瑞典的文化精英和后来的俄罗斯政治君主彼此有别。这就为伦洛特、

* 斯坦迪什·詹姆斯·奥格雷迪（Standish James O'Grady, 1846—1928），爱尔兰作家、记者和历史学家，爱尔兰文艺复兴运动的中心人物之一。格雷戈里夫人（Lady Gregory, 1852—1932），原名伊莎贝拉·奥古斯塔·珀斯，爱尔兰剧作家，爱尔兰文艺复兴运动的中心人物之一。

** 库丘林（Cuchulain），凯尔特神话中的爱尔兰太阳神鲁格·麦克·埃索伦（Lugh mac Ethlenn）的儿子，盖尔语故事《夺牛长征记》的中心人物。芬恩·麦克库尔（Finn MacCool），凯尔特神话中的爱尔兰最著名的传奇英雄之一，盖尔语史诗《芬尼亚传奇》中最重要的人物，同时也是芬尼亚勇士团的杰出领袖。

鲁内贝里和斯内尔曼*这样的教育者—知识分子在19世纪30年代开始的民族重建努力奠定了族裔基础。特别是埃利亚斯·伦洛特医生，他于1835年将他从卡累利阿（Karelia）地区收集来的民谣和诗歌编纂成《卡莱瓦拉》（*Kalevala*，1849年又出了增补版），从而俘获了芬兰知识分子及后来的芬兰人民的想象。这部关于“英雄的土地”的史诗，与公元后第一个千年的早期“芬兰人的”社会仅有部分相似之处，但它已足以在现代芬兰人中制造出对黄金年代的英雄人物维纳莫宁和勒明盖宁**的狂热崇拜，并为大众艺术以及西贝柳斯和盖伦—卡雷拉***的创作注入了灵感。[51]对重获新生的芬兰来说，在19世纪末反抗瑞典的文化入侵与俄罗斯的政治支配的英勇斗争中，这就是它理想中的自我定义和模仿对象。芬兰历史与文化中那个古老但显然已“失去”的时代重获新生，这重建了芬兰人的集体感和尊严感。对于一个规模小、相对贫穷、受到歧视，但正努力凭借一种“高级”文化来重塑自身地位的社会来说，这是必不可少的。[52]

教育者—知识分子利用历史和黄金年代来推动民族复兴的例子还有很多。然而，即使一份丰富的“族裔历史”的宝藏被发现并挖掘出来，“文化战争”也才刚刚开始。这些例子通常分为两种情况。第一种

---

* 埃利亚斯·伦洛特（Elias Lönnrot，1802—1884），芬兰医生和语言学家，致力于民间诗歌的搜集和整理，是著名的芬兰民族史诗《卡莱瓦拉》的收集及编纂者。约翰·卢德维格·鲁内贝里（Johan Ludvig Runeberg，1804—1877），芬兰民族诗人，现代芬兰国歌的歌词就节选自他的著名抒情诗《我们的祖国》（*Vårt land*）。约翰·威廉·斯内尔曼（Johan Vilhelm Snellman，1806—1881），芬兰著名哲学家、作家、记者和政治家，他积极宣扬芬兰民族文化必须建立在本民族语言的基础上，芬兰语应成为全民族的共同语言，被视为芬兰民族启蒙运动和语言运动的先驱。

** 维纳莫宁（Väinämöinen）和勒明盖宁（Lemminkäinen）都是芬兰史诗《卡莱瓦拉》中的主角。

*** 让·西贝柳斯（Jean Sibelius，1865—1957），芬兰著名音乐家，民族主义音乐的代表人物之一，作品凝聚着炽热的爱国主义感情和浓厚的民族特色，代表作包括交响诗《芬兰颂》和七部交响曲。阿克瑟利·盖伦—卡雷拉（Akseli Gallen-Kallela，1865—1931），芬兰画家，以芬兰史诗《卡莱瓦拉》中描述的故事为题材，创造了大量画作。

是对帝国式的普世主义或其殖民主义变体的文化抵制；这种抵制的对象甚至可能是更加强大的邻国的文化影响，例如斯洛伐克人对主流的捷克文化的抵制，或乌克兰人对俄罗斯的文化同化的抵制。第二种是 67
“儿子反抗父亲”的文化战争，也就是世俗的知识分子转而攻击上一代的卫道士，他们的目的是将大众性族群动员起来，并使其转变为一个政治民族。这个目标可以通过有选择地吸收外国（通常是“西方的”）元素来实现，正如伊斯梅尔·加斯普林斯基*对鞑靼人的教育改革或日本的明治维新所展现的那样。但同样不可或缺的，是通过一场沟通与社会化的运动，将重新发现的族裔历史和重生的共同体语言传输给新一代共同体成员，从而夯实本土性的族裔基础。在这样的过程中，关于共同体的新的自我定义被制造出来。它通常会遭到那些旧式的族裔—宗教自我定义的捍卫者的反对，但却为共同体进入这个由众多民族构成的世界奠定了基础。[53]

民族的现代性与古代性

我已经追溯了不同类型的族裔共同体转变为民族的两条路径。第一条路径是由国家来主导的。它的起点是一个水平族群，这正是一个族裔国家的核心。随着国家的集权化和官僚化程度越来越高，它就开始试图通过军事、财政、司法和行政管理等诸项手段，将中间阶层与外围地区吸纳进来。如果这项努力获得成功，那就证明它能够将那些通常是完全不同的人口焊接在一起，从而形成一个以占主体地位的核心

* 伊斯梅尔·加斯普林斯基（Ismail Gasprinski，1851—1914），克里米亚鞑靼人教育家、出版商和政治家，沙皇俄国统治下的第一位穆斯林知识分子，早期“泛突厥主义”的代表人物。

族群的文化传统为基石的单一政治共同体。即使知识阶层参与了这个过程，他们所发挥的作用也是从属性的。主角是由国王、首相和官僚集团来扮演的。在后期，各中间阶层也加入其中，而贵族和神职人员的立场则往往是摇摆不定和自相矛盾的。因为对贵族和教士阶层来说，在某种意义上，尽管国家所传播的是**他们的**文化和传统，但结果却是他们被边缘化了；从原则上讲，**他们的**传统和文化变成了为世人所共享的。在这个新的政治民族中，他们往往被忽略了。[54]

第二条路径则更为常见。它的起点是规模较小的大众性共同体，其建立在族裔—宗教基础上的自我认知，不得不被转变为激进的政治信条。这类转型的关键是方言动员的过程，主导者是教育者—知识分
68 子的小团体。尽管他们对西方化和现代性的态度并不一致，但都致力于通过诉诸共同体的族裔历史来对“人民”进行净化和动员。为达此目标，他们不得不通过对共同体历史中的诗意空间和黄金年代的追溯，来为当代人提供认知地图和具有历史性的道德感。通过这种方式，他们希望能够将一个落后而传统的族裔共同体，转变为一个充满活力而又使用本土语言的政治民族。

随着19世纪的进展，这两种类型的共同体中的民族主义者都开始认识到，民族既是现代的，也是自然的，它既适合方兴未艾的工业文明，也能在原始时代找到踪迹。正如我们看到的那样，这种双重倾向也出现在近代学者关于民族和民族主义的现代性的争论中。综上所述，在下面所列举的范围内，民族显然是一种现代的现象：

1. 它们需要一部关于共同权利与义务的统一法典；如果是独立民族，还需要规定公民权。
2. 它们建立在一套统一的经济体系之上，拥有单一的劳动分工体系，商品和人力能够在民族的全部领土范围内流动。

3. 它们需要一块相对紧实的领土，最好具有“自然的”防御性边界。它们所处的世界是由拥有紧实领土的类似民族构成的。
4. 它们需要一种单一的“政治文化”，以及公共的大众教育和媒体系统，从而能够对后代成员进行社会化，使之都能为新民族的“公民”。

正如我们看到的那样，无论前现代的族裔国家多么强大，我们都很难在其中找到上述要素中的大多数。无论是从技术和政治意愿的角度看，还是从自我认知的角度看，这些族裔国家都不具备这种同时追求统一性与独特性的双重动力。它们既缺乏对现代民族所必需的诸要素的理解，也没有动机去创造这些必要条件。或者说，即使这种动机存在，它也是与其他一些更加地方化或更具包容性的需求与愿景混杂在一起的，以至于村庄或教会使民族看起来并不必然是政治性的。[55]

然而，这幅图景还有另外一面。如果说从许多方面来看，民族都是现代的，那么，它同样也是根深蒂固的。民族主义者简化历史的行为并不可取，但他们也并非全部搞错了。他们看准了这一点：一个民族无论多么现代，它若要在现代世界生存，就必须在社会—政治和文化— 69
心理这两个层面上做出努力。毕竟，对任何**民族**（与“国家”相对）来说，除了滋养其独特的（或宣称是独特的）文化价值外，它的存在理由还能是什么呢？族裔的独特性始终是民族形成的一个必要条件，它意味着共享的祖先神话、共同的历史记忆、独特的文化市场，以及一种差异感——甚至是一种被神拣选的感觉。所有这些要素都是前现代的族裔共同体的标志。对现代民族来说，如果它不想变成隐形的，那么这些要素都必须被保存下来（事实上，它们是被培育出来的）。

现代民族的古代性还有另一个侧面：它们的地理位置。它们就在自己所宣称的地方，因为它们与领土内的一些特殊地点拥有长久联系。

"民族是根深蒂固的"，即使有些民族的根基并没有那么深厚，它们也会这样宣称。这不仅是为了获得国际社会的承认，更重要的目标是实现集体性的内部安全与新生。[56]在这里，民族性（nationality）的严肃的实践层面，就与纯粹的象征层面合二为一了。民族主义是关于"土地"的，这既包含了所有权和（字面意义上的）重建的含义，也体现了归属感，因为这是祖先居住的地方，是由历史所划定的"祖地"。因此，在主观上，对民族的地理位置的确定，依赖于对族裔历史的解读方式，而这预先就假定了"一个历史共同体的各代成员，与地球上的某些特殊地区的宿命之间存在联系"。这并非意味着民族是一种古代现象，它只表
70 明，在主观上，许多民族的内部都存在前现代的要素。

第4章

民族主义与文化认同

在“现代主义者”关于民族的概念里，是民族主义创造了民族认同。盖尔纳简明扼要地表达了这个观点：“民族主义并不是民族自我意识的觉醒；它在民族并不存在的地方发明了民族——但它的确需要一些预先存在的差异性标识，即使这些标识是纯粹消极的……”[1]凯杜里的观点与此类似，他声称民族主义本身就是一个“被发明的信条”：“民族主义是一个在19世纪初的欧洲被发明出来的信条。”[2]我们应该如何理解这种“发明”？在什么意义上，民族主义“在民族并不存在的地方”发明或创造了民族？

在第2章中，我们已经看到，如果想要确定哪些人口单元可能会转变为民族（以及这种转变会在什么时候发生），我们就需要去探究那些族裔**纽带**和**情感**的内部构造。总的来说，既存的族裔认同感越强烈和持久，以这种认同感为基础的民族产生的可能性就越大。在第3章关于民族形成的过程与路径的讨论中，结论同样清晰：当我们试图解释民族为什么会出现以及如何出现时，基本的指标就是前现代的族裔认同。

至少在欧洲，这个结论是成立的。

我的主张是，上述结论对于民族主义的问题同样适用。民族主义的确有助于创造民族，其中许多被创造出来的民族在表面上或意愿上都是“崭新的”。作为意识形态和语言的民族主义是相对现代的，在18世纪晚期才逐渐进入政治领域。然而，与其他类型的文化、社会组织或意识形态相比，民族与民族主义所具有的“被发明”的特质并不更加明显。如果说民族主义是“时代精神”的一部分，那么，它的形成同样有赖于过往时代的主题、愿景和理想。被我们称为“民族主义”的这种现象，是在多个层次上运作的，它既可被视为一种文化形式，也可被视为一种政治意识形态和社会运动。并且，尽管民族**主义**的兴起开启了一个全新的时代，但如果想要把握民族主义对民族认同之形成的影响，就
71 必须去追溯它的社会和文化起源，而这一起源在很大程度上要归结为在西方世界已经存在的前现代族群和逐渐出现的民族性国家（national state）。因此，我们首先需要将民族主义当作一种文化和认同的形式来进行考察，然后在下一章中再探究它的政治影响。基于同样的原因，我们还需要问这样一个问题：“民族是在什么时间和什么地点出现的？”这个问题所涉及的内容既包括民族**主义**及其支持者的影响，**也**包括民族在既存的族裔纽带基础上形成的过程。我们在前面两章中所讨论的正是这个过程。

民族主义：意识形态、语言、情感

民族**主义**这个术语有好几种用法。它可以指：

1. 民族或民族—国家形成与延续的全过程。

2. 一种对民族的归属意识，同时伴随着对它的安全与繁荣的情感

和抱负。

3. 一套关于“民族”的语言、象征符号，以及这种语言和符号所发挥的作用。

4. 一种意识形态，包含一种关于民族与民族意志的文化信条，以及一套关于如何实现民族抱负与民族意志的方法。

5. 一种社会和政治运动，旨在建立民族并实现民族意志。

我认为，我们可以不考虑第一种用法。相对其他用法，它的含义过于宽泛，并且已经被讨论过了。

第二种用法，民族意识或情感，必须与其他用法区分开来。我们很可能会发现这样一个人口单元：他们具有高度的民族意识，但并未以意识形态或民族原则的形式表现出来，就更不用说发动一场民族主义运动了。英格兰就是这种情况，尽管在克伦威尔和弥尔顿的时代或柏克与布莱克的时代，民族主义意识形态就已经在这里偶露苗头了。

与此相对，我们也会在那些只有很少或完全没有民族意识或情感的人口单元中，发现民族主义的运动和意识形态。它可能是由这个人口单元中的一小部分人发起，但并不会获得大众的响应。在西非的大部分地区，包括黄金海岸和尼日利亚，情况就是如此。这些殖民地的新 72
颖之处，远不只是族裔和地域的分割，而是在于它们意味着，生活在这些新形成的不列颠殖民地上的大多数居民并未意识到，他们应该归属于黄金海岸，或后来的加纳或尼日利亚的民族性。与此类似，对阿拉伯人和巴基斯坦人来说，尽管有一小群民族主义者发动了几场喧嚣的运动，但他们中的大多数人还是将自己视为穆斯林，而非阿拉伯人或巴基斯坦人。[3]

如果将民族主义视为一套语言和象征符号，情况同样如此。我们将会看到，在开始阶段，这也是一种精英现象，知识分子在其中扮演了最重要的角色。然而，这类现象既不同于民族主义意识形态，也不同于民族情感。民族主义的语言和象征符号，要比意识形态或意识形态运动的涵盖范围更加宽广。它常常能够借助口号、理念、符号、庆典等形式，将这种意识形态转变为特定人口单元中更广泛人群的“大众情感”。同时，民族主义的语言和象征符号还覆盖了认知和表达的领域，从而与精英及大众中更丰富的抱负和情感结为一体。关于自治权和真实性的观点，关于自力更生和自然共同体的符号（例如，重新演绎历史上的抵抗事件，或展示关于风景、历史事件、地方产品、手工艺品或运动的符号），都显示了认知与表达这两个领域如何合二为一，并与更广泛的情感与抱负联系起来。在19世纪晚期的爱尔兰，我们能够在盖尔复兴运动的倡导者中发现这种对真实性的追求。这场运动将重点放在了本土体育活动、自然、地方手工艺和古老的异教英雄上，展示了全新的爱尔兰民族主义的语言与象征符号是如何扩散的。[4]

最后一种用法，民族主义运动，与民族主义意识形态是紧密相连的。事实上，没有意识形态的民族主义运动是不可想象的。因此，尽管在没有发生民族主义运动的情况下，我们也能够发现和讨论民族主义意识形态，但我们还是应该将这二者放在一起来考察。并且，我对民族**主义**给出如下定义：**一种意识形态运动，其目标是为了使一个被其部分成员视为实际或潜在“民族”的人口单元实现和维持自治、统一与认同**。[5]事实上，这个定义既包含了民族的意识形态要素，
73 也包含了民族的语言和象征符号要素，并参考了更为普遍的情感与抱负。

让我们的讨论从民族主义的**意识形态**开始吧。我们可以将这种意识形态的主要命题或“核心教义”定义如下：

1. 这个世界是由多个民族构成的，每个民族都拥有自身的个体性、

历史和命运。

2. 民族是所有政治和社会权力的源泉，对民族的忠诚凌驾于所有其他效忠关系之上。

3. 人们如果想获得自由和自我实现，就必须认同于某个民族。

4. 要想实现全世界的和平与公正，就必须保证所有的民族都是自由和安全的。[6]

在这段关于民族主义的“核心教义”的陈述中，我已经刻意避免了提及国家。在某种意义上，命题2和命题4已经暗含了国家的意义，但民族主义是一种关于民族（而非国家）的意识形态。它将民族置于考量的中心，它对世界的描述和关于集体行动的指示，都仅仅考虑了民族及其成员。那种认为“民族必须拥有自己的主权国家才能实现自由”的观点既不必要，也非普世。早期的民族主义者和后来的文化民族主义者（如卢梭、赫尔德、阿哈德·哈姆和奥罗宾多），都没有对建立国家表现出特别的兴趣，无论这个国家是一般意义上的，还是为他们所认同的那个民族建立的。同样，并非每个民族主义者都将建立本民族的国家作为首要目标。许多加泰罗尼亚、苏格兰和佛兰德的民族主义者更关注的，都是在一个多民族国家内部实现地方自治和文化平等，而非完全独立（尽管在所有这些例子中都存在一些想要实现完全独立的民族主义者）。“每个民族都必须拥有自己的国家”的观点，是民族主义核心教义的一般推论，但并非必然结果。这个教义告诉我们，民族主义首先是一种文化信条，或者更准确地说，是一种以文化信条为中心的政治意识形态。[7]

进而，这种文化信条需要引入全新的概念、语言和符号。我已经指出，民族主义是一种旨在实现和维持特定民族的**自治**、**统一**和**认同**的意识形态运动。这其中的每个概念，都来自17—18世纪在欧洲

74 出现的全新的哲学、历史和人类学的语言或话语。例如，将“认同”（identity）的概念简单直接地理解为“相同”（sameness）。对一个特定群体的成员而言，在那些将他们与群体外的非成员区分开来的特征上，他们都是相似的。群体成员以类似的方式穿戴和吃喝，说同样的语言。在所有这些方面，他们都与非成员不同，后者以不同的方式穿戴、吃喝和说话。这种相似与相异结合在一起的方式，就是民族“认同”的含义之一。[8]

然而，在18世纪，人们还发展出了一种哲学和人类学意义上的概念。它源自沙夫茨伯里勋爵的作品中关于“民族精神”的观点（其他人也提出过）。例如，他提及“我们的民族（不列颠）正在高涨的精神”，并预言它将成为“众艺之首座”。[9]对18世纪的作者（尤其是孟德斯鸠和卢梭）来说，民族认同的理念（或者更多地被称为“民族特性”）是非常普遍的。事实上，卢梭曾宣称：“我们必须遵循的第一准则，就是关于民族特性的准则：每个人群拥有或必须拥有一个特性；如果它没有，我们就必须从‘赋予它一个’开始。”[10]

赫尔德将这个原则作为他的文化民粹主义的基石。对赫尔德来说，每个民族都拥有它特殊的“精神”，即它思考、行动和沟通的方式，而我们必须致力于在它被掩盖或遗失的地方，去重新发现那种独一无二的精神和那种特殊的认同：“让我们都遵循自己的方式……让所有人称赞或诋毁我们的民族、我们的文学、我们的语言：它们是我们的，它们是我们自己的，那就足够了。”[11]因此，最重要的就是通过语言学、历史学和考古学来重新发现“集体性自我”，并在“族群的往昔”中追溯自己的祖先，从而扒开那些在数个世纪中由外来者留下的堆积物，探明自己的真实认同。

同样，“统一”这个概念既有一个平实的含义，也有一个更加难懂的民族主义含义。在最简单的层面上，它指的是民族的领土或祖地成为一个整体。即使在这个问题上，民族主义者也引入了一个更为哲学性的观点：那些没有生活在自己祖地上的民族成员被视为“迷失了”，而他们所居住的土地（尤其是那些与祖地相邻的土地）被视为“未收复的”，并且必须被重新获得和“收复”。这种观点有时就会引发领土收 75
复运动（irredentism），如后来在19世纪晚期和20世纪早期在意大利、希腊和泛德意志地区发生的运动。直到今天，这类运动依然时有发生，如阿根廷人对马尔维纳斯群岛（或称福克兰群岛）、索马里人对欧加登以及爱尔兰共和军对阿尔斯特的领土要求。[12]

然而，对民族主义者来说，他们的统一理想还有一层更深的含义。在民族主义的语言里，“统一”意味着社会凝聚力，意味着所有民族成员间的兄弟情谊。这正是大革命期间的法兰西**爱国者**所说的“**博爱**”（fraternité）。这种家庭比喻潜藏在民族的家系概念背后，又披着世俗和政治的外衣反复出现：例如，达维德的名画《贺拉斯兄弟的宣誓》（*Oath of the Horatii*）所象征的，就是这种如同胞兄弟般的公民所构成的联盟。三兄弟以他们的父亲的剑宣誓，为他们的**祖国**（patria or fatherland）去战斗，要么获胜，要么死（vaincre ou mourir）。[13]

民族主义者追求统一的理想产生了深远的影响。首先，它鼓励了关于“民族不可分割”的理念，并认为那些为实现文化与政治同质性而消灭所有中间团体和地方差异的行为是正当的。这些行为常常是以武力来推行的。这促成了大量旨在进行社会和政治整合的大众动员政策。在这些政策中，国家变成了这个“即将形成的民族”的代理人，以及一种“政治共同体”及“政治文化”的缔造者。对一个内部异质的人口单元来说，其多种多样的族群文化必将被这种“政治文化”所替代。在这里，民族主义者关于统一的概念背离了他们的族裔根源，转而为这个“计划中的民族”寻求一种超越文化差异的一致性。[14]

最后，从自治这个概念，我们已经进入了康德的“自决”（self-determination）的世界。在现代欧洲哲学传统以前，并非没有关于政治自由的概念：即使不追溯到修昔底德，我们也能够在约瑟夫斯（Josephus）那里发现呼吁“保护祖先传统不受外国干涉之自由”的声音。[15]然而，在康德那里，自治变成了一种对个体而言在道德上紧要的事情。它不仅是在危险时刻被激发起来的政治理想，而且是个体存在的一项原则。费希特、施莱格尔及其他德国浪漫主义学者将这一思想应用于群体而非个体，自治的理想就产生了一种通过民族自决和集体抗争来实现真实民族意志的哲学，而这一民族意志的载体就是它自己
76 的国家。只有在那时，共同体才能够遵循它自己的“内在韵律”，倾听它自己的内在声音，并回到它的纯净而未被污染的原始状态。正是基于这个原因，民族主义者必须投入大量的时间和努力来灌输一种真正民族性的意志，从而使民族成员真正地从外来的观念和方式中解放出来。这些外来的观念和方式可能会破坏和抑制这些民族成员及其共同体的良好发展。民族主义意味着这个民族及其成员认识到它真正的集体性“自我”，因而它和他们将只遵循这个被净化过的共同体的“内在声音”。因此，真实的经历和真实的共同体是实现完全自治的前提条件，也就是说，只有通过自治，民族及其成员才能够以一种真实的方式实现自我。自治是每个民族主义者的目标。[16]

自治、认同、民族精神、真实性、统一和兄弟情谊这些概念，形成了一套相互关联的语言或话语。这套语言或话语拥有表达性的仪式和符号。在我们所生活的这个世界中，这些仪式和符号是如此常见，以至于我们在大多数情况下将它们视为理所当然。它们既包括了民族那些显而易见的特征，如旗帜、赞歌、阅兵、钱币、首都、誓言、民间服饰、民俗博

物馆、战争纪念碑、民族烈士缅怀仪式、护照、边疆等；也包含了一些更为隐秘的方面，如民族休闲活动、乡村、大众英雄、神话故事、礼仪形式、建筑风格、艺术和工艺、城镇规划模式、法律程序、教育实践和军事代码等。一个拥有历史性文化的共同体的成员，将共享所有这些独特的习俗、民情、风格，以及行动与感受的方式。[17]

在许多情况下，民族主义最有力和持久的方面，就是民族的符号、习俗和庆典。它们体现了民族主义的基本概念。对每个成员来说，它们既是可见的，又是独一无二的；它们以一种具体的、容易感知的方式来传达抽象的意识形态原则，从而能够迅速地在共同体的所有阶层中激起情感反应。符号和庆典一直都具有涂尔干所描述的那种情绪性的集体特质，而这一点在民族主义的符号和庆典中表现得最为明显。事实上，涂尔干认为，阿兰达人（Arunta）及其他澳大利亚部落的图腾仪式和符号所具有的那些特性，大部分也都可用于民族主义的仪 77
式和庆典，并且表现出更加强大的力量。这是因为民族主义并不需要图腾或神祇等担任中介角色，民族本身就是它所崇拜的神灵。它所释放出来的情感正是这个共同体对自身的情感，是自觉的自我颂扬。它所赞颂的美德是这个“民族自我”所独有的，它所谴责的罪行是那些威胁破坏这个自我的行为。通过庆典、习俗和符号的形式，一个共同体的所有成员都加入了这个共同体的生命、情感和美德之中；通过这些形式，每个成员都再次将他（或她）自己献给了共同体的命运。仪式与符号将民族主义的意识形态和民族的概念都明晰地表达了出来，并使其成为可被感知的情感，这有助于确保一个基于历史和命运的抽象共同体获得连续性。[18]

民族主义的意识形态、语言和符号所激发的潜在情感与抱负究竟是什么呢？它们与三个主要的参照物相关：领土、历史和共同体。在上一章，我们看到了知识阶层是如何致力于为一个由民族构成的世界构建认知地图，并反复灌输关于“集体解放的道德正当性”的思想。这在致力于“方言动员”的大众性族群身上表现得最为明显。为了实现这些目标，知识阶层采用了两个主要策略：利用风景或诗意空间，利用历史或黄金年代。事实上，这些策略都根植于普罗大众对空间与时间的态度，以及对家园与祖先的忠诚。民族认同是一个复杂的抽象概念，民族主义者正是运用这些古老的信仰和民众对祖地及自家先辈的承诺，才详细而精致地阐述了这种全新的意识形态、语言和符号体系。民族这个新概念被创造出来，成为一种时间—空间框架。它通过利用大众对地方和家庭纽带的前现代情感与抱负，来规制混乱，并使世界获得意义。这种原本深奥难懂的意识形态和语言之所以能够具有如此广泛的感染力，这是一个至关重要的原因。[19]

然而，悖谬的是，在由民族主义激发的情感中，最基础性的恰是那些与家庭相关的情感。之所以说这是悖谬的，是因为民族主义以一种极端的形式支持建立同质性民族的理想，而真正的家庭则构成了实现这一理想的障碍。这也正是达维德在前面曾提及的《贺加斯兄弟的宣
78 誓》中所传达的信息；在这幅画的右侧，女人们为失去的爱人和即将被破坏的家庭纽带而悲痛万分。同时，对民族主义来说，家庭的隐喻又是不可或缺的。民族被描绘成一个巨大的家庭，其成员则是生活在父母之邦、母语相同的兄弟姐妹。通过这种方式，民族大家庭就压倒和替代了个体的家庭，但却以类似的方式激发了强烈的忠诚和鲜活的依恋。即使在那些地方性忠诚获得默许，真正的家庭情感得以保留的地方，民族的语言和符号体系也坚称民族具有优先地位，并一方面利用国家和公民权向家庭施加法律和行政压力，另一方面又利用类似的亲属比喻来证明自身的正当性。[20]

民族主义的类型

到目前为止，我是将民族主义当作一个内部无差异的整体来考察的。然而，这只是就其意识形态与核心教义、语言与象征符号、情感与抱负等方面而言；一旦我们开始考察各种民族主义**运动**，就将发现它们在目标上存在显著差异。这些差异可以一直回溯到两个基础性的概念区分——民族的公民—领土模型和族裔—血缘模型。我们在第1章中描述过这两个模型。

这种差异是如此深刻，这两种可相互替代的模型所产生的民族主义是如此不同，以至于有些人已经不再对“找到一个单一的民族主义概念”抱有希望。民族主义就像变色龙一般，根据所处的不同环境显现不同的颜色。这是一个由多种信仰、情感和符号交织而成的关系网络，它非常灵活，具有无穷多的变化形式，因此只有在一个个具体的案例中才能够被理解。对高度具体化的情境中出现的某种特殊民族主义的理念、论点或情感进行解释，是一项艰苦的工作，而“普遍意义上的民族主义”这种想法只是懒惰的历史学家在逃避这项工作。尽管很少有人会支持“情境主义”模型所暗含的极端主张，但还是有些历史学家赞同这个模型的基本观点，并认为在许多方面，各种具体的民族主义之间的差异，要比它们表面上的相似性更为重要。[21]

这个观点面临几个困难。对于一个具体的民族主义案例而言，没有人会否认社会与文化情境在其兴起、形成和发展过程中的重要意义。然而，我们既然将它描述为一个民族主义的案例，就已经预设了这样一 79
种观念：存在一个一般性的范畴，这些案例尽管也混杂了其他要素，但都属于这个范畴，或者是它的一个例证。因此，即使同意每个案例都是重要和独特的（讽刺的是，民族主义者倒是会乐意支持这个观点），我们仍然很难避免要借助一般性的民族和民族主义概念。

其次，如果否认一般性的民族主义概念的合法性，那么，对于“民族的现代性和民族主义诉求在当代世界无处不在”的现象，我们就难以提出一般性的社会学问题，也无法对不同的民族主义意识形态、符号和运动进行历史比较。事实上，那些坚持认为“应该在具体情境中理解每个民族主义案例”的历史学家，同样会提出这种一般性的问题，并进行历史比较。显然，如果我们想要就民族主义这样复杂难解的现象获得一些理解，那么，这样做是有好处的。

第三，在对民族主义这样的复杂现象的研究中，“情境主义”的论点绕开了一个基础性的工作：对民族主义的意识形态和（或）运动进行类型学分析。这种类型学承认情境差异的重要性，但并不牺牲进行更为一般性的比较的可能性。尽管它提出了论据证明民族主义的统一性中存在着多样性，但它又继续从历史阶段、地理区域、经济发展水平、哲学假设、阶级环境、文化背景或政治抱负等方面，对这种意识形态和运动的主要种类进行精确描述。这正是我建议使用的策略。

学者们提出了各种各样的类型学分析框架，在这里对它们一一考察并不适合。我将提及其中的一两种，并简要表述自己的类型学框架，以此作为对欧洲民族主义的文化起源及其影响进行分析的前奏。在之前的著作中，我已经枚举过其他分类法。[22]

毫无疑问，最有影响的分类法来自汉斯·科恩。他将民族主义区分为“西方的”和“东方的”两种版本，前者是理性和团体主义的，后者是有机和神秘主义的。他声称，在不列颠、法兰西和美洲出现的，是一种理性的民族概念，它将民族视为人的团体，这些人都居住在同一地
80 域，由同一个政府和同一套法律来治理。这种意识形态大体上是18世

纪末中间阶级在这些国家获得权力的结果。与之相对，东欧（莱茵河以东）的中间阶级并没有获得这种重要地位。相反，抵抗拿破仑的斗争和接踵而来的民族主义，都是由一些知识分子领导的。他们人数很少，并且被排斥在权力圈以外，因此，他们的民族主义版本就不可避免地具有尖锐激进和专制独裁的倾向。基于同样的原因，他们将民族视为一个浑然一体的有机整体，只有使用方言的知识分子才能够真正理解它神秘的“灵魂”和“使命”。因此，在中欧、东欧和亚洲的民族主义运动中，他们经常担任领导者的角色。[23]

我们可以从多个方面批评这种分类法。在地缘政治的维度上，它忽视了这样一个事实：在不同的欧洲共同体中，这两类民族主义都产生了影响——在爱尔兰和19世纪晚期的法兰西，出现过有机民族主义的版本，而在捷克人、匈牙利人、犹太复国主义者的民族主义和早期的西非民族主义的一些版本中，则存在着理性主义的典范。[24]

“西方的民族主义是资产阶级的产物”这一结论同样并非清晰无疑。正如我们所看到的，这类民族主义在很大程度上要归因于之前的君主政治和贵族政治的文化与活动。与此类似，“资产阶级都致力于实现民族主义的理性版本”这个假设也是靠不住的：德国工业资产阶级经常表现出来的神秘主义泛德意志情感，或者19世纪末的俄罗斯富商对有机和“原始主义”的俄罗斯民族主义的支持，都是这方面的例证。[25]

普拉梅纳茨也将文化上更为发达的意大利和德意志的民族主义，与相对不发达的巴尔干半岛和东欧的民族主义进行了区分，后者由于缺乏文化和教育资源，发展机会有限，从而导致了较为弱小但却更加激进的运动。[26]

尽管存在这些批评，但科恩对两类民族主义意识形态（一种更加理性，另一种更加有机）所做的哲学区分，依然是有效和有益的。这一点含蓄地体现在了本书第1章中对“西方的”公民—领土民族模型和“东方的”族裔—血缘民族模型所做的区分之中。在这里，我们必须同样谨慎地对待地缘政治的标签。在“东方”、“西方”、亚洲、非洲、拉丁美洲
81 以及许许多多的民族主义运动中，我们都能够发现这两类民族模型。

尽管如此，这一概念区分还是具有重要意义的。公民和领土的民族模型倾向于产生特定类型的民族主义运动：在取得独立前是“反殖民”运动，在取得独立后是“一体化”运动。另一方面，族裔和血缘的民族模型则倾向于在取得独立前产生分离主义或流散社群的运动，而在取得独立后产生领土收复主义或“泛”（pan）运动。这种分类忽视了许多次级变体和混合案例，但我认为它仍然抓住了许多民族主义的基本逻辑。

在这个基础上，我们可以根据族裔民族主义与领土民族主义的区分来构建一个临时的民族主义类型学框架，并将特定的共同体及相关运动所处的整体环境（无论是在独立前，还是在独立后）都考虑进去。这些环境因素以及基本倾向，在很大程度上决定了每种民族主义的政治目标。因此，我们可以得出如下分类：

1. 领土民族主义

（a）**独立前**　运动所采纳的民族概念主要是基于公民和领土的；这些运动的首要目标是驱逐外国统治者，并以一个新的民族—国家来代替旧的被殖民的土地；这些运动是**反殖民**的民族主义。

（b）**独立后**　运动所采纳的民族概念主要是基于公民和领土的；这些运动致力于将通常迥然不同的多族群人口联系在一起，整合成一个新的政治共同体，并从旧的殖民地国家中创造出

一个新的“领土民族”；这些运动是**一体化**的民族主义。

2. 族裔民族主义

（a）**独立前**　运动所采纳的民族概念主要是基于族裔和血缘的；这些运动致力于从一个更大的政治单元中分离出来（或在特定的族群祖地上重新集聚），并在自己的土地上建立一个新的“族裔民族”；这些运动是**分离主义**和**流散社群**的民族主义。

（b）**独立后**　运动所采纳的民族概念主要是基于族裔和血缘的；
这些运动致力于扩张，实现这一目标的方式既可以是将当前
的“族裔—民族”边界之外的族裔“亲属”及其所居住的土 82
地包含进来，也可以是文化和族裔相似的多个族裔—民族国
家建立联盟，从而形成一个更大的“族裔—民族”国家；这些
运动属于**领土收复主义**或**“泛”**民族主义。[27]

这个框架并没有妄称穷尽了所有的可能性。它漏掉了几个著名的民族主义类型，其中最重要的包括贸易保护主义的经济民族主义、“整体型”（integral）的法西斯主义民族主义与种族民族主义。然而，我们也可以说，这几种都是独立后的一体化民族主义或领土收复主义民族主义的亚类型。从历史上看，它们就是结合在一起的。例如，法国对阿尔萨斯—洛林奉行的领土收复主义民族主义，也就是莫拉斯*所说的“整体型”民族主义；阿根廷、巴西和智利的民粹主义一体化民族主义，同时也是拉丁美洲的贸易保护主义。[28]

---

* 夏尔・莫拉斯（Charles Maurras，1868—1952），法国作家，法兰西学院院士，“法兰西行动”的领导人，法西斯主义理论家，著有《哲学家之路》、《野蛮与诗歌》、《内部平衡》等。

这个基本的分类体系能帮助我们在每个类别内对不同的民族主义进行比较。它将民族主义置于广阔的可比较环境中，但同时也允许进行更具一般性的解释。这并不是要否定特定民族主义案例的独一无二的特征。恰恰相反：尽管对民族主义的“核心教义”、基本概念与象征符号进行概述是非常必要的，但这一事实正显示了特定民族主义案例的独一无二的特征的重要性。在每个案例中，这些具体的（specific）信条和概念［这个术语要比“次要的”（secondary）或“附加的”（additional）好］所扮演的角色是至关重要的，而非辅助性的，因为正是这些**具体的**信条和理念所提供的象征符号与典礼仪式，唤起了最深沉的大众情感与抱负；当它们与那些更古老的符号和仪式交织在一起时，效果尤为明显。在波兰的伟大诗人密茨凯维奇的诗歌中，弥漫着将波兰比作“受难基督”的意象，这个代表救赎的弥赛亚形象，是与光明山圣母的救赎力量联系在一起的，而后者一直是大众性狂热崇拜的对象。*对于理解波兰民族主义的意识形态、语言和象征符号，这种建立在族裔—宗教基础上的天主教的受难与救赎形象是非常重要的。[29] 与此类似，由提拉克及其追随者创造出来的印度教英雄和神祇（如西瓦吉和卡莉女神）**，尽管与一般性民族主义的世俗意识形态相去甚远，

---

* 亚当・密茨凯维奇（Adam Mickiewicz，1798—1855），波兰诗人，革命家，波兰19世纪浪漫主义文学的代表，重要作品包括诗剧《先人祭》，长诗《塔杜施先生》。光明山（Jasna Gona）修道院位于波兰南部城市琴斯托霍瓦郊外，是波兰最著名的圣母院和朝圣中心；这里珍藏的黑圣母像被认为拥有神奇的力量。

** 巴尔・甘加达尔・提拉克（Bal Gangadhar Tilak，1856—1920），印度著名的学者、教育家，印度国大党“极端派”领袖，印度民族解放斗争的领导者之一。贾特拉帕蒂・西瓦吉（Chhatrapti Sivaji，1630—1680），17世纪在印度次大陆上独立的马拉塔王国（马拉特联邦）的缔造者，反抗莫卧儿王朝外族统治的印度教英雄。卡莉女神（Goddess Kali）是印度教中的人物，是当世界被恶魔统治时，诸神为了帮助世间而化现出来的愤怒形象；印度人相信，虽然她化现为恐怖的形象，但她内心却是充满慈悲、视众生为独子的宇宙母亲。

但在创造一种印度教的印度民族主义的过程中，却扮演了至关重要的
角色。在这种民族主义中，一个真实的印度民族所拥有的那些独一无 83
二、无可比拟的要素都被凸显出来。如果没有这种差异化的纽带，也就
不会有民族。[30]

具体化的民族主义信条和象征符号之所以重要，是因为它们指向了民族主义的深层含义——意识形态、语言和思想意识。在一个由众多民族构成的世界中，每一个民族都是独一无二的，每一个都是“被选中的”。民族主义是前现代的族裔拣选神话在现代世俗世界中的等价物。这是一种关于多中心独特性（polycentric uniqueness）的学说，它鼓吹“不可替代的文化价值”的普世意义。曾经，每一个族裔共同体都是一个自足的世界，是宇宙的中心，是黑暗中的光明；现在，从这同一个共同体的宝库中，历史遗产和文化价值被挑选出来，被重新解释和建构，从而形成了一种独一无二、无可比拟的民族认同。与它并列的，是许多其他同样独一无二的文化认同。这意味着，每一种文化（即使是发展水平最低、最粗糙的文化）都拥有一些不可替代的“价值”，并且可以为人类文化价值的宝库贡献资源。民族主义作为一种意识形态和象征符号，赋予了每一种文化形态以合法地位。它鼓励各地的知识分子将“低级”文化转变成“高级”文化，将口述传统转变为书写和文学传统，目的是将这些不可替代的文化价值的基石保存下来，留给子孙后代。这些被选定的人民早先是由他们的神祇拣选的；今天，他们则是由一种意识形态和象征符号来选择的。这种意识形态和象征符号提升了那些独特和个体的事物的地位，并将它们转变为一种全球性的现实。在以前的时代，人们由于具有自己所宣称的美德而被选中；今天，他们则因为自己的文化遗产而被要求成为民族。

民族主义的文化起源

一个具有文化多样性，由许多“被拣选的文化”构成的世界，也将是一个信奉族裔历史主义的世界。乍看起来，这样的世界与这个领土绝对主义的世界相去甚远，而正是后者见证了民族主义的意识形态、象征符号和运动的诞生。然而，直到17世纪晚期和18世纪早期，西欧才首次出现了民族主义的理想、主题和符号。尽管在16世纪和17世纪早期，欧洲也经历了声势浩大的弥赛亚宗教民族主义运动（主要发生在荷
84 兰和英格兰，也波及波西米亚和波兰），但民族作为存在于自身的终极目的，其概念、理想、符号和神话要等到后来才出现，而“核心教义”和意识形态运动的出现则要等得更久。[31]

当然，我们正在追溯的这个过程非常复杂，不可能轻易地划分时段，就更不用说精确到某一天了。我们不可能确切地指出真正的民族**主义**出现于哪个确定的时段，就更不用说哪个时刻了。历史学家对民族主义的出现时机争论不休，艾克顿公爵认为是在瓜分波兰之初，汉斯·科恩认为是在英国革命过程中，而凯杜里甚至认为是在费希特于1807年发表《对德意志民族的演讲》(*Addresses to the German Nation*)之时。这些争论让我们了解到很多有关民族主义的不同定义的知识，但关于它的出现时间，却没有提供太多证据。更重要的是，它们遗漏了民族主义漫长的孕育期——在这个时期中，民族主义既表现为语言和象征符号，也表现为思想意识和抱负。由于对思想意识和情感的测量（除非是间接的）是非常困难的，因此，我将重点关注民族主义的概念、语言、神话和象征符号出现的过程，尽管我们的资料仅局限于18世纪规模很小的欧洲受教育阶层。[32]

在17世纪，出现了一种对“民族性格”和“民族精神”的理念与日俱增的兴趣。我们在沙夫茨伯里勋爵关于不列颠成就的赞赏中就遇到了有关“民族精神”的观点。关于这一点，我们还可以加上乔纳森·理查德森对英语与古希腊语及古罗马语的比较。对此，他声称：“在我们中间，存在一种傲慢的勇气，一种高尚的思想，一种伟大的品位，一种对自由的热爱，一种单纯与诚实，所有这些都是我们从祖先那里继承而来的，它们属于作为英国人的我们：这种相似性正在于此。”[33]在18世纪早期的法国，我们也能发现类似的情感。丹尼尔神父将法兰西的伟大与它的君主政体联系在一起，并宣称“在我们的时代，法兰西永不停息地制造着艺术品，创造了数以千计的奇迹，连古代人都会羡慕不已”。同时，亨利—弗朗索瓦·达盖索（Henri-François Daguesseau）在1715年对巴黎最高法院的演讲中则赞扬了“对祖国之爱”，认为在这里，“公民找到了祖国，祖国也找到了它的公民”。[34]

到18世纪中期，“民族性格”的概念已经获得广泛接受。颇有影响力的艺术批评家拉·丰特·德·圣耶纳（La Font de Saint-Yenne）
骄傲地回顾了路易十四、科尔贝（Colbert）和勒布伦（Le Brun）的伟大 85
时代，并预言：通过“公民强烈而勇敢的热忱，来揭露使民族败坏的弊端，并为它的荣耀作出贡献”，“法国精神”（le génie François）将获得复兴。[35]同时，在海峡对面，雷诺兹（Reynolds）大力宣扬需要建立一所配得上这个民族的历史绘画学校；詹姆斯·巴里（James Barry）则在1775年宣称：“历史绘画和雕塑应该成为每一个渴望获得艺术荣誉的人的主要意向。这些都是测试，在以后的年代里，民族性格将通过它们经受考验。”[36]

到了18世纪下半叶，这类话语已经传播到美国（诺亚·韦伯斯特）、德国（莫泽、赫尔德）、瑞士（齐默尔曼、福塞利）、意大利（维柯、阿尔菲耶里)，以及荷兰、瑞典、波兰和俄罗斯。尽管他们的理论来源各不相同，但包括沙夫茨伯里、博林布鲁克、孟德斯鸠在内的众多启蒙思想家都把希望寄托于开明专制的实践。这种制度越来越明确地划定了“它的”国家和“它的”人口的范围，并将这些人口(或其中的受教育阶层)视为民族。到了这个阶段，尽管在东欧的部分地区，民族的成员资格仍被限定在最高的两个等级内部；但在西欧，这种状况已无法继续。到了18世纪中期，开明的专制君主们都感到，有必要重视那些较富裕且受教育程度较高的阶级的情感与意见了，因为他们越来越需要这些阶级提供的“专业”服务。[37]

启蒙运动和各国相互竞争的格局，为欧洲国家带来了全新的景象和话语体系，在其中，民族性格的概念和民族精神的观点成了有用且必不可少的要素。具有同样重要意义的，还有关于历史和社会发展的新观点。这个观点有几个思想源头，其中最重要的可能是人们开始普遍地对欧洲文明与古典文明进行的对比。这种趋势在17世纪晚期法国的“**古今之争**”(Quarrel of the Ancients and the Moderns)中达至顶点。18世纪的探险者发现的新大陆和新文化，开启了一种关于空间的全新观念，并推动人们进行空间比较；与此类似，对古典思想和艺术的重新发掘，有助于创造一种全新的时间观念，并激发人们将现代文明与过去的文明进行历史比较。

86 这个时代见证了理性国家的力量不断增长，开始干预社会，并试图解决那些以前被认为无法解决的问题(疾病、饥荒、犯罪，甚至无知)。资本主义发展带来了经济革命，专业化的国家治理方式带来了行政管理革命，世俗的人文教育和科学发展带来了文化革命，这些都使人们的自信不断增长。人们开始拥有这样一种信念：现代人有可能取得与古希腊和古罗马相匹敌的成就。同时，人们也开始拥有这样一种革命性的世界观：存在着一种基于民族精神的文明等级体系，所有的国家和文明都可以在其中找到位置。“历史主义”是一种对人群与文化的出生、成长、繁荣和衰亡过程的信仰。它作为一种探究过去与现在之关系的框架和阐明过去与现在的事件之意义的解释原则，变得越来越具有吸引力。通过将事件和人物置于适当的历史环境中，并试图对这些事件和时代的“真实面目”进行刻画，人们就能够获得对历史事件和过程的同情式理解，并明白它们是如何发展成今天的样子的。由于这些原因，我们发现，在18世纪的不列颠和法国，讨论古典历史和民族历史的作品的数量和范围都显著增加了，其中包括罗林（Rollin）、拉平（Rapin）、休谟、吉本、布坎南、坎普登（Campden）、韦利神父（Abbé Velly）、维拉雷特（Villaret）和马布利（Mably）；同时，对于诸人群的起源与世系、他们的文化独特性与历史特点之类的问题，人们的兴趣也与日俱增。[38]

从这时起，我们就能够识别出两条平行的发展道路。当然，在实践中，它们会不时地交错或交织在一起的。

从18世纪60年代早期起，西欧社会开始出现了一种仿希腊（quasi-Grecian）的审美品位。开始，这表现为一种庞贝壁画式的优雅而肤浅的形式，但很快就被注入了一种更加深沉的英雄主义倾向。亚当和维安（Vien）的温和改良，让位给了福塞利、卡诺瓦（Canova）与达维德更为彻底的尚武观念，格鲁克（Gluck）与海顿的古典式简洁风格，以及包利（Boullée）与勒杜（Ledoux）、索恩（Soane）与杰弗逊的纪念碑式的古典主义。新古典主义运动包含了原始主义和古典城市形态两个方面：一方面是要回归原始的形式和状态（洛吉耶的棚屋，卢梭的高贵的野蛮人），另一方面则从斯巴达、雅典和罗马共和国的古代城邦共同体中寻找灵感。[39]

后一个方面，对于作为意识形态和语言的民族主义的成长而言，具
87 有特别重要的意义。同样是卢梭预言并鼓励了这种意识形态的传播与扩散。尽管在他之前，还有其他的先驱人物做出了贡献（如沙夫茨伯里、博林布鲁克，以及尤其是孟德斯鸠关于民族“精神”的重要概念），但正是卢梭使“民族性格”的观点成为共同体政治生活的核心，并试图将它转变为一项实现民族存续与恢复的实践工程。在《科西嘉制宪拟议》（*Projet Corse*）和《波兰政府论》（*Gouvernement de la Pologne*）中，卢梭坚称民族的个体性非常重要，并主张通过培养和保护民族的礼仪与习俗，来维持这种个体性："造就祖国的，既不是城墙，也不是人，而是法律、民情、习俗、政府、宪法，以及所有这一切导致的习性。祖国存在于国家与其成员的联系之中：当这种联系改变或瓦解时，祖国就化为乌有。"[40]对卢梭来说，他心心念念的是在日内瓦共和国度过的理想化的童年生活，因此，民族团结的典范就是古代的城邦。他绝不是唯一怀有这种道德和政治热情的人。绝大多数雅各宾派的**爱国**领导者，都将自己及其角色比作现代的罗马人与斯巴达人；加图、布鲁特斯、左撇子穆裘斯（Scaevola）、福基翁、苏格拉底和提摩勒昂是他们的英雄，公民对城邦的崇拜是他们理想中的宗教。[41]

然而，在同一时期（1760—1800），还存在另一条平行的道路，通向一幅完全不同的图景。新古典主义所看重的“历史”，在本质上是公民性和政治性的。它将古典时代解读为一块文明的高地；在现代欧洲，这块高地将在一个更高的水平上再度成为现实。它是一种普世的历史，然而它的构成成分，却是城邦，以及它们的公民团结与爱国主义。在古典模型和它的现代实现形式之间，存在着一种背离，这种背离表现为对更加野蛮和乡村的（封建）社会的回归。正是这种处于古代和现代之间的乡村社会（“中间时代”），成了对欧洲的起源与发展的一种不同解读

的灵感源泉。

从最开始，“文学中世纪主义”（literary medievalism，借助中世纪的文学来回归那个乡村欧洲的历史），就是更倾向于特殊主义的。由于它所使用的方法是对文学资料进行分析，因此，它要依赖对具体人物及其所处社会环境的记录，来重建共同体的早期历史与文化的本来面貌。 88
这项运动始于诗歌领域，起初主要在不列颠，体现为对古典不列颠诗歌艺术、奥西恩（Ossian）和《埃达》(*Edda*)的狂热崇拜。此后很快，在18世纪70年代，这一风潮就传到了德国。莫泽、赫尔德和年轻的歌德可以被视为“狂飙运动”（Sturm und Drang）时期对中世纪德意志的浪漫主义崇拜的先兆。哥特式教堂、中世纪的细密画、彩色玻璃、基督的传奇故事、骑士精神与贵族血统第一次流行开来。它们都是由每个新出现的民族的知识分子“重新发现”的，并且被认为体现了每个民族潜在的价值与文化，展示了它独一无二的“精神”；因此，文学中世纪主义的风潮大大增强了每个民族对自己的族裔背景的意识，并由此增强了它的族裔民族主义。[42]

尽管英法两国都接受了新古典主义和中世纪主义的影响，但它们却走上了不同的道路——至少在某一段时期是这样的。法国在政治和艺术两个领域都发动了强大的历史古典主义运动，而不列颠则更为迅速地迈向了文学中世纪主义。这在很大程度上要归功于莎士比亚、斯宾塞和弥尔顿的复兴，当然，还有被誉为“自然诗人”的荷马的复兴。[43]

法国人从对古典的英雄爱国主义的解读中获取了对道德戏剧和历史真实性的热情。起初，由于大革命的影响，这种热情伴随着拿破仑的胜利凯旋而席卷欧洲，在每座城市都留下了纪念古典式胜利的建筑和雕塑。但很快，在这些古典式的庙宇、拱门和商会旁边，出现了其他的纪念碑，它们代表了与家乡距离更近的历史，唤起了人们对这个共同体的早期历史的记忆。哥特式教堂、拱形墓、博物馆与议会大厦上都装饰着反映中世纪战争和民族英雄的纪念物，这些东西充斥着这个民族的集体记忆；小孩子被教导要像崇敬苏格拉底、加图和布鲁特斯那样（甚至更加）崇敬亚瑟与维钦托利*、齐格弗里德**与勒明盖宁、亚历山大·涅夫斯基与斯特凡·杜尚***。民族主义这种全新的意识形态和语言是建立在历史想象的基础上的，而中世纪作为族裔英雄的黄金年代，似乎更充分地符合这种想象。在欧洲的每一个角落，它将一个又一个民族的精神中那些未知的荣耀一一揭示，而每一次它都是从族裔共同体
89 的黄金年代和诗意空间中汲取灵感。中世纪主义的文学历史主义将对民族独特性的狂热崇拜传播开来，甚至影响到了欧洲人口中那些潜伏在最深处的共同体和文化类别。

当然，并不是文学中世纪主义激发了这些共同体去动员民众和要求民族地位。这个过程包含很多要素，其中最重要的是理性国家对外围地区的影响和市场联系对自给经济的影响。但是，中世纪主义的文学历史主义，为大众性族群的方言动员提供了概念、象征符号和语言。它就像一面镜子，当这些族群在由西方"革命"所引发的转型中逐渐被塑造成形时，他们可以从这面镜子中了解自己的抱负。此时，他们可以将自己解读为一个独一无二的共同体，拥有一种"特殊的精神"与独特

---

* 亚瑟 · 潘德拉贡（Arthur Pendragon），史称亚瑟王（King Arthur），传说中的古代不列颠国王。维钦托利（Vercingetorix，约前82—前46），高卢阿维尔尼人（Arverni）的部落首领，曾领导高卢对罗马统治的最后反抗。

** 齐格弗里德（Siegfried），德国民间史诗《尼伯龙根之歌》中的英雄人物。

*** 亚历山大 · 涅夫斯基（Alexander Nevsky，1220—1263），俄罗斯统帅和政治家，诺夫哥罗德大公，领导人们击退了瑞典和德意志立窝尼亚骑士团的侵略，使俄罗斯的西北部地区免于西方天主教国家的征服。斯特凡 · 杜尚（Stefan Dusan，1308—1355），塞尔维亚王国，塞尔维亚帝国皇帝。

的文化；他们能够识别出一种“民族性格”，而这种“民族性格”要求获得自治，以便真实地生活。每个文化共同体的成员此时也都能明白：为什么民族统一是“实现”真正的民族认同的基本条件，为什么只有在一块历史性的祖地上，共同体才能够发现它的“真实自我”，并使它的公民实现经济自给和内部团结。这套语言和象征符号很容易从历史主义的想象中生长出来，而正是文学中世纪主义在培育这种想象并将它传播到整个欧洲的过程中发挥了重要作用。[44]

这套语言和象征符号迅速地传播开来。在美国和拉丁美洲，它已经将受教育阶层动员起来了，然后又继续传播到东欧，接着是中东和亚洲，最后抵达非洲。尽管每一个案例在速度、规模和强度上各不相同，但我们都能够在其中找到一条清晰的文化轨迹。首先，这里存在一种对“民族性格”的关注，并认为它必须能够自由发展。紧随其后的是历史主义的兴起；这种思想认为，要想解释“民族精神”，只有根据这个民族自身的历史发展法则。这导致了两种文化模式的出现。第一种建立在西方的理性主义和启蒙思想的基础上，它将欧洲以外的诸种原始古典起源调和在一起，我们称它是“新古典主义的”。这种西方的新古典主义经常与共和主义及其美德联系在一起。与此同时，另一种对本土居民的方言历史或中世纪（或古代）遗产的兴趣也与日俱增。有时，这种本土主义或中世纪主义是与西方的新古典主义相互对立的；有时，它 90
们又会结合在一起的。在由特殊的意识形态政权所宣传的“官方”民族主义中，或许就会出现这种结合——就像在威廉二世时期的德国和明治时期的日本那样。这种结合既然可能发生，就说明这些文化模式是非常灵活的；因为新古典主义和中世纪主义（或本土主义）都是涵盖范围更广的浪漫主义的不同变体，后者对理想化的黄金年代和英雄主义的往昔充满热切向往，并将其视为实现当前集体重生的榜样。然而，启蒙主义和中世纪浪漫主义之间的对立，反映了民族形成的两种族裔基础与途径间深刻的文化与社会鸿沟。两种极度不同的民族概念正是从这条鸿沟中产生的。[45]

知识分子与民族主义文化

我们已经对18世纪欧洲民族主义的酝酿期进行了讨论，以此为起点，可以继续对其运行的不同层面进行测量。

首先，这里存在一个严格意义上的政治层面。作为一种意识形态，民族主义是一种关于政治权力单元的教义，是一套关于权力持有者之性质的指导规范，也是关于这些权力单元间合法的全球性关系的学说。同时，民族主义的行动也存在一个经济的层面。民族主义在承诺了自治和真实性的同时，也理想化地规定了一种自给自足、不与外界交流的生活方式。即使做不到这一点，民族主义者也要尽力最大限度地控制他们的祖地和资源。除此之外，民族主义也在社会的层面上运行，它规定了要去动员"人民"，规定了他们作为公民拥有法律意义上的平等，规定了他们要为"民族利益"而参与公共生活。民族主义将民族视为一个大写的家庭，并力图在这个民族的成员中激起团结精神和兄弟情谊。因此，它宣称每个民族都应该实现社会统一。

然而，在最宽泛的层面上，民族主义必须被视为历史主义文化和公民教育的一种形式，它超越或替代了之前的宗教文化和家庭教育的模式。民族主义并不仅仅是一种风格和政治学说，它还是一种**文化形式**（form of culture）——意识形态、语言、神话体系、符号系统和思
91 想意识。这种文化形式已经在全球范围内获得了回响；而民族作为一种身份认同，其意义和优先性正是以这种文化形式为前提的。在这

个意义上，民族和民族认同都必须被视为民族主义及其支持者的创造物；对民族主义进行颂扬，对它的意义进行阐释，同样也是民族主义者的工作。

这在一定程度上解释了艺术在民族主义中所扮演的角色。民族主义者为了颂扬或纪念民族，就会被各种艺术媒介和形式的戏剧性与创造力所吸引。这些艺术媒介和形式包括绘画、雕刻、建筑、音乐、歌剧、芭蕾舞剧、电影和工艺美术。通过这些形式，民族主义艺术家可以通过直接或间接唤起的方式，对民族的景象、声音和形象进行“重构”。这种“重构”能够反映出这个民族的所有具体的特别之处，并且符合“考古的”真实性。因此，在民族主义方兴未艾的时代（18世纪晚期）所发生的这些事情并不令人感到惊奇：西方的艺术家为那些重塑古罗马与斯巴达，或中世纪的法兰西、英格兰和德意志形象的“考古学戏剧”而着迷，他们也被那些“道德历史主义”中所传达的政治信息所吸引。这些戏剧和信息正描绘了那些来自历史中的公共美德的榜样，可以用来激励当代人去效仿。在这些“黄金年代”里，从这些理想化的英雄和圣人身上，他们能够重新创造出一幅栩栩如生的生活全景图，而这幅图画又能够展示这个民族的古老性与连续性，它高贵的历史遗产，以及关于它的古老荣耀与重生的大剧。谁能够比诗人、音乐家、画家和雕塑家更适合为民族理想赋予生命，并将它传播到全体人民中呢？从这个角度看，一个达维德、一个密茨凯维奇和一个西贝柳斯，要比“体操之父”雅恩*的几个营的体操运动员更有价值，而

* 弗里德里希·路德维希·雅恩（Friedrich Ludwig Jahn，1778—1852），德国体操运动教育家、民族主义者，多次从军参加普鲁士反抗拿破仑的战争。他致力于体操研究，主张通过体操运动来发展国民的身体和道德力量，并教导年轻的体操运动员要将自己视为祖国解放运动中的一员。其崇拜者将其称为“体操之父雅恩”。

一个叶芝*就能顶得上整个爱尔兰曲棍球协会。[46]

这枚硬币还有另一面。无论在欧洲，还是在其他地方，许多艺术家都已经被吸引进了民族主义及其语言和符号的世界。在众多作曲家中，我们可以数出李斯特、肖邦、德沃夏克和斯美塔那、鲍罗廷和穆索尔斯基、柯达伊和巴托克、埃尔加和沃恩·威廉斯、威尔第和瓦格纳、德·法雅、葛利格和西贝柳斯；在画家中，我们可以选出达维德和安格尔、福塞利和韦斯特、格罗、海耶兹、麦克利斯、德拉罗什、卡伦·卡勒拉、瓦斯涅佐夫和苏里科夫。此外，还有许多从事风景画和风俗画创作的画家也为一种民粹民族主义的发展贡献了力量，只是他们的方式更为含蓄而较少刻意。民族主义的语言和符号，有助于引领艺术家们在
92 音诗（tone-poem）、历史剧、族裔舞蹈、历史小说、地方风景画、叙事诗歌、戏剧诗歌、合唱戏剧等形式的艺术创作中，探寻不同于传统和古典主义的主题、体裁与形式。这些形式，以及小夜曲、诗意幻想曲、狂想曲、叙事诗、序曲与舞蹈，都以明显富于表现性的主观色彩为特点，这与族裔民族主义的概念语言和风格非常匹配，也符合族裔历史主义最主要的目标之一——重新发现“内在自我”。[47]

随着这种富于表现性的语言和主观色彩的影响范围与强度不断增大，历史主义知识分子群体的地位也上升至顶点，他们致力于在现代世界中发掘集体认同的历史根源与族裔独特性的深层含义。在这里，我会将严格意义上的知识分子与涵盖范围更广的专业人士阶层及受教育公众区分开来。分开来看，知识分子是那些创造艺术作品和生产思想的人；知识阶层是那些传播和扩散这些思想与创造物的人，他们的范围

---

* 威廉·巴特勒·叶芝（William Butler Yeats，1865—1939），爱尔兰诗人、剧作家和散文家，“盖尔复兴运动”的领袖。

要宽泛一点；而受过教育的公众是“消费”这些思想和艺术品的人，他们的范围是最广的。我们要将这三者区分开来。当然，在实践中，同一个人可能同时扮演着艺术家/知识分子、专业人士/阐释者、听众/公众这几种角色，同时生产、传播和消费思想观点。但无论如何，这种三重区分有助于澄清知识分子在欧洲及后来的非欧洲民族主义中发挥的开创性作用。[48]

正是这些知识分子（诗人、音乐家、画家、雕塑家、小说家、历史学家与考古学家、剧作家、哲学家、人类学家与民俗学家）提出和阐释了关于民族与民族主义的概念和语言；他们以适当的形象、神话和符号来传达更广泛的抱负，并通过他们的思考和研究，将那些抱负明确地表达出来。民族主义的意识形态与文化性的核心教义也可以归功于社会哲学家、演说家和历史学家（卢梭、维柯、赫尔德、柏克、费希特、马志尼、米什莱、帕拉茨基、卡拉姆津），他们每个人都详细阐释过这些要素，以使它们适合自己所代言的那个特殊共同体的情形。[49]

民族主义的批评者认为，正是由于知识分子在其中扮演了如此重
要的角色，这种意识形态才会充满错误，并缺乏政治现实性。他们认 93
为，关于民族意志的学说，必将导致强制性的盲从，或在其关于完满领土的虚妄梦想中沦为独裁专制。对另一些学者来说，民族主义主要是一种关于攫取国家权力的**政治**说辞。虽然他们同样批评民族主义提供的是一种“伪解决方案”，但对知识分子的角色却持有不同看法。他们认为，在现代政治世界中，尽管民族主义这种抽象的意识形态非常重要，但知识分子在其中发挥的作用被高估了。[50]

大量证据显示，无论是发动文化民族主义，还是为政治民族主义提供意识形态，知识分子都发挥了首要作用，甚至可能在早期阶段还担任了领袖角色。无论在欧洲的哪个地方，他们在创造和分析民族主

义的概念、神话、符号和意识形态方面的重要地位，都是显而易见的。这个结论既适用于核心教义首次出现时的情形，也适用于民族性格、民族精神和民族意志这些先期概念。对于其他的社会思想传统（集体解放和大众民主的观念），情形也是如此。在这种情形里，同样是社会哲学家担任了主角，其中的著名人物包括卢梭、西耶斯、潘恩、杰斐逊和费希特（至少在其早期作品中）。康德的影响也不应被忽视，尽管他的主要贡献（关于“善良意志乃自主意志”的观点）是针对个人而非群体的。[51]

正是这两种传统（关于民族性格的文化语言，关于集体解放的政治话语）的影响，在1792—1794年间激发了雅各宾派**爱国者**的革命热情和过激行为；但另一方面，这些文化和政治传统也构成了发生在1789—1791年间，后来在督政府时期又得到部分恢复的自由“资产阶级”革命的基础。

在这里，指导力量之一就是民族主义的意识形态。西耶斯著名的小册子《第三等级是什么？》和1789年初的《陈情书》都将这种意识形态展露无遗。在1789年春夏之际，关于“公民—民族”的宣言，还有将全体法国人动员和统一起来，以创造全新的社会与政治秩序的行动，标志着一个重要的转折点：就在这个时间点上，“作为文化形式的民族主义”转变成了“作为政治形式的民族主义”。对于前一种形式，我们已经讨论了很多；我将在下一章中讨论后一种形式。[52]

94 就目前的情况而言，我们只需关注知识分子在两种民族主义的初始阶段所扮演的重要角色；但同样值得注意的是，在后期阶段甚或更为常规性的民主主义运动的组织过程中，我们需要谨慎地避免夸大这一角色。

我们将如何解释知识分子在民族主义的早期阶段所具有的重要影

响呢？既然任何**意识形态**运动都需要它的知识分子创制出一种抽象而又打动人心的学说，从而将那些常常存在利益冲突的不同团体调和在一起，那么，这仅仅是唯智主义（intellectualism）的一项功能吗？既然任何成功的政治运动都需要训练有素的倡导者、宪法专家、宣传者、演说家和其他类似的角色，那么，这仅仅是一个关于技能与能力的问题吗？或者，我们可以将民族主义视为一种“知识分子的运动”吗？他们是因为被排斥在权力之外，所以一心要通过领导由他们自己所定义的“人民”来获得权力吗？

这些描述讲出了部分事实。对大多数（尽管不是全部）现代运动来说，为了提出一种意识形态，并对其进行精细阐释，知识分子和唯智主义就是必不可少的。如果他们果真掌握了必要的技能，那么，这些技能将有助于推进这项事业的发展。然而，单就这类技能或唯智主义而言，民族主义并没有什么特殊之处。正如我们所见，那些相关技能更可能是专属于专业人士（知识阶层）而非严格意义上的知识分子。这些都是在他们的首要功能（文化创造与分析）以外的额外技能。[53]

我们如何理解将民族主义视为知识分子“追逐权力”的运动的观点呢？尽管不乏因被排斥而充满怨恨的知识分子（尤其是在种族主义的殖民主义环境中），但关于民族主义知识分子的动机，我们并没有足够的证据能够得出这样一个普遍性的论点。同时，大量相反的证据显示，严格意义上的知识分子尽管可能不时地担任顾问的角色，但很少成为民族主义的**领导者**。卢梭、费希特、科拉伊斯、奥布拉多维奇、卡拉季奇、格卡尔普、阿哈德·哈姆、卡瓦基比、班纳吉、梁启超、布莱登、谢赫·安塔·迪奥普、加斯普林斯基，都是他们各自的民族主义的早期提倡者；他们的动机中也许怀有一些隐秘的怨恨，但他们并没有获得政治回报。事实上，他们常常是被同时代人所忽略甚至遗忘的，就像马克思

95 的同时代人莫泽斯·赫斯那样。[54]

那么，我们将如何解释民族主义对许多知识分子所具有的吸引力呢？最流行的论点是将民族主义视为知识分子应对“认同危机”的解决方案。如果这个论点能够得到恰当的表述，那么它的确揭示了一个重要的事实。然而，这个论点的效力也只能局限于知识分子（intellectual），而不应推及其他阶层或阶级，甚至对一般的知识阶层（intelligentsia）也不适用。更重要的是，这些过于简单的术语，并不能解释民族主义为什么会成功，甚至不能解释它所表现出来的特征。对成熟的民族主义来说，多样的环境和事件所留下的印记，共同塑造了它的特征，而知识分子的影响尽管重要，也只是其中一个因素。这个观点也不能简洁地解释知识分子的社会思想和政治行为。毕竟，许多知识分子并没有成为民族主义者；或者只是在表面上暂时成为民族主义者。这个论点所能够尽力解释的是这样一些问题：在这个世界的许多地方，民族主义为什么会对知识分子具有终身的吸引力？知识分子关于民族主义的意识形态和语言的言论，又为什么会具有如此大的影响力？[55]

“科学的国家”和它在影响所及之处发动的西方式“革命”，给传统的宗教和社会带来了挑战，而知识分子的认同危机正是源自这些挑战。这里存在一种“双重合法性”：第一重是由被普遍接受的宗教与传统赋予的合法性；第二重是诉诸理性和观察的合法性，而这种合法性正是由越来越多地采用“科学的”技术与态度的国家所培育出来的。我已经描述了知识分子对这种“双重合法性”的危机所做出的不同反应。最先也最敏锐地感受到这种对传统的宇宙形象、符号和神义论的深刻挑战的，正是那些直接受理性主义与科学的思维和行动影响的人。这些挑战促使许多知识分子去发现替代性的原则和概念，去建立新的神话体系和象征符号，去为人们的思想和行动寻找合法性。在这些原则和神话中，最重要的可能就是“历史主义”的原则。这项原则之所以具有吸引力，是因为它在无须进行外部创造的情况下，就能够提供一幅与古老的宗教世界观一样综合而全面的宇宙图景，并同时将过去（传统）、现在（理性）与未来（可完善性）整合在一起。由此，问题就变成了：这是谁的过去与谁的未来？是作为整体的全人类？还是它所包含的个体或部分群体？针对这些问题的回答，在不同等级的知识分子中引发了重 96
大分歧，并由此形成了相互替代（尽管也经常彼此重叠）的社会和政治的传统和运动：一边是自由主义和马克思主义的传统，另一边则是民族主义和种族法西斯主义的传统。[56]

与这种影响广泛的双重合法性危机一同到来的，是一种针对知识分子的特殊危机：他们的传统宇宙观遭到了挑战，这些挑战将整个世界撕裂，而在这样一个世界中，知识分子感到**他们**的认同陷入了危机。由此，就出现了这样的问题：我是谁？我们是谁？我们在生活和社会中的目标和角色是什么？可以想象，关于这些问题的答案是多种多样的，其中大部分是由个体所处的环境和所做的选择决定的。然而，这些答案并不是漫无边际的，也不是毫无规律的。这个事实暗示我们可以去探究这样的问题：对于这种认同危机，为什么某些类型的答案会特别有吸引力？当然，民族主义的解决方案就是这样一个有吸引力的答案——过去是，现在依然是。它提供的方案是：使个体认同完全沉浸在全新的、民族的集体性文化认同之中，或者在这种全新的、民族的集体性文化认同内部“实现”个体认同。在这个解决方案中，个体将从一种文化集体性中获得他或她的认同；他或她将成为一名公民，成为一个共同体中被认可的合法成员。这个共同体既是一个政治共同体，也是一个文化性的“历史与命运共同体”。最终，在这个关于认同问题的答案中，由于我们所拥有的历史性文化，“我们成为我们所是”（we are who we are）。

现在，我们回到了这样一种民族主义意象：它是历史主义文化的一种形式，是在之前诸种宗教形式的文化瓦解的基础上出现的。对民族主义及民族主义所提议的认同解决方案（民族认同）来说，这种意象始终是一个主要且必要的部分。然而，如果要追问这个特殊的历史主义解决方案的源头，我们就不能简单地诉诸民族主义者的比喻和颂扬；我们需要更深入地探寻他们提出的这些概念和意象的来源。我之前已经提出了建议：要想找到这些来源，我们既要去探寻中世纪晚期和现代早期欧洲的多种多样的族裔基础与政治过程，也要在更宽泛的意义上去考察世界其他地方的、以不同形式存在的文化共同体。就是在这些地方，我们能够找到集体认同的各类模型和实例。它们既能够为知识分子自身对“认同解决方案”的私人性追求提供帮助，也能够服务于具有
97 不同目的和利益的其他阶层。

因此，我们绝不可忘记：民族主义者的解决方案不仅被许多寻根溯源的知识分子所采纳，也被其他许多人所采纳。对这些人来说，类似的寻根之举（尽管可能具有不同的含义）同样重要，类似的解决方案（民族）同样必要且富有吸引力。现在，我就要转而讨论这些人，以及他们
98 的民族认同。

第5章

民族是被设计出来的吗?

民族主义作为文化学说、符号语言和思想意识,其首要关注点在于创造一个由诸多集体性文化认同或文化民族所构成的世界。尽管民族主义既不决定哪些人口单元适合成为民族,也不决定它们为什么会这样,但它的确在决定民族形成的时间和地点的过程中发挥了重要作用。正是在这一点上,民族主义进入了政治的竞技场。民族主义既是一套宣扬多中心独特性的学说与语言,也是关于选民的古老信条在现代和世俗世界中的等价物。它本可以像许多前现代时期的族裔共同体那样,保持一种纯粹的文化性、社会性的视角与思想意识,并在大体上与政治领域相分离;但事实上,民族主义经常无法在私人领域的文化与公共领域的政治间划清界限。这表明:无论特定群体的目标是什么,也无论人们采用哪种民族主义版本,第4章所讨论的民族**主义**的其他构成成分,以及现代世界的某些特征,都能够产生直接的政治影响。

换句话说,我在使用"民族认同"这个术语时,它包含了文化认同和政治认同两个方面,并同时存在于文化共同体和政治共同体中。这一点是非常重要的，因为它意味着：任何试图锻造民族认同的努力，同时也是一项具有政治后果的政治行为。比如重绘地缘政治地图，还有改变政权与国家的构成，都属于这类行动。无论对全球国家体系而言，还是对个别国家来说，创造一个“由民族构成的世界”，都将具有深远的影响。

民族概念的双重性（第1章描述过的族裔模型与领土模型），使得民族认同的政治属性更加复杂。这导致人们试图创造两种完全不同的民族政治认同与共同体。第一种（通常是按历史顺序）是领土型的政治民族，第二种是族裔型的政治民族。在每种情况下，人们都设想出了一
99 种全然不同的政治认同与共同体的模型，它们分别从上一章中讨论过的“新古典/理性主义”和“本土/浪漫主义”这两种不同的文化资源中汲取了养料。在这一章中，我将主要关注那些创造**领土型**政治认同与共同体的尝试；在下一章中，再讨论那些由这种尝试所激发的族裔型反抗行为，以及多族群国家所存在的问题。

从帝国到民族

历史学家通常将两类民族形成过程区分开来：一种是西方的那些“古老而连续的民族”的自然生长过程，另一种是东欧、亚洲、拉丁美洲及非洲诸民族的更加刻意的创造过程。在西欧，无论从哪个层面来看，在民族**主义**及其意识形态、语言和抱负于18世纪出现以前，民族就已经存在了。在西方以外，民族的形成则是民族主义在相关地区扩散的结果。在西欧，民族的出现大体上是非计划的；而在西方之外，它们则基本上是由民族主义者的目标与运动所造就的。西方的民族几乎是偶然获得的，而全球其他地区的民族则是经由设计被创造出来的。[1]

从西方的观点来看，这种区分是非常有道理的。在第3章中，我已经论证过西方的民族（最早的民族）的确是在民族主义兴起前出现的。它是贵族式“水平”族群的官僚体系的吸纳过程的一个意外后果，而其统治阶层无论如何也不能被称为“民族主义者”。然而，即使在这里，我们也需要保持谨慎。在法兰西民族的形成过程中，与雅各宾派及随后的民族主义相比，从15世纪开始的由王室主导的集权化与同质化改革的影响究竟有多大？这仍然是一个开放式的问题。即使在英格兰和后来的不列颠的案例中，也并非完全不存在“设计”的成分，证据包括：都铎王朝和斯图亚特王朝为反抗罗马和西班牙的教皇势力而推行的集权化改革，清教徒的族裔“民族主义”运动，以及对1770—1820年间正在兴起的民族情感浪潮的利用。[2]

尽管如此，如果与非西方的案例相比，下面这个说法仍然是正确的：西方民族的兴起较少是因为民族**主义**，以及那些“在民族不存在的地方创造了民族”的运动。在非西方民族形成的案例中，明确的民族**主** 100
义要素（作为一种意识形态运动）发挥了更重要的影响。在不同的案例中，这一影响及“发明”和“建构”所扮演的角色的重要性差别很大，这在很大程度上取决于既存的地方性族群构成状况，也会受到先前的政治体制的性质和行为的影响。

在第3章中，我们区分了民族形成的两条路径。第一条是官僚体系的吸纳过程，这导致了基于领土和公民的政治民族的兴起；另一条则是方言动员的过程，这创造了基于族裔和血统的政治民族。在讨论西方以外的民族形成的过程时，如果我们将关注点限定在第一条路径，那么就可以根据民族形成前的政治体制的性质和行为，进一步分出“帝国的”和“殖民的”两种类型。在第一类案例中，我们所讨论的人口单元在形式上是独立和拥有主权的；它并不需要一场解放运动来推翻外国统治，而是要在政治体制和文化自我定义上实现转型。在第二类案例中，这个人口单元不仅必须锻造一种新的文化认同，而且作为处于从属地位的殖民地人民，它还需要从外国统治下被解放出来，获得独立和主权。

让我们从独立国家和“帝国的”路径开始讨论。在这类案例中，民族政治认同是如何锻造出来的呢？对于俄罗斯、日本、波斯、奥斯曼土耳其以及埃塞俄比亚这样的国家或帝国来说，它们在过去甚或当前转变为“紧实的”政治共同体和“领土型民族”的过程是如何实现的呢？

这些开启了民族形成过程的政治体，以及它们实现这一成就的路径，拥有以下几个主要特征：

1. 它们拥有“水平”族群的**贵族制基础**。尽管这些国家可能也会拥有一些大众性要素（正如俄罗斯、埃塞俄比亚、土耳其和日本的情形），但它们总体上是由贵族式的文化和传统主宰的，并且其中还经常掺杂着宗教力量和神职人员的影响。
2. 它们**包含重要的少数族群**。这一点在不同案例中差别很大，一些帝国包含许多规模很大的少数族群（例如，俄罗斯、埃塞俄比亚、奥斯曼土耳其），而另一些只包含少数几个（日本）。

101 3. 它们的官僚制国家具有**“现代化”的特点**。这一点同样在不同案例中差别很大（将日本与奥斯曼土耳其或埃塞俄比亚进行对比），但是它反映了占主体地位的核心族群及统治阶级对处于从属地位的族群和阶级的统治能力。
4. 频繁利用**“官方的”和制度化的民族主义**。为了巩固统治并使全部人口同质化为一个紧实的民族，统治阶级试图通过民族主义教育工程来同化少数族群。这一工程是建立在一套主要的制

> 度基础上的。为了达到这个目标,他们大力宣传一套官方的民族缔造理念和想象,并要求所有人都必须遵从它。这个官方理念将阻止任何其他理念、象征符号或想象出现。

这条帝国路径及其官方民族主义工程的内容,就是要将建立在族裔基础上的国家和帝国转变为紧实的领土型政治民族。那么,它所取得的成就究竟如何呢?

在这个领域的成功,既取决于地缘政治,也依赖于社会变革。宽泛地说,如果主体族群及其统治者不再将自己与帝国遗产捆绑在一起(这通常体现为重划国家边界,就像土耳其的案例那样),或者“帝国”既不包含其他连续或海外的领土,也不包含不同族群的居民(就像日本那样),那么致力于建立民族—国家的运动就比较容易实现目标。

从社会的层面来看,如果旧的统治贵族被中间阶级和下层阶级所取代(这并不一定要通过暴力的方式),但却保留下了他们的族群文化遗产,并使之适应新的情况,那么建立民族—国家的目标就比较容易实现。除非在占主体地位的核心族群内部还存在另一种富有活力的大众性共同体,否则,过于激进地抛弃历史遗产只会给未来埋下文化和政治认同上的隐患。

根据这些标准,到目前为止,通过帝国路径来形成领土型政治民族的尝试只取得了部分成功。通过考察几个具体案例,我们就能够看出这一点。

1. **俄罗斯**　沙皇统治的最后一个世纪,既见证了在社会和政治制度方面的现代化尝试(经常被打断),也目睹了通过强制推行俄罗斯文
化与东正教来使帝国大部分人口俄罗斯化的官方民族主义。同时,尽 102
管农奴制于 1861 年被废除,但在占主体地位的俄罗斯核心族群内部,

统治者与被统治者之间的鸿沟却扩大了。贵族阶层的西方化文化，与农民大众的东正教信仰与仪式，表达出了相互对立的对“俄罗斯”的憧憬。[3]

十月革命否定了这两个版本，并代之以马克思主义的“无产阶级”替代方案，从而实现了从俄罗斯帝国向一个包含了大多数重要边缘族群的苏维埃共和国联邦的转型。然而，后来的国内战争、“在一个国家内建立社会主义”的目标，尤其是抵抗纳粹的卫国战争，使得苏联在一定程度上回归了大俄罗斯民族主义的传统甚至宗教遗产。今天，人们正在文化乃至制度层面上更加公开地追寻这一遗产。同时，尽管这只是在改革（perestroika）背景下的部分回归，但伴随着它而来的，却是非俄罗斯族的大众性族群日益增长的民族主义诉求，而这种诉求将使社会主义的愿景及其联邦形式陷入危机。[4]

在这种情况下，苏联有必要推迟在各个社会主义民族间实现更大合作的计划，并可能无限期地延缓使它们相互融合的理想。因此，除了由若干独立的民族认同与政治共同体构成的真正的联邦体制外，我们不能再简单地设想出现一种苏维埃民族认同或一个苏维埃政治共同体。[5]

2. **土耳其**（Turkey）　奥斯曼统治的最后七百年见证了针对帝国基础的不间断改革［“坦志麦特”（Tanzimat）］，其中包括要实现所有国民的平等与公民权的“奥斯曼主义”，以及在阿卜杜勒—哈米德统治下的“伊斯兰主义”，后者在提升信仰伊斯兰教的居民的福利的同时，并未废除所有国民的公民权。

然而，由于帝国的基督教部分和穆斯林部分相继分裂了，由贵族体制下的伊斯兰精英领导的现代化尝试失败了。正是在这一背景下，一种新的泛突厥（Pan-Turkist）意识形态在部分知识分子中出现了，并在

1908年政变后被一些专业人员和军人所采纳，从而加剧了帝国内的非突厥群体（包括阿拉伯人）的疏离感。[6] 103

这是一种限定于安纳托利亚地区的突厥民族理想。正是以此为基础，凯末尔·阿塔图尔克（Kemal Atatürk）建立了他世俗的、西方化的民族主义。事实上，他精心地策划了使突厥人的心脏地带从奥斯曼帝国和伊斯兰教权国家中分离出来的行动，并抛弃了奥斯曼主义和伊斯兰主义的理想，在城市中推动实施了一系列现代化的社会和文化改革。通过这些措施，帝国被重新界定为一个紧实的领土型政治共同体，并与安纳托利亚突厥人的族裔民族相匹配。然而，凯末尔主义者也认识到：基于领土和公民的民族概念，还需要在民族的文化认同方面拥有稳固的根基，因此，他们利用了"突厥人起源于中亚，继承了乌古斯汗的血统，并且拥有（纯洁的）古老原始语言（'太阳语言理论'）"这个理论，从而试图创造出必要的族群神话、记忆、价值和象征符号。[7]

尽管领土概念取得了显而易见的成功，但它的族裔基础却遭遇严重的挑战。小型的城镇和乡村继续表现出强烈的伊斯兰忠诚与情感；甚至在商人中间，突厥主义的理论和象征符号也没能取代这种更为广泛的忠诚。泛突厥主义始终有一批喧嚣的追随者，同时，马克思主义也拥有一小群支持者。突厥民族认同的**内容**（如果不是形式）再一次被证明是难以实现的。[8]

3. 埃塞俄比亚 直到19世纪末，在孟尼利克（Menelik）的统治下，埃塞俄比亚这个国家才发展成为一个帝国。它包含了大量的穆斯林人口，数个少数族裔群体，还有盖拉人（Galla）、欧加登地区的索马里人及厄立特里亚诸群体等类别。在过去数百年的时间里，阿比西尼亚高原上的主体族群一直是信仰基督一性论的阿姆哈拉人（Amhara），但直到本世纪，他们的统治者才开始追求一种官方的阿姆哈拉民族主义，并力图创造一个阿姆哈拉化的“领土民族”。20世纪60年代，在海尔·塞拉西（Haile Selassie）的统治下，诸项现代化政策也开始推行；然而，这些改革措施来得太迟了，它们既没能使这个国家摆脱严重的经济困境，也无法阻止知识分子的挑战。在一场灾难性的饥荒后，1974年的军事政变推翻了“犹大之狮”*的统治，但无论是他的现代化政策，还是针对蒂格雷人（Tigréan）、盖拉人、索马里人和厄立特里亚人的族群分离主义而发动的集权化政策，都被延续了下来。在这些政策的执行中，苏联提供了支持，
104 甚至进行了粗暴干涉。与他们反基督教的马克思主义和土地改革计划一起到来的，是一项对族群进行重新安置的政策。该政策的目标之一，是将“德哥”政权**塑造成一个社会主义的非洲领土型民族的形象。然而，这里仍然充斥着关于认同的问题。尽管基督教堂受到了攻击，但阿姆哈拉人仍然是主体族群，而门格斯图***政权则将马克思主义与阿姆哈拉人的基督教符号体系结合在了一起。事实上，埃塞俄比亚的疆域能够保存下来，功劳应更多地算在孟尼利克而非马克思的身上。如果埃塞俄比亚不打算重新划定国家边界，那么对贵族制—神权统治的历史进行过于激烈的抨击，就可能会损害埃塞俄比亚作为一个民族的存在理由。[9]

4. **日本**　毫无疑问，日本是经由帝国路径实现现代化民族主义的最成功案例；然而，无论在文化层面，还是在政治层面，它同样受到认同

---

* 海尔·塞拉西被称为“犹大之狮”。

** “德哥”（Dergue），即“军队、警察和地方军协调委员会”，是1974年的埃塞俄比亚军事政变的领导机构。

*** 门格斯图·海尔·马里亚姆（Mengistu Haile Mariam，1937—　），当时执掌德哥政权的独裁者。

问题的困扰。

与大多数人口单元相比，日本人具有更大的族源同质性和地缘政治优势，因此，日本人的族裔共同体早在中世纪初期就实现了统一。这是平安时代和奈良时代*的帝国遗产与此后一系列封建政权（镰仓幕府、足利幕府、德川幕府）所带来的结果。尽管封建领主间长期战争不断，但这并未影响族裔共同体的形成。截至17世纪初，日本已经发展为一个族裔国家，仅存在规模很小的少数族群——居住在北部地区的阿伊努人（后来又增加了朝鲜人）。在德川幕府时期，封建专制主义实行闭关锁国政策，这进一步强化了将国家与族群等同起来的状况。[10]

1868年的明治维新是由一些武士集团领导的，他们推翻了幕府体系，代之以一个现代化的帝国体制。这个新体制不仅开放地接受必要的外部影响，并且下定决心要以帝制来支持经济和政治改革，从而获得与西方强国平等的政治地位。

为了实现这个目标，明治政权的精英们利用了儒家思想、农民效忠于领主的传统、家族主义和村庄共同体，来加强天皇体制的统治地位，从而将一个政治消极、经济分裂的族裔共同体转变成了一个更具凝聚力、经济上更集中、成员更积极的政治共同体，并由此创造出了一种日本人的民族政治认同。在这里，尽管明治政权没有忽视那些能够被整合进帝国统治体系的大众性传统，但它创造现代日本民族的主要基础和手段，还是贵族（武士）文化及其族裔国家。[11] 105

尽管现代日本民族认同具有稳固的族裔基础，但其结果依然存在问题。在第二次世界大战期间，天皇体制曾充当了侵略性的民族主义与法西斯主义的堡垒，但时至今日，它已失去了往日的神秘感和相应

* 平安时代，公元794—1185年；奈良时代，公元710—794年。

地位，并且境况不佳（至少就目前而言）。尽管有些人在鼓吹一种谨慎的“复兴主义”的政治民族主义，但由于忠诚已变成一个悬而未决的问题，因此日本民族的政治认同的基础并不牢固。日本人对自身民族独特性的深切关注，总是周期性地重复出现，这在被称为“日本人论”（nihonjinron，对日本人的讨论）的文献中表现得尤为明显。在任何涉及对民族**文化**认同进行重新定义的文化民族主义中，这都是一项至关重要的内容。尽管这种关注是由不同阶层的知识分子明确表达出来的，但它已经被大型日本企业的商业精英所接受，并用来强调日本独特的社会性和整体性文化。然而，对日本人的民族认同而言，这在多大程度上构成了持久而全面的文化或政治基础，还有待继续观察。[12]

在这些例子中，作为意识形态和象征体系的民族主义，将民族政治认同的全新概念嫁接到了既存的“水平”族裔认同上。这个过程只取得了部分成功。它的成功，既取决于这个国家中人口的文化同质程度（它在多大程度上是一个族裔国家），也取决于它能否使自己从帝国和具有独特文化的共同体中超脱出来。如果这个过程能够取得相对的成功，那么民族主义的理想和象征体系就有助于将一个帝国共同体重新定义为一个相对紧实的民族和政治共同体。

从殖民地到民族

到目前为止，大部分非西方国家都是从欧洲强国的海外殖民地发展而来的。在大多数这类案例中，文化认同与政治认同是同时缺失的。对一个殖民地人口单元而言，它所拥有的任何认同或团结，首先都来自殖民势力所推行的合并政策或变革措施。黄金海岸、尼日利亚、象牙海岸、比属刚果、肯尼亚、埃及、伊拉克、印度、缅甸和印度尼西亚仅是其中的几个例子。在这些地区，那些正在被锻造的民族（无论是它们的边界还是特征）都是由殖民国家定义的。 106

关于殖民地国家的研究文献汗牛充栋。由于欧洲国家——法国、比利时、葡萄牙、英国、意大利、德国和俄罗斯（在中亚和高加索）——的殖民政策多种多样，所以任何对殖民主义的影响进行一般性概括的尝试都是危险的。然而，还是有一些情形是普遍存在的，尽管它们并不会出现在所有的案例中。

这些情形包括：

1. 殖民地国家及其行政精英的族裔基础来自海外。正如阿拉维（Alavi）所强调的那样，殖民地国家并不是从本地的市民社会中生长出来的，而是宗主国社会与那些宗主国所不能容纳的行政特征相混合的结果。换句话说，殖民地国家是一种混合物，是一套架设在文化异质的政治共同体上的外国行政机构。[13]
2. 通过条约和政令来创造政治边界，且仅是部分地参考了族裔边界；通过官僚体系来建立单一的政治体系，将之前彼此分离的族裔共同体和类别都吸纳进来。殖民地国家不仅使许多族裔单元的规模大幅扩张（即使是印度，过去也仅在孔雀王朝的统治下实现过一次短暂的统一），还第一次为这些被包含进来的人口的互动与忠诚划定了**领土空间**。[14]
3. **领土爱国主义**正是在这个空间的基础上发展起来的，又受到其边界的限制。这种全新的领土爱国主义得到了大多数行政当局的直接支持（法属西非的情况较为不同，这里的非洲精英执行的是一种塑造法国“认同”的政策）；同时，它也是殖民地政权将经济交流与法律规定都限定在各领土单元内部的产物。结果，在精英中产生了对“尼日利亚”、“肯尼亚”、“缅甸”的最初归属感。[15]

4. 在每个殖民地内部，专业人士和受教育阶层都上升到重要地位；这既可能是由殖民政策直接规定的，也可能是教育供给水平提高的结果（例如，在比属刚果就是这种情况），尽管殖民壁垒依然存在。这些“知识阶层”通常在随后的民族主义运动中扮演了关键角色。[16]

107 5. 传教士、教会学校及其他教育机构提供了“从殖民统治中解放出来，获得自由”的理想。在这里，知识阶层的作用是最为明显的：正是这个阶层最彻底地接受了这样的理想，并力图在现实中实现它。

6. 本地居民及其文化即使被殖民当局、商人和士兵保存了下来（有时是选择性的保存），其价值也都遭到了贬低，并且这种贬低经常带有强烈的种族主义动机。[17]

毫不奇怪，这类反映了殖民地环境特征的民族主义，被许多作者称为“反殖民的”的民族主义。这一说法暗示，一旦实现了从殖民统治下独立出来的目标，这类民族主义的潜力也就枯竭了。它们并不是“真正的”民族主义运动，因为根本就不存在实际或潜在的民族（也有几个例外，如索马里）。这种反殖民主义还有另一面：它是西方化导向的，并且它的支持者（知识阶层）也是被排斥的。这类民族主义正源自“知识阶层被排斥在殖民政府之外”这一状况，并致力于扭转这种态势。从这个意义上讲，它确实是反殖民的。它让我们重新回归“怨恨”这个主题。由于被不公平地排斥，知识分子（现在是知识阶层）充满了愤怒和沮丧之情。他们中有如此众多的人仰慕西方及其价值观，而这种单相思的情形使这些情感变得更加强烈。殖民地民族主义的确是一个在出生时就已死亡的胎儿；它是“知识阶层仿制的民族主义”，无法锻造出真正的民族。[18]

有一个结论是无可争辩的，即知识阶层**曾经**被排斥在许多殖民地政府上层之外。这种排斥既是结构性的，也是文化性的。一方面，受教育人口与合格毕业生的数量超过了殖民机构所能够提供的职位数量；另一方面，存在针对黑人或混血候选人的种族歧视，无论他们是否具有相关资格。后一种问题在印度和英属非洲表现得尤为明显，而在法属西非则没那么严重。[19]这有助于解释为什么英属殖民地的知识阶层的政治化趋势出现得更早，表现也更为坚定。然而，后来在西印度群岛和西非的法属殖民地上，也爆发了强烈的黑人文化自觉运动（cultural movement of Négritude）。这个事实表明：尽管官僚机构对知识阶层的排斥是殖民地民族主义起源的一个重要因素，但它并非唯一要素。同 108
时，对于贬低本土文化的行为，我们也必须给予公正的评价，就如同我们必须允许半西化的知识阶层"回归"农民大众。[20]

事实上，殖民地民族主义的发展动力不能被化约为单一要素，无论这个要素有多么重要和普遍。这类民族主义的多样性反映出它们在背景和影响上存在许多差异。许多因素都会对特定的殖民地民族主义的时机、规模、方向和强度产生影响，其中包括该地区的经济发展程度、资本主义渗透进本地社会结构的程度、本地的资源和基础设施（港口、道路等）的性质、殖民者共同体的状况、殖民经济和政治政策被强行植入的程度，以及城市化和教育普及的程度。同样重要的因素还包括特定殖民地的知识阶层和资产阶级所接受的文化影响的性质。例如，在英属和法属西非，卢梭和密尔的影响有助于在这一地区塑造民族主义运动的抱负、语言和意识形态；而在印度，这种影响中随后又增加了赫尔德和德国浪漫主义的思想，这一点在奥罗宾多（Aurobindo）和提拉克的思想中表现得尤为明显。[21]阿拉伯的民族主义者同样被德国浪漫主义关于语言、民族精神和使命的观念所吸引，而犹太复国主义则是由俄国的民粹主义和西方的自由主义（以赫茨尔所构造的形式）共同塑造的。[22]

尽管我们只是如此简略地描绘了殖民地民族主义起源中所包含的要素，但这已经显示出“反殖民主义”这个术语的字面意义所具有的局限性。然而，这不同样也证实了它们在根本上具有“模仿性”和“应对性”的特征吗？非洲和亚洲的知识阶层难道不正是从外国吸收了民族主义的思想，然后利用它们，“在民族不存在的地方发明了民族”吗？

另一个事实同样是无可争辩的，即殖民地知识阶层的许多成员的民族主义思想都受到了欧洲思想源头的影响，无论这种影响是通过在外国学习或旅游得来的，还是通过阅读图书馆或家中的书籍获得的。同样毫无疑问的，是西方学术思想的影响。正是琼斯、穆勒（Müller）、勒南（Renan）、康恩（Cahun）、阿米尼乌斯·范伯利（Arminius Vámbéry）、
109 齐默（Zimmer）、里斯（Rhys）和其他学者的研究，帮助定义了我们所讨论的地区或共同体的特征、边界与问题，并使民族主义的语言和概念传播到非欧洲地区，尽管这并不是这类研究的有意之举。[23]

然而，这些研究找到了生根发芽的肥沃土壤。“理念扩散”的论点只能部分地解释民族主义的兴起。正如我们将看到的，相对于它们在领土型文化与政治认同的塑造中发挥的作用来说，这些研究对建立在“垂直”族群基础上的大众性民族主义的影响更大。事实上，在非洲、拉丁美洲和亚洲，知识阶层中有足够数量的成员乐于在某些特定时刻接受欧洲浪漫主义和民族主义的影响，而这一现象，需要用另外的观点来解释。在下一章，我将再谈到这个问题。

民族是被“发明”的吗？

在这里，我们关注的是从殖民框架中兴起的公民和领土型民族主

义,它们为拉丁美洲、非洲和亚洲形成新的政治认同提供了工具。这些认同在多大程度上是殖民地知识阶层及其后继者的发明?在实践中,非洲、亚洲乃至拉丁美洲的这些新民族是如何正在被创造的?

在欧洲以外的地区创造公民—领土型民族,似乎存在两种主要方式。第一种是"主体族群"的模型。在这个模型里,新国家的核心族裔共同体的文化成为新的民族政治认同与共同体的主要支柱。尤其当我们所关注的这种文化能够声称自己是"历史性的",并且依然"活"在核心共同体中时,情况更是如此,就像印度尼西亚的爪哇文化那样。尽管其他文化也可以继续发展,但这个正在出现的政治共同体的认同,是由它的主体族群的历史性文化所塑造的。

埃及提供了一个令人印象深刻的例子。尽管说科普特语的少数族群仍然在蓬勃发展,但支配着官方民族认同的,是多数族群的阿拉伯语和伊斯兰文化。一方面,埃及形成了一个紧实的领土民族;但另一方面,它的文化认同显示出了不同的历史层次,以至于在本世纪出现了一种纯粹的埃及"法老主义",从而与涵盖范围更广且占主导地位的伊斯兰阿拉伯主义形成对立。这些文化差异已经一次次地溢出文化领域, 110
进入政治领域:在纳赛尔统治时期,早期的"埃及人的埃及"的政治情感让位于更具有扩张主义色彩的大众性阿拉伯主义;而在纳赛尔的后继者统治期间,它又悄无声息地回归到更为局限的对埃及本身的重视。埃及的领导者能够在多大程度上将他们的公民—领土模型与多数族群的伊斯兰大众性渴望结合起来?关于这一点,我们还需继续观察。但在实践中,埃及民族的"发明"过程,在很大程度上是由早已存在的族裔—宗教共同体纽带与情感所限定的。[24]

缅甸的情况同样如此。尽管存在激烈的文化冲突,但缅族文化还是占据了主体地位。这种文化既历史悠久,又生动鲜活,从而缩小了被"发明”的缅甸民族所能够实现的领土规模。即使只考虑人口和历史因素，也只有缅族人和他们的历史文化才有可能决定缅甸政治认同的性质。尽管缅族人的族性和历史文化已经与当前政体的意识形态及生机勃勃的少数群体的族性交织在一起，但它依然是鲜活有力的，这导致他们与克伦人、掸人（Shan）、孟人（Mon）及其他族群间的冲突愈加难以停息。[25]

在肯尼亚，同样存在一个明显的基库尤化过程（Kikuyization）。在这里，主体族群周期性地遭到其他族群［尤其是卢奥人（Luo）］的挑战；然而，还是占主体地位的基库尤人共同体的抱负、需求和文化，对“肯尼亚”的领土型民族产生了最重大的影响。在津巴布韦，情况也与此类似。正在形成的对津巴布韦人身份的认同感，是由修纳人（Shona）的文化和历史记忆塑造的，尽管它也需要满足重要的少数族群［恩德贝勒人（Ndebele）］的愿望。[26]

在这些案例中，建构民族的过程与其说是“发明”，不如说是对核心族群进行“重构”，并将它的文化与现代国家的需要及少数族群的愿望结合起来。照此看来，它在某种程度上类似于中世纪晚期的欧洲王国的情形。正如我们所看到的，这些王国同样是围绕着核心族群建构起来的。它向外扩张，将邻近的土地和族群都纳入自身范围，然后它又必须要压制或满足这些少数族群的要求。然而在非洲和亚洲的各个案
111 例中，时代范围和意识形态背景都是极为不同的。考虑到具体的地缘政治条件，这些新国家的政权具有相当巨大且急迫的动力，去创造欧美式的民族，因为只有这样才能够在国际舞台上进行竞争。此外，在意识形态方面，这些政权都致力于“民族建设”（nation-building）的工程。在实践中，这意味着建设国家政权，并进行民族整合与动员。这同样需要形成一种民族性的文化与政治的认同，从而将自身与邻近民族清晰地区别开来。若想在后殖民主义的框架内通过大众动员来创造“新”民

族，并为这个新民族锻造出政治与文化认同，那么对主体族群现成的文化独特性加以利用，就成为一个有吸引力的方案。

在殖民地环境中，创造公民—领土型民族的第二种方式，是为政治共同体寻找能够创造出一种超族群“政治文化”的途径。在这类案例中，不存在公认的主体族群：新国家要么由若干规模相当的小族群构成，其中任何族群都不能占据主体地位，要么像尼日利亚、乌干达、扎伊尔和叙利亚那样，存在许多彼此竞争的族群。

尼日利亚提供了经典例证。它拥有两百五十来个族裔共同体和类别。占全国总人口60%的三个主要的地区性族群，都深陷于政治与经济的竞争。“尼日利亚”的殖民地领土是在相对晚近的时期才由英国人创造出来的，在独立后成为形成民族的基础之一。由于三个主要族群——豪萨—富拉尼人（Hausa-Fulani）、约鲁巴人（Yoruba）和伊博人（Ibo）——规模相当且相互竞争，尼日利亚人的文化与政治认同的构建就必然是一项艰巨的任务。结果，经过了两次政变、数次对伊博人的屠杀和一场毁灭性的内战，通向公民—领土型尼日利亚民族的条件才被创造出来。然而，豪萨—富拉尼人的族裔联合体的政治主导地位并不稳定，这必将导致任何试图通过政治手段来锻造泛尼日利亚认同的努力都将遭到质疑。各族群间存在深刻的文化和宗教差异，因此，几个“陷于”少数族群地位的较大族群（埃菲克人、蒂夫人、伊比比奥人）会如何行动？三个最大的族群能否将那些由政府创造的新行政州“聚拢”（amass）在一起（以确保占有较大的联邦福利份额）？能否从最近的西非殖民地经历和民族主义斗争中创造出一种共享的“政治文化”？所 112
有这些问题的答案都是不确定的。[27]

在其他案例中，后殖民政权都尽力有意识地锻造超族群的“公民宗教”。扎伊尔和叙利亚为这一战略提供了例子。在扎伊尔，蒙博托（Mobutu）政权反复灌输和宣扬一套共同的“扎伊尔人”的象征符号与宗教，目标是将全然不同的诸多族群或族裔类别熔铸为一个新的扎伊尔民族，从而平息在之前的比利时殖民势力仓促离场和加旦加（Katanga）地区分离运动中爆发的族群冲突。[28]在叙利亚，阿萨德政权致力于以军队和复兴党（Ba'ath Party）的意识形态为基础，来锻造一种全新的社会主义叙利亚政治认同。然而，这一意识形态依然保留了强烈的泛阿拉伯与伊斯兰教的色彩。它利用倭马亚王朝时代的阿拉伯荣耀的象征符号和记忆，试图复兴大马士革，使其成为阿拉伯民族重生的中心。这种做法超越了叙利亚内部的族群和宗派差异。[29]

在印度次大陆，情况更加复杂。尽管旁遮普人是巴基斯坦占主体地位的族裔共同体，但那里还存在许多相互竞争的其他族群；同样，虽然伊斯兰教主要体现了旁遮普人的文化特征，但它还是为更具包容性的领土型“政治文化”提供了基本原理，也为可能形成的民族提供了基础。在印度，尽管存在几个规模很大的宗教少数群体，以及一些更具竞争性的族群和地区，但印度教也发挥了类似的功能。在这里，由英国人强制推行的现代官僚制国家，被北部和中部那些说印地语、信仰印度教的精英所掌控。他们借助一系列相互强化的制度和纽带，并利用印度教的神话、符号和风俗，竭力要将印度众多的地区与族裔共同体熔铸成一个单一的、世俗的、领土型的民族。一种社会宗教被矛盾地加以利用，以便在可容忍的种姓、地域、语言和族群的多样性之上，创造出了一定程度的文化同质性。通过民族主义者的大众动员，印度教的神话体系和价值得以复兴，这成为锻造领土型政治认同这项宏大工程的一部分，而这一认同的基础正是英国统治的成就与边界，以及将全体印度人包纳在内的公共服务体系。[30]

印度的例子表明，无论是被制造出来的政治意识形态与认同，还是
113 让这种认同能被构建出来的既存的族裔—宗教纽带与符号，都是非常

重要的。这个过程包含了文化和政治两个层面的认同。一方面,通过重新发现印度雅利安人的英雄往昔,以及吠陀与印度教的历史遗产,一种关于“印度”的全新文化概念就得到了明确表达和广泛传播。另一方面,这样一个“印度人”群体必须要由一种单一的政治力量来动员。这不只是反对英国人的需要,也是反对各种基于种姓、地域和语言—族裔的其他认同的需要。公民的和领土型的民族主义必须提供一个框架,从而让人们能够实现更具大众性和本土性的印度教大众动员。在这里,民族形成的两条路径是同时存在的,有时还可能令人不快地为关于“印度”的想象与愿景提供不同的模型。[31]

那么,我们能够在什么程度上正当地讨论知识阶层从殖民地中“发明了民族”呢?在大多数这类案例中,“发明”这个要素的重要性在两个方面受到具体情境的制约:一是殖民单元及其边界的“神圣性”程度,即它在多大程度上能够被认可为新的公民—领土型民族的基础。二是一个主体族群的存在,它的文化和政治认同必然将塑造相应的国家、政权及正在形成的民族的基本特征。

在印度尼西亚、菲律宾、马来西亚、缅甸和斯里兰卡,我们都能发现这种模式;在印度、巴基斯坦、伊拉克、埃及、阿尔及利亚、苏丹、肯尼亚、几内亚和津巴布韦,我们也能在一定程度上发现这种模式。许多这类拥有主体族群的国家都遭遇了内部少数群体的激烈反对,这一事实表明,“发明”一种全新的政治文化和神话体系的努力失败了,虽然在这种文化和体系利用族裔民族主义来对边缘的大众共同体进行动员,并赋予他们一种全新而自觉的政治自信时,它能够同时容纳或超越主体族群和少数族群各自的族裔认同。

主体族群以及主体民族采纳了西欧的国家建设与民族形成过程的模式,利用现代国家体制来整合其他的族裔共同体。这项努力经常会激发许多大众性族群的坚决反对，而脆弱的新兴国家几乎无法控制这种反对力量，就更不用说对其进行压制了。[32]到目前为止的已有资料显示：这种基于领土的"创造物"并未拥有必要的资源和稳定性（就更不用说相应的能力），来实现一种超越族性的、合意的政治文化，
114 或使占主体地位的族裔共同体获得政治支配与文化主导的合法地位。

那些没有主体族群的新国家的情况又是怎样的呢？对它们来说，创造一种合意的政治文化与政治共同体的可能性会更大吗？

到目前为止，证据并不乐观。在许多案例中，新国家都尝试消解个体对其族裔共同体的初级忠诚，至少也会不断向他们灌输一种更大的、对"国家—民族"的公共忠诚；然而，这种尝试的结果却是多种多样的。在坦桑尼亚，几个规模较大的族裔共同体并未争夺主体地位；同时，新国家被建立农业社会主义的特殊愿景所推动，并且是由单一政党和一位广受尊敬的领袖所领导，因此，灌输坦桑尼亚人民族认同的工作推进得最为彻底。在其他国家（如尼日利亚和乌干达），尽管坚决的集权化政策和行政管理措施得到了执行，以避免相互竞争的主要族群的政治化，但族群间的敌对关系依然存在。然而，通过国家在学校、新闻、广播和电视上对政治象征符号的坚持使用，受教育程度更高的中产阶级对后殖民领土单元还是拥有了一定程度的归属感。同时，一些早期的后殖民政权试图依靠一种富有活力的"政治宗教"，来动员其多族群人口参与奉献。这种政治宗教将民族视为无罪和无隙的，而将国家（及其领袖）视为民族的政治表达。恩克鲁玛（Nkrumah）统治下的加纳和纳赛尔统治下的埃及就是这种情形。这种方式有助于使"领土型民族"这个相对新颖的概念，以及与之相伴随的政治认同获得合法性。同时，如（1964年的）非洲统一组织（OAU）这类大洲级的组织，也以强硬立场支持按既有殖民地边界对非洲领土进行划分，这进一步强化了

这种合法性。[33]

这种对殖民地边界的神圣性的捍卫被保留了下来,尽管也有一些迹象表明,人们对单一制领土国家这个概念的理解并没有那么僵化,至少在边界以内可以有些变通。尼日利亚宪法将全国划分为十九个州,苏丹人在1980年设立了六个主要地区,尽管后者并没有缓解其南部地区对北方伊斯兰教支配地位的怀疑态度,但这些实验还是显示了人们对单一制领土国家概念的灵活运用。[34]

然而,这些证据以及族群分离运动至今未获成功的结局,都只能算是反证。它们最多只能显示国家作为主要雇主和财政管理者所具有的 115
强制性与经济性力量,但并不能告诉我们在全体人口中是否已经产生一种清晰可见的文化和政治领土认同。正如我们将要看到的,对大众进行动员,让他们更广泛地参与政治生活,将带来相当大的族群分裂的危险;尤其在那些国家机器的控制能力欠缺的地区,情况将更加危险。

在那些采取社会主义或马克思主义路径来超越族性的国家中,到目前为止,创造大众性"政治文化"的努力也只取得了部分成功。在20世纪60年代的莫桑比克,在不存在主体族群且抵抗西班牙人统治的政治运动方兴未艾的背景下,一个关于单一制领土民族的概念被创造了出来。但在安哥拉(与埃塞俄比亚和缅甸的情形相同)抵抗葡萄牙人统治的斗争中,分别以巴刚果人(Bakongo)、奥文本杜人(Ovimbundu)和全本杜人(Akwambundu)为基础的抵抗活动没能统一起来,反而陷入了彼此间的竞争。族性成了政治分歧的基础,并最终导致内战。因此,任何旨在创造初级的安哥拉领土政治认同的进程,都将是缓慢而脆弱的。[35]

更普遍地说,在非西方国家(无论它之前是殖民地,还是旧帝国的某些部分),周期性的族裔运动浪潮证明,大众性共同体中的族裔纽带正在复兴，族裔类别也正在获得政治意义。所有这些都使得在民族不存在的地方“发明”领土型民族的努力难获成功。悖论的是，恰恰是在围绕一个主体族群来建立新国家的地方（正如在西方那样），存在着创造“领土民族”和政治共同体的最好机会。

知识阶层的“公民民族”

我们能够更充分地描述非西方的民族主义者所致力创造的领土型政治认同的本质特征吗？他们的民族主义所追求的是一种什么类型的共同体？

当然，这些问题的答案在细节上将差异很大，而且我们绝不能将它们与现实相混淆，因为现实常常表现为对民族主义抱负的荒谬讽刺。然而我相信，从这些领土型民族主义和它们所力图锻造的政治认同中，我们还是可以选出一些重复出现的特征。这些特征包括了下面将谈到
116 的几项。

1. **领土主义** 我用这个术语来指代一种政治承诺，它不仅针对特定的边界（无论这些边界是如何产生的），也针对那些位于其他领土民族边界内的特定的空间与社会的位置。这一承诺的基础是对“居住地及地理上的邻近性要远比血缘和谱系重要”这一观点的认可。“共同生活”并“扎根”在一块特定的土地上，成为判别公民身份的标准和政治共同体的基础。与这些标准相伴而来的还有以下观念：要回归质朴而自给自足的农业生活，回归不曾被城市奢华所腐蚀的乡村美德。

民族被视为领土型的**祖国**（patria），它是一个人出生和度过童年的地方，是壁炉与家的延伸。它同样也是一个人的祖先生存的地方，是古

代的英雄与文化生长的地方。因此，从领土民族主义者的观点来看，**在这同一个地方**，将早期文明的纪念物、工艺品以及那些能使领土民族获得荣耀与独特性的文化成就据为己有的做法，是完全合法的，尽管这个领土民族自身（在今天）可能并不具有这类成就。因此，当代的伊拉克人可能会将从汉谟拉比到尼布甲尼撒的古巴比伦文明据为己有；加纳人可能会将位于其北面很远的中世纪加纳帝国的荣耀挪为己用，而津巴布韦人则可能试图将大津巴布韦（Great Zimbabwe）的文明整合进自己的政治自我形象。换句话说，**祖国**必须成为一块历史性的领土（historic territory）。[36]

2. **参与**　至少在理论上，所有的民族主义都倡导积极的全民参与。但在实践中，这种参与则是与情境高度相关的。对领土型民族主义者来说重要的是，这种积极的全民参与必须建立**在领土和公民的基础上**。这是一种经常被实践的领土型民粹主义，这份诉求越过了首领、长者、宗教领袖、村庄头人等人物，直接面向该民族（或即将形成的民族）的每个潜在公民。在黄金海岸，恩克鲁玛的人民大会党通过它遍布乡村的分支机构，呼吁不同族裔共同体和类别的成员组成平民助威团来支持该党及其领导者。这种呼吁的基础不是族裔、宗教或家族，而是作为居民的个体。他们因居住于这块领土而成为公民，也因为这块领土而成为民族。[37]

与此类似，一党制仅允许在组织内部进行争论，它是以全部领土为 117
基础组织起来的，并力图将国家领土上的每位公民都包含进它的活动中。（关于这一规则，存在一些例外情况，我们将在下一章中予以讨论。）

3. **公民身份**　这一点同样不是领土型民族所独有的特征（任何类型的民族都规定了法定公民身份），但在领土型民族与民族主义中，它扮演了一个特别重要的角色。在这里，公民身份不仅被用来强调民族成员资格，从而将“我们”与“他们”区别开来；而且，它还要被用来与其他效忠关系与身份认同（尤其是基于族群的效忠与认同）进行竞争并取胜。由于族群认同通常具有显著的影响力，因此，法定公民身份就带有强烈的道德和经济暗示。在划定排斥与包含的边界和确定（在就业、教育、健康保障等方面的）福利覆盖范围时，公民身份将成为首要标准，而个体的族裔起源则不会被纳入考量。

这个原则同样是被违背的情况多于被遵循的情况，但在通向公民—领土型民族理想的道路上，它依然是一块试金石，并成为政治共同体中的个体主张法定权利的基础。

4. 公民教育　这可能是领土型民族主义及其力图创造的身份认同的最重要特征。评论者经常讨论新国家政权在全体人口中推行扫盲运动和发展初等教育（有时还包含某种中等教育）的重要意义。在领土型民族中，这类教育的内容同样重要。如果课程是根据世俗的和西方式的原则设置的（除了在一些伊斯兰国家），那么它的精神就大体上是“公民的”。也就是说，教育给民族共同体带来的益处，与它给个体带来的一样多。它更强调个体为共同体服务的方式以及他或她所承担的责任，尽管这些观点往往并不需要直接传授，而可以通过社会赞许的间接方式来传达。[38]

在教育体系中，对“公民性”的强调并不是非西方民族或领土型民族所独有的现象。它可以追溯到法国大革命时期的雅各宾派爱国者；
118 它既是法兰西第三共和国的一个特色，也是现代美国教育体系的一个
特色。在领土型民族中，这一特征的重点仅在于：由于强调培养公民身份，同时不强调对族群成员进行方言教育，因此，公民性要素扮演了更

重要的角色。有观点认为,如果想要在长期内消除族群间的分歧,那么唯一的方法就是公开强调对一种包含公民平等精神和兄弟友爱的社会习俗的灌输。在这类教育中,至少有部分内容也可以被认为具有公民性,因为它可以通过语言(假设将存在一种通用语)、历史、艺术与文学来传达新民族(或即将形成的民族)的政治神话和象征体系。这些在反殖民斗争以及争取社会与政治解放的运动中产生的神话、记忆、价值和象征符号,指向了全新的乃至革命性的方向。同时,对遥远的英雄与"黄金年代"的追忆,在今天依然能够激发类似的自我牺牲精神。公民教育将使所有这一切都获得合法性。[39]

谁将获益? 领土型民族主义者倡议的所有这些抱负和理想,最终将服务于谁的利益?

人们可能很愿意这样回答:资产阶级、中间阶级(middle class),甚至知识阶层——人们对每个社会类别的定义,将决定对其特征的描述的准确程度。这个答案是吸引人的,但它却具有误导性。

在文化层面上,民族主义(作为意识形态和语言)可能的确是知识分子制造出来的产品,而且知识分子可能也的确容易被它的承诺吸引。然而在政治层面上,我们很少能看到严格意义上的知识分子参与民族主义运动。他们的位置被各种其他群体所取代。使事情更为复杂的是,在不同的社会中,"同样的"社会类别可能具有不同的含义。

资产阶级的案例就清晰地表明了这一点。在马克思主义理论中,这个术语当然是有精确含义的。但在那个时候,它的使用范围是被限定在资本主义或准资本主义社会内的。后来它的指代范围扩大,将军官、警察、上层官僚和政客、传统精英及自由职业中的优秀者都包含了进来,从而构成了马科维茨所说的"组织性资产阶级",此时它的含义就被稀释了，它的解释力也受到了损害。[40]被普遍使用的“中间阶级”和“知识阶层”这两个术语，也存在类似的情况，它们被赋予了多种多样的特征，如“自由流动”（曼海姆）、“现代化”（J. H. 考茨基）和正在崛
119 起的“新阶级”（古德纳）。[41]

事实上，从比较的视角看，民族主义运动的社会构成既是跨阶级的，也会因历史情势和运动阶段的不同而大相迥异。在民族主义运动的支持者中，不仅能够发现“工人”和“农民”（或他们中的一部分），也会发现官员、低等神职人员、低等（有时甚至是高等的）贵族，同时还会发现严格意义上的知识分子、商人和实业家、技术人员和自由职业者。我们不应对此感到震惊。我们已经见识过民族认同这个概念是多么复杂、抽象和多维度，以至于在不同的社会情境下，不同的社会群体都能通过对这个尽管抽象但在情感上却异常具体的民族的认同，来感到自己的需求、利益和理想得到了满足。[42]

尽管有这些需要注意的地方，但我们还是可以合乎情理地提出这样一个问题：谁将获益？（cui bono）在不同的时代，建立在领土和公民基础上的民族认同，将特别服务于谁的利益？

于是这样的情形再次出现了：在**早期**的领土型民族主义中，尽管其他社会群体也经常有积极表现，但担当主要角色的是一个特别的群体。这个群体经常被称为知识阶层[intelligentsia，在这里要与范围小得多的知识分子（intellectual）群体区分开来]。我们在使用这个术语时，仅指代专业人员（professional）。

早期的公民和领土型民族主义的主要支持者，都是这样的专业人员（律师、医生、工程师、记者、教师等），尽管在某些案例中，许多生意人、管理人员和商人也被它关于市场的承诺所吸引，因为新的公民民族当然会在一定程度上允许资本主义企业发展，以形成一个集权、规范并

覆盖全部领土的市场。

在做出这样的论断时，我们一定要异常谨慎。专业人员并不总是公民民族的意识形态的创造者。他们的作用更多是实践性的：传播这个理念，并在政治制度和行动中将其变为现实。大多数知识阶层的成员（专业人员）也没有经常参与这类行动。许多人只关心他们自己的职业前景。当然，除了在特殊情况下，那个时代的许多人都不参与社会运动。[43]

然而，在前殖民时代，并不存在得到充分发展的公民社会，国家及其官僚机构占据着支配地位。因此，在反殖民的民族主义的发展过程中，在独立运动爆发前夜及随后的一段时间里，对沟通技能的需 120
要就将专业人员放在了领导者的位置上。在非洲各国独立后的初期立法机关中，居于领导地位的社会群体正是那些专业人员，其身后的跟随者则包括企业家、管理人员和商人。在亚洲和非洲国家刚刚独立的时候，许多领导者也都属于专业人员的阶层，其中一些还曾到西方高等教育机构学习，如肯雅塔（Kenyatta）、恩克鲁玛、胡志明、曼利（Manley）、桑戈尔（Senghor）和甘地。他们代表了一个规模更大的群体，而这个群体对西方的基督教理想与殖民主义政治现实之间的鸿沟深感失望，因此寻求回归他们自己的共同体，通过他们自己的人民来实现他们的弥赛亚梦想。然而，他们大多数人并没有在完全意义上回归那些人民；他们借用了西方的公民和领土型民族的模型，并将其应用于自身所在的共同体。换句话说，他们的方案并不是一个真正的"族群方案"，因为他们必然或首先要回归的并不是那个特别的族群。即使当环境迫使他们从组成殖民地国家的众多族裔共同体中选择一个来建立自己的权力基础时，他们也还是渴望能够在殖民势力撤出后统治全部领土，并创造一个能掌控或替代小规模族裔共同体的全新的领土型民族和公民政治认同。[44]

事实上，经过改造的公民—领土型民族的模型，与专业人员（以及范围更小的商业资产阶级）的地位需求及利益之间，存在一种“选择性亲和”关系。专业人员所渴求的是一份“基于才能的职业”，一份配得上他或她的技能的收入，以及一个与职业尊严相符合的社会地位。在倡导公民意识形态的领土型民族中，这些需求最容易得到满足，尽管这种意识形态也要根据地方性的共同体信仰和需求进行调整。这类民族的公民—领土模式的主要特征包括：包含平等权利与义务的普通公民权；以居住事实为基础的领土主义，不存在任何地理或社会意义上的流动壁垒；鼓励公民积极参与公共事务；以及最重要的——标准化的、公共的、公民性的教育体系，且通常传授世俗化和理性化的内容。所有这些特征都有助于实现那些有抱负的专业人员的兴趣和
121 地位需求。

这并不是民族的领土—公民模型得以存在的唯一原因，可能也不是最主要的原因。毕竟，这个模型是国家间秩序和对国家的司法定义的基础性假定。但无论如何，地方知识阶层的领导作用是不应被忽视的。他们要在公共领域实现社会整合与文化同质性，他们还要建立一种与族裔民族主义者的主张不同的政治共同体形象。这些努力都有助于使国家间体系（inter-state system）及其各组成部分的空洞结构变得具体而充实。尽管现实通常与他们力图建立的理想形象相去甚远，尽管许多人口单元都没能对一个基于领土和公民性的共同体产生认同，但想要实现这个理想形象（实现一定程度的整合与同质性）的压力，却始终是强劲有力的。

不可否认的是，这些理想形象和压力在不同社会具有不同的内涵；在安哥拉、尼日利亚和巴基斯坦，同质性、公民教育或领土参与可

能多少会有些不同的意味。然而对许多非西方国家的专业人员、商人和官僚来说，他们中间依然存在着一套关于公民—领土型民族主义的通用语言——通用的概念和象征符号。在国家间体系中，这套语言不仅构成了这些国家及其精英的行动基础，也为他们的关系与行为赋予了意义。

然而在当代世界，这只是众多民族主义意识形态和语言中的一种。它在许多方面都面临着挑战，尤其是来自一种与之对立的民族主义与民族认同的挑战。现在，我们就将转而讨论这种与之对立的模型及其政治后果。 122

第6章

分离主义与多元民族主义

民族主义对民族认同的兴起与扩散的影响，并不仅限于它创造了领土型民族。它更重要当然也更具爆炸性的意义，或许是它在族裔民族的形成中所扮演的角色。正是族裔民族主义对世界秩序的挑战，使得民族主义和民族在许多地区都背负了极大的坏名声。为了检验这一判断的有效性，我们需要对族裔民族主义在当今以及过去不久的影响进行更细致的考察。

首先，我们需要回顾两类民族模型（公民—领土型民族与族裔—血缘型民族）和两条民族形成路径（官僚体系的吸纳与方言动员）。第一类民族是由贵族政体的精英从水平共同体中创造出来的，它通过强大的国家来把社会下层和外围地区吸纳进来。我们可以预测，无论是对政治版图内的少数群体，还是对边界之外的敌人，这类民族都将表现出一种热忱的领土民族主义。与之相对，另一类民族是在一个垂直共同体中由被排斥的知识阶层和一些中间阶层"自下而上"地创造出来的，它利用文化资源（族裔历史、语言、族裔宗教、风俗等）来对其他阶层进行动员，从而形成一个积极的、政治化的“民族”。我们同样可以预测，无论是对内激励与净化“真正的”民族及其成员，还是对外反抗争夺政权的外国压迫者与竞争者，这类民族都将展现一种强有力的族裔民族主义。正是后一种民族和民族主义，构成了活跃于今天的民族主义运动的主流。

大众性族裔民族主义的再现

实际上，我们可以将18世纪晚期以来的族裔民族主义划分为几次浪潮。第一次是族裔自决运动的古典阶段，时间从19世纪初到19世纪 123
末。它的主要中心在东欧，稍晚阶段转移到中东。总的来说，族裔自决运动会对一些中低阶层的共同体成员进行动员，使他们融入一种政治化的方言文化，然后努力使这个共同体及其“历史性的”领土从庞大而笨拙的帝国中分离出去。从本质上讲，这些运动所反抗的对象是那些既在进行现代化又是贵族体制的政权。一般来说，这些政权所统治的是多个族裔共同体与类别的混合体，而统治者的目标则是对这些族群进行一体化和同质化的改造。因此，就像哈布斯堡王朝、罗曼诺夫王朝和奥斯曼帝国的情形那样，主体族群的统治精英推行一种“官方的”帝国民族主义，而古典的族裔民族主义既可以被视为催生这种官方民族主义的触媒，也可以被视为对它的反击。[1]

从20世纪早期到中期，在欧洲殖民帝国的海外领土上出现了族裔民族主义的第二次浪潮。直到今天，这类运动还在继续对非洲与亚洲的后殖民国家的和平与稳定发起挑战。在19、20世纪之交，我们在孟加拉发现了这种大众性族裔民族主义的最初萌芽；在第二次世界大战前后，在库尔德人、克伦人、埃维人(Ewe)、索马里人和巴刚果人（Bakongo）中都发生了这类运动。与欧洲的先例一样，这些运动也将目标锁定在从（殖民地国家和）后殖民国家中完全分离出来。尽管这些国家都宣称自己是自然形成的，但它们却像那些早期的欧洲帝国一样，被斥为外国人入侵与强制的产物。大众性族裔民族主义将国家与民族间的差别置于焦点位置。在整个非洲和亚洲，它以文化的名义对不同的族裔共同体进行动员。它声称，那些不可替代的文化价值遭到了埋没和忽视，在现代化和官僚国家的强力压制下正面临灭绝的威胁，而后者通常是为主体族群及其精英服务的。泰米尔人、锡克教徒、摩洛人（Moro）、俾路支人、帕坦人（Pathan）、乌兹别克人、哈萨克人、亚美尼亚人、阿塞拜疆人、库尔德人、格鲁吉亚人、巴勒斯坦人、南苏丹人、厄立特里亚人、蒂格雷人、奥罗莫人（Oromo）、卢奥人、干达人（Ganda）、恩德贝勒人、奥文本杜人、巴刚果人、隆达人（Lunda）、埃维人、伊博人及许多其他群体，都是被殖民主义纳入新国家的。他们对这些国家怀着复杂的情感，从有所保留的不满到彻底的敌意都有，而这些都可能发酵成漫长而艰苦的族群解放战争，并因此对整个地区的稳定
124 造成威胁。[2]

即使在西方和欧洲那些“古老而连续的民族”中，族裔民族主义也获得了新的生命。从20世纪60年代起，以自治和独立为目标的第三次族裔运动浪潮席卷了西欧的许多地区，并波及南斯拉夫、罗马尼亚、波兰和苏联。这股特殊浪潮的最初苗头可能出现在加拿大的魁北克人、美国南部的黑人及后来的印第安人和西语群体中。另一方面，许多欧洲的族裔民族主义（例如，加泰罗尼亚人、巴斯克人、布列塔尼人、苏格兰人、威尔士人和佛兰德人的运动）都起源于战前，在一些个案中，其文化源头则可追溯至19世纪80年代。[3]

正是族裔民族主义的这第三次浪潮，促成了人们对民族认同理论

的批判性重估，因为像多伊奇和勒纳这些早期的历史学家和社会—人口学家所提出的扩散模型并不能解释“为什么特定的族裔共同体会发生方言动员和政治行动主义”。此外，他们还自然地假设了一种长期趋势，认为具有“低级”文化的较小共同体会被其占主体地位的族裔邻居所同化。20世纪60年代和70年代发生的事件都清楚地证明了这个预测是错误的。[4]

扩散模型的地位已大体上被依赖模型所取代，后者强调“内部殖民主义”的过程。在这个过程中，边缘共同体在经济和政治上都从属于核心族群。在工业化的过程中途及之后，这种情况尤其明显。但是，这个模型依然存在问题。强调“边缘”依赖于“核心”的方法，并不能解释晚近的族裔民族主义发生的范围和时机。工业化通常远早于这些运动，而且族裔民族主义与特殊类型的社会经济背景并无关联。斯洛文尼亚和加泰罗尼亚的情况代表了一种极端类型，科西嘉和布列塔尼代表了另一种极端，威尔士和佛兰德则居于两者之间。在这些迥然不同的经济环境中，我们都发现了狂热的族裔民族主义。正如沃克·康纳（Walker Connor）所展示的那样，族裔民族主义的强度与任何类型的经济因素都没有关联。[5]

鉴于以上原因，在全球性族裔动员运动的背景下，我们需要对西方的“新民族主义”（neo-nationalism）的重要性进行更细致的考察，因为这 125
些运动的成败，将在很大程度上决定未来的民族认同所具有的面貌和意义，以及世界上的各类地区性国家体系的稳定性。

事实上，尽管所有这些大众性族裔民族主义的社会构成和消费模式存在差异，但它们的目标和意义却具有显著的相似性。这种相似性源自方言动员和文化参与的基本过程，这正是大众性的垂直族群转变为族裔型民族的标志。结果就是，这类运动所激发的民族认同的类型，与上一章所考察的领土型公民认同迥然不同。这种新类型的民族认同对大多数现代国家的多元化本质构成了一种根本性的挑战。

古老帝国的族裔分离主义

在20世纪，古典的族裔自决案例发生在东欧和中东。然而即使在那时，在欧洲的西部、北部及南部边缘（爱尔兰、挪威、芬兰、布列塔尼、加泰罗尼亚和巴斯克乡村地区）也出现过族裔分离主义的事件。古典的族裔自决运动与后来的族裔“新民族主义”之间的关联和重叠是具有典型意义的，它揭示出：各种各样的分离主义的族裔民族主义“浪潮”，具有相互之间的亲缘关系，以及共同的文化基础。[6]

这个共同的文化基础是什么呢？所有这些运动的目标是相当类似的。它们包括：

1. 为缺乏“高级”文化的共同体创造一种文学性的“高级”文化；
2. 形成一个具有同质文化的“有机”民族；
3. 确保拥有一片可识别的“祖地”，并且这片“祖地”最好是这个共同体的独立国家；
4. 将之前消极的族群转变为积极的族裔—政治共同体——一个“历史主体”。

这些目标的文化基础，就是对独一无二的“族裔历史”（ethno-history）的呈现和（或）重新发现。如果一个共同体缺乏这样的历史，那
126 么他们就必须重建，乃至“发明”它。在所有的案例中，族裔历史往往都是被选择性地加以利用的：忘记一些事件与铭记另外一些事件同样重要。

对族裔历史的利用主要是社会性和政治性的。民族主义者的兴趣并不在于为了历史本身而去探寻“他们的”过去，而是要对“他们的人民”如何与特定领土相联系的历史神话予以重新解释。自始至终，基本的过程就是对消极族群进行方言动员，并通过培育诗意空间和纪念黄金年代来使其文化遗产政治化。

培育诗意空间的首要任务是识别出一块神圣的领土，它历史性地归属于一个特定的共同体，并因此被该群体视为圣地。这样的神圣祖地中都有被人朝拜和敬畏的圣地——锡安山、亚拉拉特山（Mount Ararat）、须弥山（Mount Meru）、克罗帕特里克峰（Croag Patrick）、圣城库姆（Qom）、光明山（Yasna Gora），它们都是历史性的集体救赎之地。在这些地方，圣徒和贤者曾使他们的追随者获得启示，或神曾对这个共同体或它的代表显露圣迹。族裔拣选的光芒正是从这些神圣的历史中心发散出来的，它使整片土地成为圣地。[7]

培育诗意空间还包含了为祖地的自然特征赋予历史意涵，同时将历史遗迹自然化的过程。像多瑙河、莱茵河这样的河流，锡安山、奥林匹亚山这样的山峦，以及卢塞恩湖（Vierwaldstättersee）和楚德湖（Lake Peipius）这样的湖泊，已经因为与共同的神话和经历相联系而被人性化和历史化了。与此相对，像巨石阵、布列塔尼支石墓、巨石、土台和废弃的庙宇这类历史纪念物，则变成了一个特殊的族群或地区的自然景观的一部分。它们已经在时间的长河中融入了古老文明的自然栖息地，成为它的纪念物和不可分割的组成部分。正在回归的知识阶层试图发掘他们的族裔历史，并通过方言文化对人民进行动员；而在他们的族裔民族主义中，正是这些自然和人文的景观，奏出了一组如此丰富的和弦。对作曲家、画家和作家来说，那些关于诗意景观的民族主义神话激发了强烈的怀旧与认同之情。他们会通过自己的艺术将这种情感放大，并让它传播开去。对波西米亚的斯美塔那和德沃夏克*、芬兰的西贝柳斯、匈牙利的巴托克和柯达伊**，以及俄国的
127 鲍罗丁和穆索尔斯基***来说，祖国的风景、季节、传说和纪念物，唤起了他们强烈的民族主义热情；而通过自己的音乐，他们能够将这种情感传递给善感的大众。[8]

同样重要的，是对英雄往昔的颂扬与纪念。马克斯·韦伯在谈及曾被德国吞并的阿尔萨斯时，对大众性族裔民族主义的这个方面进行了评论。他这样描述了阿尔萨斯人对法国所怀有的共同体情感(尽管许多阿尔萨斯人是讲德语的)："任何一位在科尔马的博物馆中穿行的参观者，都能明白这一点。那里充满了各种遗物，如三色旗、救火梯与军用头盔、路易·菲利普的布告，尤其是还有许多法国大革命的纪念品。对外人而言，这些物品可能毫无价值；但对阿尔萨斯人来说，它们在情感上是无价之宝。这种共同体情感是因共同的政治和社会经历(后者是间接的)而形成的。民众非常看重这一共同经历，将其视

---

* 贝德里赫·斯美塔那(Bedřich Smetana, 1824—1884)，捷克作曲家，一生致力于复兴民族文化，是捷克民族乐派的创始人和民族歌剧的先驱，代表作包括歌剧《被出卖的新娘》、《里布舍》，交响诗套曲《我的祖国》。安东宁·利奥波德·德沃夏克(Antonín Leopold Dvořák, 1841—1904)，捷克民族乐派作曲家，经常在作品中使用摩拉维亚和故乡波希米亚(当时属于奥匈帝国，现属捷克)的民谣音乐的风格，代表作有《第九交响曲》、《斯拉夫舞曲》，歌剧《水仙花》。

** 贝拉·维克托·亚诺什·巴托克(Béla Viktor János Bartók, 1881—1945)，匈牙利作曲家和民间音乐学家，收集和整理了匈牙利及东欧各国、北非、土耳其的民歌三万余首，代表作包括歌剧《蓝胡子公爵的城堡》，钢琴曲《小宇宙》、《罗马尼亚民间舞曲》。佐尔坦·柯达伊(Zoltán Kodály, 1882—1967)，匈牙利作曲家、民族音乐收集者和音乐教育家，代表作包括歌剧《塞凯利家的纺纱房》，合唱《匈牙利赞美诗》，组曲《孔雀变奏曲》。

*** 亚历山大·波菲里耶维奇·鲍罗丁(Alexander Porfiryevich Borodin, 1833—1887)，俄国民族音乐作曲家、化学家，代表作包括《第二交响曲》，歌剧《伊戈尔王子》，交响音画《在中亚细亚草原上》。穆捷斯特·彼得洛维奇·穆索尔斯基(Modest Petrovich Mussorgsky, 1839—1881)，俄国作曲家，俄国现实主义音乐的奠基人，代表作包括歌剧《鲍里斯·戈都诺夫》、《霍万斯基党人之叛乱》，交响音画《荒山之夜》，钢琴组曲《图画展览会》。

为封建制度被摧毁的象征，而关于这些事件的故事则充当了原始人群（primitive people）的英雄传奇。”[9]

事实上，这些历史记忆和英雄传奇并不仅仅存在于“原始人群”中。在东欧和中东的古典民族主义的第一次大潮中，在波兰人和捷克人、芬兰人和亚美尼亚人、德国人、土耳其人和阿拉伯人中间，我们都能发现同样的现象。在每个案例中，民族主义者都会重新发现往昔时代的英雄主义、先祖文明（经常不是“他们自己的”）的荣耀，还有他们伟大的民族英雄的光辉事迹，并常常对其进行夸大。那些英雄事迹更接近传说而非历史，即使他们曾真实存在，也对这个正试图把他们从历史尘埃中挖掘出来的民族一无所知，但这并不会影响这些民族主义者的努力。齐格弗里德、库丘林、亚瑟、勒明盖宁、涅夫斯基、阿伽门农*，这些以前只属于远古传说的英雄，如今都成为民族美德的典范和重塑“新人”（new man）的蓝本，被各处的族裔民族主义者所歌颂。[10]

这种重新发现和重新建构的行为满足了谁的需求呢？首先是那个孤立的知识阶层。为了动员族群成员去追求社会地位与政治权力，他们努力找寻着进入这个被复活的族群的“鲜活往昔”的路径。由于不
断增长的世俗教育，他们接受了理性主义的“批判话语的文化”，而正 128
是这种文化在他们与“他们的”族群大众之间制造了一条鸿沟。因此，他们将自己的专业技能定位于为这个新发现的共同体服务，从而试图跨越这条鸿沟。[11]

然而，在回归和重建族裔历史的过程中，那些被动员的族群成员同样是重要的受益者。通过方言动员的过程，他们的地位得以扭转：这不

* 阿伽门农（Agamemnon），古希腊迈锡尼国王，远征特洛伊的希腊联军统帅。

仅仅因为他们被赋予了主动性，不再是受外来力量支配的被动客体；更重要的是，正是**他们的**民间文化的某种形式被秉持历史主义观点的知识分子所借用，并被提升为书面的“高级”文化。在人民主权的口号下，大众第一次成为历史的主体。同时，也正是从**他们的**文化中，这个由共同体转变而来的民族的个体性、独特性，及其由此而生的存在理由，都得到了呈现。[12]

在方言动员的过程中，一些非常新颖的“沟通关系”被塑造了出来。在许多地区，之前用于交流价值、符号、神话和记忆，并对青年一代进行社会化的，主要是家族和族裔的模式。但是，由回归的知识阶层所发动的方言动员，创造了一种新的“民族的”交流和社会化模式。在这种新模式中，族群的价值、神话和记忆都变成了一个政治民族和一个在政治上被动员起来的共同体的根基。各种类型的知识阶层与某些阶级（通常是资产阶级，但有时也包括低等贵族甚至工人）联合行动，协力创造出了一种崭新而独特的民族认同；同时，这种认同又将一种重构的族裔民俗文化在这个共同体的所有阶级中传播开来。这种认同也具有公民性的成分；现在，共同体的成员都是政治性族裔民族的合法公民，并且他们也开始根据领土来定义自身。尽管如此，这种民族认同的根基依然是大众性的。它是由知识分子和知识阶层从先前的垂直族群中创造出来的，因此它也总是尽力与其假定的族裔文化及边界保持一致。大众动员的族裔民族主义根据它所假定的族源形象，创造了一个政治民族。

因此，在这种对先前的大众性族群进行动员和改造从而创造出来的共同体中，民族认同采取了非常不同的形式。与那些以领土为基础
129 的民族认同相比，这种民族认同更为热烈，也通常更关注自身。许多爱尔兰民族主义者都对盖尔文化的复兴异常执着，芬兰人的强烈情感则

因卡累利阿(Karelia,它的风景、历史和诗歌)的重新发现而被激发出来。这些都是对失落的族群往昔进行重新发掘和精神动员的典型现象,其服务对象则是一个新近政治化的共同体。在这个共同体中,每个成员都必须被重新教育,以加入一种全新的方言文化。据称,这种文化是这个人群唯一的真实声音。[13]

这种对“真实的”方言文化与历史的执着信念,引发了众所周知的后果。在东欧及中东的部分地区,它不可避免地给那些长久以来比邻而居、和平相处的人群带来了竞争乃至冲突。在族群混杂的地区,人们要求获得一块能够使他们的真实文化得以发展和实现的祖地;这必然会催生敌意,或使已经存在的竞争进一步恶化。到了19世纪末,这些地区都变成了冲突与恐怖最为集中的舞台。[14]

恐怖和动乱的加剧,不仅仅源自方言动员过程所激发的热情,也是由古老帝国缓慢却明显的衰落引发的。大多数的大众性族群,之前正是由这些帝国整合在一起的。在数百年的时间里,在这些地区,政治合法性的唯一来源就是帝制国家及其君主,而且并没有其他明确和被普遍接受的替代选项。因此,要想在这个历史性的文化共同体中安置一个替代性的合法性来源,就不仅需要创造一种新型的政治认同,还要将这种认同提升为一种新的政治秩序的基本原则——从“主权在民”的信条中衍生出来的政治权威。因此,不断重复的“法国革命”具有重要意义:在享有盛誉的西方世界的心脏地带,以这个紧实民族为榜样,“拥有主权的文化—共同体是政治权威的唯一合法来源”的想法变得更加可信。仅仅是这个榜样和这种声誉,就能够给知识阶层的方言动员计划带来政治合法性,并将道德与文化的改造转变为政治与社会的革命。在哈布斯堡王朝、奥斯曼帝国乃至罗曼诺夫王朝的内陆地区,直到20世纪,法国大革命的回音仍清晰可闻。[15]

130 但是，将“主权在民”的法国式理想与知识阶层对前现代的大众性族群的方言动员融合在一起，就在这些平民共同体中生成了一种非常不同的“民族认同”的模型。大众参与而非公民和政治权利；民粹组织而非民主党派；由人民的民族—国家进行干预，而非保护少数群体和个人免受国家干预：在数十年中，这些特征成为那些在前现代的大众性族群的基础上新建立的族裔—政治民族的标志。这种将领土型民族的公民理想与族裔—政治民族的血缘纽带融为一体的努力，通常发生在庞大帝国的分离主义斗争中。它为此后的方言动员，以及在亚非新国家和西方老国家中创造独立的族裔—政治共同体的浪潮，提供了模板。

后殖民国家的族裔分离主义

第二次世界大战后的大部分族裔分离主义运动都发生在非洲和亚洲那些新建立的国家中。换句话说，它们是从殖民主义中迸发出来的。这具有双重意涵：首先，正是殖民国家将诸多分布零散、距离遥远的族裔共同体和类别置于一个政权之下，这既扩大了政治活动的规模，也增加了因中央集权配置资源而发生冲突的可能性；其次，正是在去殖民化的过程中，在殖民主义衰落和政权移交的年代，族裔分离主义开始对未来的后殖民国家的公民秩序及其领土化的民族认同发起挑战。

在这些战后的族裔分离主义中，基本过程与那些古典的族裔民族主义是类似的，但各种事件发生的顺序却经常是重叠甚至颠倒的。在东欧和欧洲大陆的边缘地带，在由知识阶层发动了方言动员之后，族群及其文化遗产才开启了政治化的趋势。后殖民国家的情形则不同，在这些国家，我们通常会发现这两个过程是同时发生的，甚至是顺序颠倒的。在欧洲，民族主义运动是从之前持续数十年的文化“苏醒”运动中发展起来的，而在亚洲和非洲，这两类民族主义通常是合二为一或同时 131
出现的。例如，在库尔德人中，最早的文化和文学组织是在1908年的青年土耳其党政变后才蓬勃兴起的。除了一份创办于1898年的短命的库尔德语杂志外，第一个库尔德语的文化组织（Taali we Terakii Kurdistan，库尔德斯坦复兴与发展组织）是在1908年秋形成的，它在伊斯坦布尔出版了一份生动的文化报纸，年轻的知识分子在主要的库尔德城市建立了库尔德人的俱乐部。第一个库尔德人的政治团体——库尔德人希望（Kiviya Kurd）——创建于1910年；到1912年，这个组织已经合法化了。第一次世界大战与随之而来的驱逐和屠杀，打断了库尔德人的政治运动，但一些新的政治组织继续坚持斗争，其中以库尔德斯坦复兴会（Kurdistan Taali Ejemiyeti）最为著名。在20世纪60年代和70年代，在反抗土耳其人、伊拉克人和伊朗人的游击战中，之前以分散的部落形式存在的库尔德族裔共同体逐渐政治化了，而库尔德语的文字标准化和语言现代化运动是与这个过程同时发生的，它只是范围更广的民族主义政治斗争的一个支流。[16]

在俾路支和巴基斯坦的案例中，尽管他们的知识分子有漫长的历史和丰富而古老的民间传说可以追溯，但显而易见的是，方言动员过程只是从1947年开始的俾路支政治民族主义的一个副产品。例如，直到最近（1969年），一本在加拿大出版的俾路支语教材才第一次使用了专门的俾路支语字母表，其基础是修订过的波斯文草体风格的阿拉伯语字母表，而许多俾路支民族主义者的著作都是用乌尔都语和英语撰写的。在这个案例中，打破了俾路支人的部落分散状态，激发了广泛的俾路支民族意识的，正是与巴基斯坦中央政府间反复爆发的战争；同时，逐步提高的城市化水平和教育程度也催生了一个识字阶层，从而培育了一个新的民族主义领导层。[17]

在其他案例中(如巴勒斯坦人和厄立特里亚人),方言动员过程必须首先发掘出服务于当前需要的族群历史;然后再从政治化的共同文化中创造出一种统一而独特的族裔共同体意识与情感。在巴勒斯坦的案例中,这意味着要突出强调一种独特的巴勒斯坦文化性格,并将它与更广泛的阿拉伯认同区分开来。在厄立特里亚的案例中,文化统一性
132 则需要从区域统一和政治斗争的共同命运中创造出来。在这两个案例中,都是军事和政治斗争本身成为方言动员的推手,尽管这些斗争同样需要以存在一定程度的共同文化符号为前提。[18]

当前的分离主义族裔民族主义案例(无论它们的源头是什么)都寻求自治或从相对较新的国家中分离出去,而这些国家的边界及其存在理由都是殖民遗产的一部分。怨恨的首要来源,就存在于后殖民国家自身的多元性质和脆弱的合法性之中。在大多数案例中,虽然经济上的不满为动乱提供了催化剂(例如新国家没能履行它的承诺,或者在满足某些族裔共同体或类别的利益时损害了其他群体的利益),但为那些诉诸分离的行动创造了潜在条件的,恰恰是后殖民国家的自身属性。由于这些国家和它的政府机关拥有巨大的权力,因此在这些新国家中,不仅族群间争夺政治权力的竞争会更加激烈,并且伴随着竞争的成功或失败而来的回报或惩罚,也要比在西方发达和统一的国家中高昂得多。由于社会阶级的发育程度较低,而族裔纽带更为明确,因此,政治领袖和党派的支持团体就更可能是由一个或多个族裔共同体或类别构成,并通过党派的口号和纲领将彼此区分开来。在城市社区的竞争中,这种情形尤为明显。以族裔界定的选民团体间激烈的政治竞争,将会强化族群和族裔类别的边界,增强他们的自我意识。更重要的是,竞争失败(尤其是多次失败)会促使失败的共同体考虑分离计划。特别是当

它的领导层已经将外界对他们的负面刻板印象内化了，或这种刻板印象为恐怖行为和屠杀创造了条件时（就像在比夫拉*的案例中那样），情况就将变得非常严重。因此，除非这些新国家的领导人采取积极措施（就像尼日利亚的领导人从1975年开始做的那样），运用经济和行政手段来弥合族群裂痕，或者准备好使用武力，利用主体族群来压制族群反抗，不然这些新建立的多族群国家中潜在的族群动乱趋势就是难以避免的。[19]

当然，这两个方向的努力之间是存在紧密的（或许是辩证的）关系的，前者想要创造一种基于公民和领土的民族认同，而后者则致力于将 133
某个族裔共同体或类别从这个“领土民族”中分离出来，并将其塑造为“族裔民族”。这些新国家的领袖越是努力地想在一幅多族群的马赛克上创造出一个整合的领土民族，就越有可能导致族群间的分歧；当殖民主义与民族主义召唤回归的知识阶层重新发现他们的族群历史和文化遗产时，这种分歧就可能进一步演变为分离行动。

如果这些历史已无法追溯，或者不存在有能力追溯这些历史的知

---

* 比夫拉（Biafra），尼日利亚东南部主要由伊博人居住的地区。伊博人是尼日利亚的三大主要族群之一，由于该地区的经济发展水平和民众受教育程度都高于其他族群，且伊博人在尼日利亚的独立斗争中也表现得更为积极，因此，在尼日利亚脱离殖民统治取得独立后，伊博人在新成立的尼日利亚联邦共和国的各级政府机构和军队中占据了绝大多数职位。然而，尼日利亚人口数量最多的族群，是主要居住于北部地区、信仰伊斯兰教的豪萨—富拉尼人。因此，一方面，由民选产生的联邦议会是由豪萨—富拉尼人占据优势，联邦总理也是豪萨—富拉尼人；另一方面，在大部分的政府机构或军队中，许多领导职位由伊博人占据。这种不均衡的政治资源分布，引发了几个族群间越来越紧张的竞争关系。从1966年由伊博人军官发动的暗杀总理行为开始，尼日利亚爆发了一系列的军事政变和叛乱，政治竞争逐渐演变为族群仇杀。1967年5月30日，伊博人居住的地区宣布脱离尼日利亚联邦独立。因该地区濒临大西洋的比夫拉湾，这个新国家被命名为“比夫拉共和国”。尼日利亚联邦政府不承认比夫拉的分离行为，并开始进行军事镇压，尼日利亚内战由此爆发。这场战争持续了将近三年，直至1970年1月12日，比夫拉政权的军事首领正式宣布有条件投降。这场战争造成了200—300万人的死亡和空前的饥馑，而且留下了许多至今尚未消除的后遗症。

识阶层，那么无论是殖民主义，还是整合的领土民族主义，都不会点燃族群间的分歧，就更不用说分离主义运动了。对撒哈拉以南的非洲的许多小规模族裔类别来说，情况就是如此。在那里，尽管存在殖民主义、西方资本主义渗透和附近国家的民族主义榜样，但族裔民族主义运动从未发展起来。在这个意义上，我们可以将其称为“失败的民族主义”。在这些案例中，并不存在必要的“内部”条件——世俗的知识阶层、扩大的知识分子群体和能够被重新发掘的族群往昔。[20]

这并不是要否认其他因素的影响。在许多案例中，各族裔共同体和类别（或他们所生活的地区）在经济与文化发展水平上的相对差异，也具有重要意义。霍洛维茨的论述就将重点放在了这种发展水平的影响上。他坚称，族群分离主义运动总是在落后地区的落后族群中出现得最为迅速和频繁，例如南苏丹、库尔德斯坦、缅甸的克伦人和掸人，以及巴基斯坦的孟加拉人。他们在加入那些致力于构建整合的领土民族的新国家后，并没有获得什么收益。另一方面，落后地区的发达族群则不愿意退出新国家。在新国家中，他们是其他地区人口的输出方。只有当这种地位难以维持、继续留在新国家中的成本变得过于高昂时，他们才会做出分离出去的选择。对发达地区的发达族群（如约鲁巴人、巴干达人和锡克教徒）来说，只有当分离的经济成本较低时，这类情形才可能发生。但通常的情况是，留在统一的国家中对这个共同体更为有利。在发达地区的落后族群更容易盘算分离计划，但他们很少能在区域内占据人口优势；除南加旦加（southern Katanga）这个例外情形外，
134 分离的预期经济收益通常并没有足够的政治控制来作为支撑。总的来说，经济利益与群体焦虑感相结合，能够对多种多样的族裔分离主义路径做出解释，但在大多数案例中，群体焦虑的作用都要大于可见的经济收益。[21]

霍洛维茨的分离矩阵只能作为一个引导模型，除了群体和地区的相对发展水平外，还存在太多的中介变量（如族群歧视的严重程度、行政机构的代表性、进入该地区的移民数量，等等）能够对分离运动的频率和时机产生影响。尽管如此，这个模型强调了落后地区的落后族群的数量优势在分离主义运动中的重要意义，这意味着将分离运动与群体及地区在新国家中的相对地位联系起来是有效的。

这类矩阵在两个方面存在问题。第一，我们很难对“发达”和“落后”这样的术语做出精确定义，因为在不同的案例中，它们的测量指标是不同的，评价标准是变化的，模型也是相互冲突的。厄立特里亚和比夫拉的案例显示，无论是将这类术语应用于整个族群，还是从建立在这些术语之上的假设来推导结论，都是非常困难的。最近发生在波罗的海诸国的事件，也使人们对“‘发达’地区的‘发达’族群不愿意从国家中分离出去”的预测产生了怀疑。第二，正如这些案例所显示的那样，在任何这类矩阵中，都需要填入一些完全不同的因素，这导致模型变得过于复杂而难以应用。我想到的因素有：政治压制与民主自由的程度（霍洛维茨在巴斯克的案例中承认了这个因素的作用）、文化与政治动员的机会、知识阶层的有无，以及可资利用的族群历史的有无——无论这种历史有多么晚近。在后殖民主义时代脆弱的新国家中，历史上曾存在的族群对立同样会成为一个影响因素。[22]

但是，对于创造新的族裔民族而言，最有力、最具影响的因素是控制了新国家机关的精英阶层抵抗族群分离运动的决心和力量，这通常需要使用武力。事实上，第二次世界大战以后，很少有族裔分离主义运动取得成功。大多数新国家都是在去殖民化（而非分离）的过
程中建立的。像孟加拉国和新加坡这样的例外情形都是特殊环境的 135
产物：拥有压倒性多数华裔人口的新加坡的分离，是双方通过协商达

成一致的结果；而孟加拉国的分离则是特殊的区域性地缘政治群落的产物。在所有的其他案例中（尤其是比夫拉、厄立特里亚、库尔德斯坦、卡利斯坦、泰米尔纳德），既无法达成协议，也不存在特殊的区域性地缘政治群落。虽然每一次族裔分离主义运动都至少拥有暂时性的外部支持者，但只要这个国家的统治阶级来自主体族群，并且坚决反对任何族群自治的政策，那么，没有任何一次运动依靠外部支持而迫使国家做出了重大妥协。接踵而至的政治动荡可能以多种形式表现出来，从缓慢升温的不满，到公开而漫长的分离战争（就像在爱沙尼亚、安哥拉和斯里兰卡发生的那样），很难看到短期内和平解决的前景。[23]

在后殖民国家的环境中，这种不稳定性将对创造族裔民族认同的努力产生什么影响？方言动员和文化政治化是大众性族群转变为族裔—政治民族的标志，那么，这些国家追求一体化的压力和时而出现的歧视政策会侵蚀或强化这个过程吗？这里很难给出确定的结论。许多规模较小的族裔类别可能缺乏文字传统（例如在西伯利亚和非洲的情况），或者已经部分丧失了文字传统（例如在拉丁美洲的部分地区的情况）；对这类族裔类别来说，整合压力显然已经摧毁了它们的结构，侵蚀了它们的文化。在这些案例中，族裔类别没能发展出或维持一种有文字的“高级”文化和专业传播群体，这降低了它们对后殖民国家的文化整合的抵抗程度。也许正是由于这些原因，这些族裔类别也缺乏反抗文化涵化与整合的政治意愿和军事资源。[24]

另一方面，如果存在一种富有生机且能与现代环境相适应的文化和文字传统，那么，后殖民国家所施加的一体化压力（通常伴随着殖民主义的离间政策）往往会强化族裔动员和政治化的过程。对那些过去只是一个语言或族裔—地域类别，现在依然被区域和族源所分割的群体来说，不断增加的冲突本身就会催生一种族裔认同感。厄立特里亚人和南苏丹人的情形就是如此。即使如库尔德人和伊博人这样的著名 136
族群，在二战结束以前也全然不知团结一致和凝聚力为何物。前者直到今天还分裂为多个山地部落，且彼此间纠纷不断；后者的诸多村庄和地区，也只是在英国殖民主义带来的变化和1960年后的惨烈族群竞争中，为了与非伊博人和非基督徒竞争，才被硬拉到一起的。正是这些将库尔德人和伊博人卷入其间的冲突，使这两个群体的成员获得了一种更广泛的自我意识，以及对他们的共同历史与命运的感知。在这方面，后殖民国家所特有的不稳定性成了地区和族群间旷日持久的冲突的助燃剂，而这有助于推动形成一种强烈的族群认同感，并增强对独立的族裔民族身份的渴望。[25]

另一方面，后殖民国家通常脆弱但又专制的本性，以及它致力于将自身整合为一个“领土民族”与多族群社会的尝试，会以同样的可能性导致两种结果：文化灭绝和族裔动员。即使一些国家的政府努力接纳甚至满足少数族群和地区性族裔类别的经济与政治要求，这种结果也无法改变。一旦平衡被打破，心怀怨气的族群便会日渐感到疏离，甚至将情绪诉诸恐怖行为和叛乱，而他们的族裔民族主义也许正好为建立新的民族认同提供了手段。这种新认同会将这个卷入冲突的共同体中的许多成员吸纳进一种新式的政治化方言文化中，并创造一种不同以往的参与者社会。在这些案例中，运动本身就是新社会和新文化的原型和先驱。它的牢房、学校、游击队、福利协会、自助群体、妇女社团和工会，还有它的歌曲、旗帜、服装、诗歌、体育、艺术和建筑，全部都预示并创造了未来的族裔民族及其政治认同的核心。即使分离运动最终遭到阻止，这个共同体没能获得自己的国家，上述情形也不会改变。在这些案例中，从大众性族群中脱胎而出的是一个原型民

族（proto-nation），因为这个民族并不等同于国家，即使它热切地期望
137 拥有自己的国家。[26]

工业社会中的分离主义和自治主义

从20世纪50年代末起，大众性族裔民族主义的第三波浪潮席卷了工业社会。这是一个全新的现象：民族主义的复兴出现在了那些在第二次世界大战以前就已经经历过民族主义洗礼的国家中，而这些国家原本被认为会免受影响。发展中国家的族裔民族主义与发达国家的族裔民族主义差异明显：在前者中，我们观察到了一条直截了当的发展轨迹，即在新国家中创建领土型民族的努力激起了反抗性的族裔分离主义；而在工业社会中，我们则进入了民族主义戏剧的第二次循环——它将在先前的民族仇恨的灰烬上重演。在北美、欧洲和正在进行体制改革的苏联，少数族群之前被抑制的自治乃至分离的愿望，已经被奉行干涉主义的国家重新点燃了。也难怪许多观察家都被这一波民族主义复兴的气势所震惊。[27]

这次复兴具有哪些新特点呢？首先，它们大都是自治主义，而非分离主义：族裔运动的大部分追随者都倾向于在文化、社会和经济方面获得自治，同时继续留在国家的政治和军事框架内——他们通常是在几个世纪以前就已经被整合进这种框架了。在这一点上也存在例外情形。运动中一些更激进的派别——如巴斯克人的“埃塔”*和苏格兰的“苏格兰民族党”（SNP）——就要求脱离西班牙和英国而获得完全独

---

* “埃塔”（ETA），即“巴斯克祖国与自由权”组织（Basque Homeland and Freedom），成立于1959年，原为佛朗哥时代巴斯克地区的地下组织，后逐渐发展成为主张暴力分裂主义的恐怖组织。

立。总的来说，有几场运动——就像立陶宛的萨尤迪斯运动（Sajudis）那样——表达了分离主义的愿望；但就整体而言，工业社会中发生的大多数族裔运动，都是倾向于自治而非独立的。[28]

其次，族裔自治运动认可了双重认同的可能性或合意性（desirability），即：一个是文化的民族，另一个是政治的民族；或者在一种领土性的国家认同之内存在一种民族认同，如法国内部的布列塔尼民族、西班牙内部的加泰罗尼亚民族等。换句话说，它们认识到历史记忆和政治情感具有双重性，是无法被轻易割断的，何况留在一个既存的 138
国家框架内在经济上也是有益的。例如，在20世纪70年代的分权谈判中，苏格兰人就意识到了这一点。[29]

第三，工业社会的族裔自治运动发生在那些根基牢固的国家中，这些国家比那些发展中国家享有总体上更高的生活水平。这些运动可能发生在那些相对欠发达地区的相对欠发达群体中，但这些群体或他们所在的地区很少像我们在发展中国家社会中所看到的那样贫困；布列塔尼人和布列塔尼地区的情形，并不能与南苏丹相提并论。其实在一些案例中，少数族群和他们所居住的地区比那个国家的主体群体和中心地区还要发达；巴斯克人和加泰罗尼亚人，还有斯洛文尼亚人和克罗地亚人，都享有比卡斯提尔（Castile）或塞尔维亚更高的经济发展水平。在所有这些案例中，这些来自发达世界的国家很少呈现出发展中国家那种朝不保夕的情形，它们的经济基础也更为雄厚。[30]

第四，除了一个重要而特殊的例外情形，工业社会中的族裔运动所反抗的对象都是现代“民族—国家”。这类国家在一段时期内被视为（也自认为）与民族等同，但基于对民族主义的严格解释，它们只是杂糅的民族——一种**国家主义**（étatiste）与民族主义原则的混合物。那个特殊的例外情形当然就是苏联了，它代表了一种多民族的联邦，其中的诸多民族都保留了与在之前的帝国中大致相同的边界，并且由一套建立在俄罗斯人的数量优势基础上的控制结构统合在了一起。因此，苏联的族裔民族主义具有双重特征：它既是一项对抗苏维埃国家的族裔自治运动，又是一项更具分离主义色彩的对抗俄罗斯人主体地位的运动，前者与西方国家的情形相同，后者则是对古老的帝国整合传统的反抗。在这个意义上，苏联的族裔民族主义比西方国家的“新民族主义”更接近19世纪的古典民族主义，而“新民族主义”在反对“民族—国家”的行政干涉的同时，也反对“民族—国家”对自己的忽视。[31]

然而，在工业社会中的族裔民族主义复兴，与19世纪的欧洲族裔民族主义及20世纪非洲和亚洲的分离主义这些早期浪潮之间，还是存在
139 着更多根本的相似性。第一，它们都是“被统治的人民”反抗主体族群和“异族”国家及其统治精英的运动。它们都进行了大众动员，这一点即使没有在实际行动中实现，至少也在修辞和口号上有所体现。它们反对的都是社会现状——多族群国家内部既存的权力分配体制，对特定族群类别的系统性排斥或贬抑，对这些族群的集体文化与权利的否定。在这一点上，它们与主体族群及其官僚国家的领土型民族主义形成了鲜明对比。[32]

第二，所有这些大众性运动都包含了方言动员和文化政治化的过程。它们致力于在由具有文化独特性的族裔民族构成的新型社会中，创造一种新型个体。这意味着向一种“我们曾经所是”的理想化形象的回归，这个形象将为“即将形成的民族”提供榜样和引导。通过回到族群的往昔，这个共同体将发现一个认知框架、一幅地图，从而为它漫无目标的渴望提供一个落脚点。与此类似，“我们的往昔”所传授给当前一代人的，不仅是他们祖先的美德，还有摆在眼前的义务。因此，所有这些大众性族裔民族主义的潜在动机，就是运用景观和历史，

抢救濒临消失的习俗、仪式和语言，以此来重新发现他们的共同体（即使在有些时候，这意味着要去“发明”大部分的“自我”）。仅仅对大众进行动员是不够的；为了使动员经久不衰，为了将“大众”转变为“民族”，第一要务就是要让他们“讲方言”，并由此赋予他们独特的身份与命运。[33]

第三，在所有这些运动中，知识分子和知识阶层发挥了重要作用。正如我们所看到的，这种作用的程度和具体性质是依环境而改变的；在不同的社会和时代，“知识阶层”一词的意义可能会有所变化，但它的变化范围是有确定边界的。因此，我们还是有可能发现，无论是进行方言动员，还是在某个共同体或类别中实现广泛的文化政治化，知识分子和专业人士群体都在这个过程中发挥了重要的作用，甚至经常承担领导者的角色。知识分子和专业人士不仅复兴了习俗和语言，重新发现了 140
历史，（重新）树立了典范和传统；他们还赋予了这些行动和事物一种前所未有的民族性的政治意义。从对《埃达》和《卡莱瓦拉》这类史诗的重新发掘，到爱尔兰曲棍球运动和布列塔尼民歌的复兴，教育家、艺术家和记者的领导作用是显而易见的。对最近在工业社会中兴起的大众性族裔民族主义浪潮而言，情况同样如此。[34]

因此，在工业社会中发生的民族主义复兴，绝不能被理解为一种全新的独特事物。它们必须被视为自18世纪起席卷了世界诸多地区的大众性方言动员过程的新阶段。如果算上发生在17世纪早中期的荷兰和英格兰的清教徒运动，这个过程开始的时间就更早了。[35]

所有这些运动间的亲缘关系，也是历史性的。事实上，“最近”发生在西方世界的几次族裔自治运动，并非真的是近来才产生的：它们只是在20世纪60年代又经历了一次高潮，而这次高潮所依赖的工具和理念，则在1939年以前就已经形成了。在一些案例（威尔士、苏格兰、加泰罗尼亚、乌兹卡迪、布列塔尼)中,这个时间则要早于1914年。在所有这些案例中,诉诸族群自治的政治运动都是由基于文学、语言和历史的文化复兴所推动形成的。[36]

在那些建立已久的工业国家中,少数族群中出现了族裔民族主义的高潮,这丝毫不会令人感到惊讶,就如同我们没有理由对随后在东欧和苏联的社会主义国家中发生的民族主义复兴感到奇怪。在每个案例中,我们听到的都是关于身份认同被忽略和压抑的观点;在每个案例中,遭受谴责的都是那些集权化的国家。我们不得不承认,在这种情况下,国家其实无从选择,善意忽略与粗暴干涉同样都是导致不满的原因。[37]因此,关于国家的角色,更明智的做法或许是将其视为触发那些业已存在的条件与情感的催化剂,而形成这些条件与情感的因素则需要到其他地方去寻找。这并不是说国家在族群骚乱中完全没有过错。很明显,国家政策可能使这些潜在的情感和条件进一步恶化(同时也决定了它们爆发的时机和强度);尤其是在国家采取偏袒某些族群的行动时,情况更是如此。这种情形并不少见,也并非仅仅发生在发展中
141 国家。[38]

那么,对于这些经常引发族群自治和分离运动的条件和情感,我们应该到哪里去寻找它们的成因呢?显然,对这样一个范围广泛的问题,答案会随着所考察事件的时间与地点的不同而有所差异。但我认为,我们能够有效地提炼出一些反复出现的要素,由它们共同塑造的条件和激发的情感,构成了世界范围内的族裔民族主义发展与复兴的基础。在本书的最后部分,我们所要讨论的正是这些要素,以及“民族认同”
142 在21世纪的前景。

第7章

超越民族认同？

在今天人类所共享的各种集体认同中，民族认同可能是最基本也最包罗万象的。不仅民族**主义**这种意识形态运动弥漫于全球各个角落，而且这个世界首先就被划分成了一个个“民族—国家”，即声称自己也是民族的国家。无处不在的民族认同，既为周期性爆发的人民主权与民主运动提供了支持，有时又会成为滋生排他性暴政的温床。其他类型的集体认同（阶级、性别、种族、宗教）可能会与民族认同相互重叠或结为一体；尽管它们可能会影响民族认同的方向，但很少能够动摇它的影响力。政府和国家可以在一段时间里压制民族情绪的表达，但这终将是一种费力而无效的权宜之计。那些支撑民族忠诚的力量已经被证明（或将被证明）比任何反对它的力量都更强大。

在这个现代世界中，民族认同和民族主义为什么会变得如此重要？首先，这源于它无处不在的特性。如果有一种现象是真正全球性的，那么它就一定是民族与民族主义。在这个世界上，没有任何一个地区从未被族群或民族冲突所侵袭，或不曾见证过特定人群发动的要求民族独立的运动。民族主义者梦想着一个由民族构成的世界，其中的每个民族都是同质、统一且自由的。尽管这个梦想很难实现，但它已经被全世界的人民所接受，并且鼓动着大众性的反抗、努力和冲突。民族主义（甚至同质性民族）已经全球化了。这是一个强有力的现实，并为我们的文化视野与政治事业设定了约束条件。[1]

然而在今天，民族认同不仅是全球性的，而且是无处不在的。尽管在不同情境下，它的重要性并不相同，但在大多数活动领域，它已经渗
143 透到了个人与共同体的生活之中。在文化领域，民族认同是通过一整套假设、神话、价值、记忆，以及语言、法律、制度和仪式来展现的。在社会的意义上，民族纽带建立了最具包容性的共同体。它设定了被普遍接受的边界，这条边界将“外人”区隔出来；而在边界以内，人们则按部就班地进行社会交往。民族也会被视为道德经济的基础单元，这种道德经济既是领土意义上的，也是资源和技能意义上的。

今天，在政治术语中，民族认同不仅决定着政权的人员结构，也成为政策目标和行政措施的合法性基础，并经常对其施加影响；而这些政策和措施规范着每个公民的日常生活。最终，民族和民族认同要求公民献出基本的政治忠诚，由此，它们就成为“国际”（inter-national）合法性的唯一来源，也成为每个地区、每个大洲乃至整个世界的国家体系能够有效运转的唯一基础。这种维系多国共同体的秩序需要以一项准则为前提，即民族是政治忠诚与行动的唯一单元。

第三，“民族”和“民族认同”具有极端的复杂性和多样性。正如我们在第1章看到的那样，民族认同是一个抽象和多维的概念，它牵涉到生活中的诸多领域，并呈现出许多不同的样态与组合形式。今天，历史学家们倾向于限制“民族主义”这个概念的范围，这是对上一代学者过度扩充这个概念的一种反动。然而，我们既不应将民族和民族主义

视为“懒惰的历史学家”的概念避难所，也不可低估它们变色龙般的特质，以及灵活结合或吸收其他议题与意识形态的能力。中国的共产主义最初被视为西方的马克思主义的一种真实变体，但最终，毛泽东领导的运动却在理念与实践中都如此多地诉诸中国的民族主义。今天，我们需要重视的，正是毛泽东主义中的民族主义成分，以及毛泽东如何对他的马克思主义进行了改造，从而使其能够适应中国农民在抗击日本侵略者的过程中形成的民族主义观念。与此正好形成对照的是，1989 年发生在东欧的反共产主义运动，起初被当成了基于政治与经济自由主义的西方式运动，但最终，它的民众动员却展现出无比强大的民族主义维度。[2] 144

有一个问题常常被忽略：民族性的抱负总是与其他非民族性的经济、社会或政治议题结合在一起，并且这类运动的力量往往就来自这种结合。有时，人们认为民族主义需要依靠其他的“理性”议题和利益来获取能量，但事实并非如此。相反，那些被忽视、压迫或边缘化的族裔共同体或类别，会将他们的民族性的不满与抱负同其他非民族性的不满与抱负熔铸在一起；由此，对于某个特定人群来说，在某个特定的时间点上，他们所追求的通常是合为一体的整套利益。我们是出于分析的目的才将这些利益区分为“民族性的”与“非民族性的”，以便分离出那些“民族性的因素”。[3]

超民族主义：联邦认同与区域认同？

在我们迈向第三个千年的道路上，无所不在又复杂多样的民族认同与民族主义，仍然是一种强大且具有爆炸性的全球性力量。然而，它们的力量足以抵抗不断增长的全球性相互依赖的趋势吗？难道我们不能期望出现一种初期的“民族主义替代物”吗？

毫无疑问，从19世纪初至今，这就是自由主义者和社会主义者的希望和企盼。从孔德、密尔到现代化的理论家们，进化论的观点既许诺了民族国家的兴起，也预言了它将随着人类构造更大型、更具包容性也更有力量的资源单元而被替代。家族主义、地方主义和区域主义的瓦解，使得国家将目睹人类向着一个全球化的社会与文化前进。与此类似，马克思主义者相信国家终将“消亡”，而民族与民族主义则会被“超越”；尽管民族文化能够保存下来，但它们将被注入无产阶级的价值，只保留其民族的形式。[4]

为了支持这种希望，包括许多学者在内的自由主义者和社会主义者提出了两类证据。经验性的证据来自多民族国家和各种区域联邦所进行的各类尝试；理论性的支持则建立在对新兴的跨民族力量与技术的预期后果之上，后者正在酝酿一个“后民族的”世界。让我们对这两
145 种观点及其证据逐一进行考察吧。

我们可以从一个经常被提及的事实开始，即今天的大多数国家的族裔构成都是异质和多元的。对一些人来说，这意味着一种新型的民族——“多民族的民族”（multinational nation）——正在形成；而对另一些人来说，这意味着民族正在被替代。显然，一个人所持的观点，在很大程度上取决于他所采纳的民族定义，或他在多大程度上坚持民族的“同质性”前提。即使假定民族的概念完全是由民族主义者建构出来的（我已经声明，民族主义者的眼界是由他们各自特殊的族裔历史所限定的），我们也不清楚“同质性民族”的要求是否对所有的民族主义者具有同样的含义。所有的民族主义者都要求自治、统一和认同；但无论是统一（意味着社会、领土和政治上的结合）还是认同（意味着独特性和具有历史意义的个体性），其内容都不包含完全的文化同质

化。尽管瑞士人有着语言、宗教和地域方面的差异，但他们不仅成功地实现了政治统一，还保留了对具有历史意义的个体性的清晰感知。瑞士人的民族认同表现为坚持武装中立的态度，这能够激发起他们的强烈情感；但同时，他们却拒绝文化同质化。在这个问题上，瑞士并不是一个孤例。在德国和意大利，地方主义都曾蓬勃发展，并形成了强有力的地方性制度；但在这两个案例中，民族认同感和周期性的民族情感浪潮都不曾减少。[5]

这意味着，当一些浪漫的民族主义者为完全的文化同质性大声疾呼时，另外一些人则满足于围绕着核心价值、神话、象征和传统形成的统一与认同，其表现形式则是共同的习俗、制度与祖地。正如我们所看到的那样，这又进一步使得多族群的人口有可能被建构为“领土民族”。许多第三世界的民族精英所致力于追求的正是这个目标。

然而，如果民族不需要文化同质性，那么是否会出现这样一种民族，它包含了若干被整合进来的民族？民族这个概念的灵活性需要保持在什么程度，才能够不失去它的基础性特征——尤其是那些与共同的文化和历史相关的特征？

此时，南斯拉夫的模型跳进了我的脑海。南斯拉夫是围绕着两个
概念建立的：民族联邦（federation of nations）与共同的文化—历史经 146
验。后者有时被戏称为“伊利里亚主义”（Illyrianism）；然而，即使是这种意识形态的支持者也会承认：在南斯拉夫人联为一体的过程中，作用更大的是语言同源性、地理相似性和外国的占领（尽管是被不同的国家占领），而不是**政治**历史。另一方面，斯洛文尼亚人、克罗地亚人、塞尔维亚人、马其顿人和黑山人具有各自独立的历史和彼此不同的宗教，这意味着南斯拉夫的民族联邦形式可能提供了一个“超民族”的模型，而这个模型可以在其他地方以更大的规模被复制。[6]

不幸的是，到目前为止，南斯拉夫的历史并没能实现它和其他联邦所被寄予的期望。共产党分裂为各个民族的政党，议会席位和经济资源的分配都以民族为中心，并且各民族在历史上（尤其是在二战期间）曾相互敌对，这些都腐蚀了铁托及其继任者所领导的南斯拉夫国家的脆弱的统一性。克罗地亚之春、科索沃的冲突事件以及与斯洛文尼亚的分歧表明，掌握了持久力量的，是构成联邦的各个民族，而非超民族的机构或任何对南斯拉夫的情感。[7]

类似的特征和经验也出现在苏联的历史中，但在规模上要大得多。这个革命性的共产主义国家是建立在它的前身（沙俄帝国）的废墟之上的，但大体保持了原有的疆域。它认为有必要在党组织和宪法中对民族原则做出重大让步。在列宁决定承认各民族的自决和分离的权利（如果不是实践的话）后，苏维埃领导层开始重新塑造苏维埃国家。这是一个由诸多建立在自己的语言和文化基础上的民族共和国所构成的联盟。它将所有人口都归类为可识别的族群，然后选择、融合，甚至发明合适的语言，最后将他们都安置在一个根据族裔民族的规模和战略重要性来排序的等级体系中。因此，像乌德穆尔特人（Udmurt）和鄂温克人（Evenki）这样的小群体被定义为人群（people），而像格鲁吉亚人或乌兹别克人这些规模更大也更发达的共同体就被视为民族，拥有自己
147 的主权领土共和国、行政机关、党组织、语言和文化。通过这种方式，族裔文化和领土基础被保留下来，并在宪法意义上获得保护，而政治和经济决策权则被收归中央。[8]

因此，直到改革（perestroika）时期到来前，苏联都是在两个层面上运转的。在军事、政治和经济方面，它是高度集权的，由莫斯科的共产党中央通过权力杠杆来对各共和国及其党组织施加控制。但在文化、教育和社会福利领域，各共和国则享有相当大的自治权。从各共和国

中占主体地位的族裔共同体(korenisatzia)中吸纳行政干部的政策,进一步强化了上述情形。这项政策从20世纪20年代开始执行,但在改革和公开化(glasnost)时期遭到严重削弱。这样的安排是为了将相关领域一分为二,从而将潜在冲突隔离出来,甚至还可能使人们对本民族的忠诚感与对苏维埃的忠诚感相互强化。然而,即使在共产党加强控制以前,民族问题就已经接近失控了。它不时地在骚乱和镇压中爆发出来,并由此导致中央出台了关于在所有地区安排俄罗斯人定居和将俄语提升为通用语言的政策。非俄罗斯人口在不断增长,南部边境的穆斯林地区面临着不稳定的风险,资源和职位需要在共和国与中央之间进行分配,异见分子诉诸民族主义的话语,教育也在对摇摆不定的族裔知识分子进行鼓动——总之,民族融合(sliyanie)的理想迟迟未能实现,现阶段的民族合作(sblizhenie)又遭受质疑。所有这些变化都显示:在斯大林逝世后的数十年间,苏联充斥着对"民族问题"所带来的分裂风险的深度忧虑。[9]

在戈尔巴乔夫领导的公开化和改革时期,原来被掩盖的族裔分歧凸显了出来。在波罗的海三国、高加索和中亚,族裔民族主义动员都获得了大众支持,而俄罗斯人的新民族主义(neo-nationalism)则将自身与东正教的复兴更紧密地联系起来,并从中汲取了许多道德和审美方面的灵感,以及部分的族裔历史。在很大程度上,所有这些结果都是苏维埃国家和党组织的结构安排所导致的,也是列宁对东欧的族裔民族主义浪潮(包括他所谴责的大俄罗斯的多样性)的妥协的历史性后果。尽 148
管联邦的原则使得民族的情感与文化都制度化了,但当民族成员认为这种情感和文化受到邻近民族或联邦中央的威胁时,这项原则也就为积极的民族主义复兴提供了基础。由于真正的民众声音被长久地排斥于政治组织之外,因此最可能从这种被压抑的憎恨和对真正参与的渴望中受益的，就是民族或族裔共同体。结果，那些鼓励提高政治开放性的尝试，自然地就带有自我表达的成分，而表达的内容既是民族的，也是民主的。这再一次揭示，就像在其他的共产主义国家中发生的那样，族裔纽带和民族主义抱负，都比马克思主义的意识形态与党派更加持久和富于韧性。[10]

苏维埃的经验显示，即使这些“发明的传统”是革命性的，它们如果想要建立起深厚的群众基础，也必须驾驭或缔造（通常二者兼而有之）一种民族性的文化和政治认同。

在这个问题上，与美洲的经验进行对比是有益的。在那里，民族抱负同样既是大陆性的，又不得不在一个多族群的环境中运作。然而在美国，尽管常被提及的“新族性”（neo-ethnicity）也很重要，但它仍然是（或变成了）象征性和组织性的。与苏维埃国家中的同类群体不同，美国的族裔共同体和族裔类别大体上不会与任何的领土维度相联系，相反，它们已经被改造为美国政治体系中最有效的大众动员工具和最有力量的压力集团之一。尽管也有少数例外情形，但总体来说，基于族裔的抱负最多也就是“公共的”（communal），即要求在城市或区域中涉及本族群的问题上掌握话语权。除了黑人、奇卡若人和美洲土著以外，“民族的”目标和符号被排他性地留给了“全体美国人”（all-American）这个政治共同体及其文化。[11]

这个共同体与文化究竟是什么呢？它成功地实现了苏维埃社会所致力追求的目标（超越民族和民族主义）吗？“全体美国人”的身份认同和文化清晰地显示，它的族裔根源存在于早期定居点的盎格鲁裔美国人的新教传统中。对于18世纪末以前的历史，我们可以将殖民地中
149 的主要神话和文化描述为“本土性的祖先崇拜”，即通过追溯美洲化的祖先来对抗“邪恶的不列颠继母”，并宣称在“新耶路撒冷”的这些“被

拣选的人民”拥有自己的独特命运。[12]

关于独立战争、宪法和开国元勋们的英雄时代的世俗版罗马神话，再次强化了盎格鲁裔美国人的这个清教徒选民神话。正是在这个新民族的文化认同已经被分阶段地塑造成形以后，大规模的欧洲移民才开始拥入，而他们被要求将自己整合进这种潜在但灵活的文化模式中，后者是以盎格鲁裔美国人的语言和文化的支配地位为基础的。然而，这种“取消族性”的模式并不等于超越了民族。恰恰相反，美国成了领土民族型政治共同体的典范，并展示了领土民族主义的强大力量。到目前为止，美国在这个方面的成就要远胜过苏联。在危急时刻，苏联锻造“领土民族”的尝试不得不退回到对大俄罗斯民族主义的召唤，而这本来是它所力图超越的。即使在这之前，在内战和“在一个国家内建成社会主义”的时期，列宁和斯大林也不得不对民族主义的语言和符号形式进行调整，从而能够动员“群众”为实现新的共产主义和超民族社会做出必要的牺牲。因此，苏维埃实验的缺陷源自对民族认同和民族主义力量的历史性妥协，而在这个问题上，美国则试图以盎格鲁裔美国人的文化、被神拣选的神话及其领土政治共同体为基础，建立一个完全实现文化涵化的国家。[13]

无论是苏联，还是美国，都不能被认为已经超越民族或取代民族主义，尽管对二者做出判断的原因并不相同。结果，世界主义者最近已经将他们的希望转移到了更具“区域性”的国家集团身上——从斯堪的纳维亚人的合作，到非洲人、阿拉伯人和拉丁美洲人各自的区域集团。在这些区域合作的实验中，最有希望的可能就是建立欧洲共同体的尝试，其原始基础是1957年由六个西欧国家签署的《罗马条约》(Treaty of Rome)，而在此之前的另一项成功但范围有限的合作实验则是1951年的欧洲煤钢共同体(European Coal and Steel Community)。就像人们

150 经常指出的那样，这些早期实验表明，欧洲国家间的合作是建立在功能性基础上的，同时，欧洲一体化采取的是增量模式和制度模式；这些都会在由利益冲突引发的周期性危机中遭到破坏。在这个共同体的基础上，得到强调的总是经济性的内容；同时，“关税同盟”与“政治共同体”之间通常也被画出了一条清晰的分界线。然而，早期的德意志关税同盟（Zollverein）最终导致了民族的统一，这些历史记忆引发了人们对“边界”本身的质疑：它们所掩盖的，难道不比它们所揭示的更多吗？[14]

对许多人来说，最初欧洲一体化的首要动机是政治性的，甚至可以说是军事性的：反对战争，并将近期的欧洲历史解读为由盲目力量推动的内战与徒劳的杀戮——这种力量来自失去了控制的民族主义，其高潮就是纳粹主义的大屠杀。在这种解读的基础上，欧洲共同体就代表了政治理性对民族情感与自私利益的胜利；同时，其经济维度被视为手段而非内容或目标。1948年在海牙建立的欧洲行动组织在欧洲议会、委员会和大众情感中所宣扬的正是这种解读；但戴高乐的理念则反对这种解读，他主张在从乌拉尔山脉到大西洋（不列颠除外）的广阔地区实现“由多个国家构成的欧洲”（Europe des patries）。[15]

甚至当东欧在苏联改革政策的影响下实现开放之后（或许正是基于这个原因），这两种政治潮流依然在关于“欧洲”的争论中处于核心位置。对那些支持欧洲共同体概念并将其视为由民族—国家联合而成的关税同盟的人来说，民族认同依然是当代政治与文化共同体的自然形式，民族—国家依然是最有益、最具凝聚力的政治单元类型，温和而“健康”的民族主义依然是实现团结与集体繁荣的唯一方式。由多个欧洲国家联合而成的经济联盟，将使它的每个成员都实现这些目标，否则它就毫无价值。与此相对，对那些推动建立欧洲国家的政治联盟的人来说，民族形式的集体认同正在迅速地变得过时，而民族主义曾经将人性带到了终极灾难的边缘，我们必须将它从人类意识中抹去，或者至少要将它改造得永远无害。东欧的乱局，只会使建立欧洲政治联盟的工程变得更加必要和急迫。 151

那么，欧洲一体化工程将要实现的是什么类型的共同体与文化呢？稍后我将再次回到关于欧洲文化的问题，尽管它将与共同体的问题是交织在一起的。我们将如何设想一个欧洲政治共同体呢？它是一个“超级国家”？一个“超级民族”？还是一种完全不同、自成一格的事物？让我们依次来讨论这几种可能性。

1. 出现一个欧洲人的“超级国家”的前景非常渺茫，除非每个欧洲国家都放弃对自己的军队和武器库的控制权，以及在各自的领土内实施垄断性暴力的权力，并且这种自我放弃还要被大众接受。然而，在欧洲大陆上，至今还是北约和华约（而非欧洲共同体）在东西两边掌握着合法使用军队的权力。除此之外，只要每个欧洲国家都拥有军事手段来抵制外部法令，或至少能够支持政治退出的威胁，那么，它最终就能够确保自己的主权。在这样的环境中，欧洲人的“超级国家”在政治上是不可能实现的。
2. 出现一个欧洲人的“超级民族”的前景同样渺茫，除非能够将一种真正的欧洲人意识灌输给每个欧洲民族的大多数人口（这种欧洲人意识也许并不妨碍继续保留民族性的情感和意识，但在这些已经存在的民族性情感之上，必须要再增加一个范围更广的忠诚和归属圈）。

   然而，这里存在一个困境。难道我们没有可能正在见证一个欧洲“超级民族”以及一种全新的（甚至更加强大的）民族主义的成长吗？对这个前景，一些人既充满期待，又深怀恐惧。[16]

至今，既没有迹象显示各欧洲民族的民族主义与民族认同

在消解，也没有迹象显示一种欧洲政治民族主义在成长。对此怀有野心的，只有那些影响力颇大的欧洲议会的成员。然而，在
152 文化层面上，一种范围更广的泛欧洲情感已初现端倪，稍后我将再谈到这个问题。

3. 如果欧洲一体化工程的外形既不是一个“超级国家”，也不是一个“超级民族”，那么它会是一种全新的、自成一格的政治联盟形式吗？或许我们可以讨论一种权力“共管”的模式？在这种模式中，各民族基于自愿协议而将某些权力移交给一套中枢机构。在谨慎划定的范围内，这个中枢机构拥有交叉管辖权（overlapping jurisdictions），并被授权制定具有约束力的决策。如果这个设想可行，这样一种共管体系会对基于诸个体民族认同的欧洲模式产生深刻影响吗？

我们很难对这类问题给出自信的答案。如果这种类型的共管制度描绘了一种正在浮现的欧洲政治模式，那么它能够与欧洲内部的诸个体民族认同共存吗？正如文化交融可能会激发民族文化与民族认同的蓬勃复兴，权力共管也可能会使民族认同得到增强。有一些冲突是共管制度必须解决的，但它们其实永远也不能消除，这些冲突可能会使那些已经存在的民族抱负与意识变得更加高昂。另一方面，借助共管领导权的形式，在这个由地区联盟和大国集团构成的多中心世界中，或许我们会看到，又加入了一个由欧洲人的忠诚与渴望联结而成的新集团。然而，这个前景的实现，依靠的是一种对特殊的“欧洲人”传统的感知的出现，以及一套被普遍接受的“欧洲人的神话体系”的发展。

还有另外一个问题：欧洲的经验能够成为其他地区和联盟的榜样吗？显然，新“欧洲”的特殊制度安排，不能像命运不济的“威斯敏斯特

模型”(Westminster model)那样被移植到其他大陆。然而,对那些条件成熟的地区而言,欧洲共同体很适合作为一般性的范例;并且正如我将要声称的那样,条件成熟与否,将吊诡地取决于某些文化条件(尤其是某些类型的民族主义)的发展程度。

新兴的跨民族力量

如果说我们还无法确定欧洲一体化项目的前景,也不清楚那些大
规模的多族群国家及地区集团已经在多大程度上建立起稳固的基础, 153
那么我们还能够去哪里寻找那种全球性的相互依赖关系呢? 正是这种关系有可能支撑起一种世界主义的文化,从而超越民族的限制。在这个问题上,我们通常会将希望诉诸那些自二战以后开始凸显的新兴跨国力量:区域性的大国集团、跨国公司和全球通信系统。下面让我们依次考察这些因素。

第二次世界大战见证了大国集团的产生与发展,它们源自规模惊人的军事对抗。最初,共产主义与资本主义这两大集团在欧洲及其他地区对峙,并将各类处于依附地位的国家与地区都纳入自身范围。这种情形又进一步在拉丁美洲、非洲和东南亚孵化出一些相对松散和弱小的地区集团,但它们在军事上和经济上依然依附于两个主要的工业化大国集团。在20世纪70—80年代,这种两极化情形开始松动。最初,造成这种变化的情况是两个集团中的一些成员国(如西德、日本、中国)的经济和政治力量的提升;后来则是欧洲经济同盟的建设步伐加快,以及苏联与东欧推行的改革。大国集团依然存在,但它们各自所绑定的意识形态已经在各成员国内部获得了多样化的发展。在一些案例中,这些意识形态已经完全失去了曾经拥有的动员力量。显然,两极格局已经被一个多中

心的、变动不居的地缘政治格局所取代，在这个新格局中，各个“民族—国家”选择自己的发展道路的权利再次获得承认。[17]

跨国公司的力量是一种既熟悉又新鲜的现象。这些公司拥有庞大的预算和复杂的技术手段，有能力在多个大洲的范围内规划长期战略。就积累财富和实施控制而言，它们已经被证明是一种异常灵活的工具。在许多情况下，它们可以绕过或无视各国政府，因为后者的财政预算和技术水平要比这些跨国公司低得多。在许多第三世界国家，跨国公司除了使用自己的技术人员外，也会在本地开办企业和雇佣工人来作为补充。这些本地企业使得跨国公司无须应对文化差异的问题，并确保它们在所追求的市场上取得成功。上述情形的结果就是一个国际劳动分工体系的形成，在这个体系里，通过跨国公司的本地化经营，处于不
154 同发展水平的国家都被嵌入了世界资本主义经济的复杂等级系统。

最后，也许也是最为普遍的因素，就是大众通信系统在规模与力量上的快速增长和计算机信息网络的大规模扩展。这类系统是如此庞大和复杂，以至于即使是最大的民族单元，也不可能将信息网络限制在边界以内。同时，它们也为将民族文化融合为区域文化（甚至形成一种全球文化）的进程提供了物质基础。现在，将全球范围内的信息和影像进行打包发布成为可能，而这将使那些地方化的信息网络陷入困境，并淹没它们所发布的那些与特定民族相关的信息。在大国集团和跨国公司的手中，这些通信系统和计算机信息网络能够成为推动一种新型的文化帝国主义的有力工具。

这些新兴的跨国力量还可以包括大规模的人口流动、在地区或全球范围内日益严峻的环境污染与疾病问题等。关于这些新力量，有两个相似的论点。第一个论点声称，发达的工业资本主义已经孕育了巨型的经济和政治单元，这使得“民族—国家”成为一种过时的形式。这

种过时论的最主要支持者就是庞大的跨国公司。它们拥有高度多元化的资本密集型企业与复杂的技术手段，能够提供复杂的计算机网络，并以专业而有效的方式发布信息。第二种论点认为，民族被取代是通向“后工业”社会之路的一部分。虽然对工业世界及其技术与市场需求来说，民族是功能性的；然而，以计算机化的知识与通信手段为基础的“服务型社会”已经成长起来，它打破了民族的边界，并渗透到全球各个角落。只有各大洲的文化（最终将发展成为单一的全球文化）才能够满足以知识为基础的后工业社会的需求。[18]

针对这些论点及其所依赖的证据，存在着标准化的回应。我们已经看到最强大的政治军事集团是如何以一种突然且不可挽回的方式崩塌的。甚至在这最后的崩溃发生以前，面对迅速的社会变化和新兴需求，这些大国集团的意识形态（无论在西方，还是在东方）就已经变得软弱、保守和多样化了。这些新变化包括女权主义运动、族群运动、生态 155
运动等，它们已经为集体性的行动与组织创造了新的焦点，从而将许多个体的精神与政治能量吸收进来。对这些个体来说，资本主义与共产主义的口号已变得毫无意义。因此，这些大国集团的生命力其实早就从其内部衰竭了。[19]

变化不仅来自这些新兴运动，还体现在那些旧式运动的再现与重塑上，其中最重要的就是我们在第6章中讨论过的“新民族主义”。这种复兴恰好符合里士满的论点。他认为，在后工业时代，小规模沟通网络的强度的提高，将会推动语言与族裔民族主义的扩张。在某些国家中，这种少数或“边缘”群体的族裔民族主义的重现，又常常会通过一个应对和释放的过程，激发占主体地位的多数族群的民族主义的复兴。在塞尔维亚人、捷克人、德国人、波兰人和俄罗斯人中，都出现了这样的情形。最终结果可能恰恰是巩固了那些曾被认为已经过时的“国家—

民族”，并使它们获得了一次新的、更强有力的生命机会。[20]

在国际经济关系领域，情形可能是相同的。且不说发生在第三世界的“国家—民族”之间，以及它们与西方的“国家—民族”之间的经济竞争，单是人口与经济发展的影响，就已经使得民族间的分化与民族性的抱负进一步增强了。随着人口的爆炸性增长与迁移，随着战争导致的大量人口死亡与移民涌入，移民政策、国籍法和关于人口爆炸的可怕警告都提高了民族之间的壁垒。与此类似，跨国公司的影响也是矛盾的：它们可以通过商品、投资与企业的网络，将整个世界联为一体；但如果政府足够强大，能够与它们进行讨价还价，甚至强加条款，那么这些跨国公司也可能会激起民族性的反对（或合作）。沃伦认为，政治上的相互依赖赋予了第三世界国家真正的政治杠杆，使其能够与庞大的资本主义企业相抗衡。即使不能完全同意这个论点，我们也要承认，那些顽强又有技巧的第三世界领导人，的确能够运用这种政治杠杆来使那些超级大国和跨国公司相互竞争，从而提高自己的国家获得优惠条款的机率。然而，就我们的目的而言，这种政治杠杆的最重要意义在
156 于，当面对外部压力时，它有助于培育一种不断增长的民族认同感，并且使这个新的“国家—民族”在一个由类似的“建构中的政治共同体”所组成的国际等级体系中找到位置。因此，这是一个悖谬的结果：这些跨国的经济力量本来曾被期望能够取代民族与民族主义，但最终却可能是强化了它们。[21]

世界主义与一种“全球”文化？

在文化领域，那些鼓吹发达资本主义或后工业主义的理论家的观点是最值得质疑的：这些确实复杂而庞大的通信技术和计算机信息系

统正在融合民族文化吗?或至少在为它们镀上一层新的世界主义文化?这种全球文化的内容究竟是什么呢?

这些问题的答案,大体上是猜测性的,但西方后现代文化的经验可以提供一些重要的线索。宽泛地讲,近来西方世界的文化发展,就是在现代主义的流线型外壳上杂乱地绘制一些后现代的图案、主题与风格。在本质上,这是一种折中主义的文化。一方面,那些以大众消费为目标的、统一包装的、标准化的商品,已经如洪流般将我们吞没;另一方面,这些商品(从家具、建筑,到电影、广告)的内容,都是从早期的民俗或民族的主题与风格中提取出来的。这些主题被从原来的情境中剥离出来,然后又以一种怪诞或讽刺的风格重新组合。从20世纪20年代的斯特拉文斯基和普朗克*,到今天的霍克尼和基塔伊**,这种将拙劣的模仿拼凑起来的方式,已成为一种后现代的(甚至是伪古典的)大众文化的象征。[22]

因此,一种全球文化将由许多分析性的独立要素组成:有效广告化的大众商品,被从原有环境中剥离出来的民俗的(或族群的)风格与主题的拼接物,关于"人权与价值"的一般性意识形态话语,以及一种用于交流和评估的标准化的、量化的、"科学的"语言。所有这些都是建立在新的信息与通信系统及其计算机技术的基础之上的。

这种后现代的全球文化将与以前的所有文化都不相同,这不仅表
现在它扩散到了整个世界,还表现在它的自我意识与自我模仿的程度。 157
事实上,这种全新的世界主义相信:每个人都被特殊的话语和语言传统

* 伊格尔·斯特拉文斯基(Igor Stravinsky, 1882—1971),俄国音乐家。弗朗西斯·让·马塞尔·普朗克(Francis Jean Marcel Poulenc, 1899—1963),20世纪法国最重要的作曲家之一,著名音乐团体"六人团"成员。

** 戴维·霍克尼(David Hockney, 1937—　),原籍英国的美国画家、摄影家。罗纳德·布鲁克斯·基塔伊(Ronald Brooks Kitaj, 1932—2007),美国当代艺术家。

所牵绊，除此之外，没有任何一个角落是保留给“自我”的；在这些传统以外，没有参照点，也没有“中心”。新世界主义在本质上就是折中和变动不居的。它的外在形态是在不断变化的。因此，我们只能使用一些非常普通的词汇来“描述”它。

以前的文化帝国主义是根植于族群的时间与空间的，与此不同，新的全球文化是普世和永恒的。它是折中主义的，因为它不受空间或时间的影响。它是流动和无形的。今天，尽管西方世界要比其他地区发达得多，但大众媒体和通信网络已经将后现代的世界主义文化传播到了全世界。它在这里，在现在，在所有地方。它不再以历史为荣，而是面向当下和未来。它之所以挖掘一些民俗主题，只是为了给这种“科学的”、技术的文化做些表面装饰。

从根本上说，它也是一种人造文化。它的混搭风格是变幻无常和具有讽刺意味的；它的效果是经过仔细计算的；它对所指称之物没有任何情感承诺。这种新世界主义是肤浅的，它就像工艺技术一样，关注的是方法，倾向于将价值上的矛盾重塑为技术性的问题，从而找到纯粹技术性的解决方案。就其技术本质而言，情况正是如此：交织的通信系统创造了相互依赖的网络，它通过一种普世的、量化的、科学的话语得到表达，并由一个技术性的知识阶层来运作，而后者的技术话语取代了早期人文知识分子的纯粹批判话语。[23]

毫无疑问，尽管目前这种技术性的全球文化在这个星球上的分布还非常不平衡，但我们已经能够识别出它的一些特征。然而，这样一种世界主义文化能够存活下来并蓬勃发展吗？它能够在这个世界的众多人口中生根发芽吗？

再一次，历史经验无法给予我们指导。在过去，从不存在单数的文化，而只有复数的文化；它们都是特殊的、富有感情的、拥有具体历史意涵的。即使是那些最具帝国性质的、传播最广泛的文化,也是与其发源地(无论是罗马、拜占庭,还是麦加)的时间与空间紧紧连在一起的。这些文化的意象和认同感也同样如此,它们都是建立在具体的历史传统 158
之上的,能够在漫长的时代中引起大众共鸣,就像恺撒和沙皇在罗马和俄罗斯的意象那样。也许我们能够制造传统,包装意象,但只有当这些传统和意象在大众中获得回响时,它们才能够被保留下来;而只有当这些传统和意象能够被和谐而连续地整合进一段为大众所知的集体历史时,它们才能够在大众中获得回响。尽管所有纪念阵亡者的方式(纪念仪式、英雄塑像和周年庆典)都是新创造出来的现代形式,但它们都从一段被假定和感知的集体历史中汲取了意义与情感力量。[24]

今天,在这个现代世界中,能够被感知和理解的集体历史,仍然主要是族群和民族的历史。认同、形象和文化仍然相似而顽固地保持着复数、族群或民族的形式。这是唯一可能的形式,因为在锻造认同与文化的过程中,记忆具有中心地位。同样基于这个原因,后现代的世界主义的基本主题、理念与风格,在起源上都是民俗或民族的。到目前为止,除了一种综合性的新古典主义(无论如何纤弱,它本身也要回溯到古代的祖先)外,并不存在其他形式的历史,也不存在全球性的"建构中的认同"。全球文化只能是一种无记忆的建构物,否则,它就会碎裂为那些构成它的民族的元素。然而,无记忆的文化是一种矛盾,任何试图创造这样一种全球文化的努力,都需要盗用民俗记忆和认同来组装成一个巨大的拼装物,而这只会使那些记忆和认同的多元化特征更加明显。

在这里,我们最终在人类的"建构"和"解构"的局限上败下阵来。在全球性文化工程的背后,存在这样一个前提:文化乃人类的想象与艺术的建构物,我们必须去"阅读"它的"文本",并解构它的假设。既然民族本身就被视为“想象的共同体”(统治者与知识阶层的建构物),那么,建立在科学和通信技术基础上的,由对过去的模仿和拼凑而来的全球文化,就是人类最大胆、最包罗万象的想象行为。然而,这种世界主义所必然包含的文本,这件拼凑物被人挖苦讽刺的内容,正是那些构成了每个民族和族裔共同体的文化与话语的神话、记忆、价值、象征符号和传统。正是这些民族和族群,为我们的话语设定了历史性的边界。
159 突破它们的族裔民族形式,挑战它们的假设,并不能瓦解它们的力量或摧毁它们对民族话语的控制。族群和民族的话语及其内容,是与国家权力和文化交流的现实紧紧捆绑在一起的,它们为人类的想象力设定了边界。长久的族裔历史已经赋予我们特定的语言和文化,而集体自我、个体自我及相关话语都已经在这种语言和文化中形成,并将继续对人类进行捆绑和划分。现在我们还没有能力想象一种全球性的共同体。新的、更广泛的政治联盟形式和不同类型的文化共同体必须首先出现。这可能是一项零敲碎打的运动,杂乱无章,并且大体上是未经筹划的。[25]

利用“族裔历史”

到目前为止,我已提出一套原因来解释“为什么民族与民族主义既无法被消灭,也不可能被取代”:尽管“后现代主义”是一种如此折中和技术性的文化,并且它为我们提供了一种关于新型的“后民族”风格和语言的承诺,但是,构建全球文化的工程却是天然地缺乏可信度。

然而,还有另外一个更重要的原因可以解释这个问题,即族裔风格和民族话语仍然控制着这个星球上的绝大部分人口。这一点很容易被证实。大多数政治冲突、民众抗议活动和国家工程,都具有一个强有力的民族主义维度，甚或它们本来就是对民族性抱负与意识的具体表达。在那些最悲惨和棘手的冲突与抗议活动中，民族主义总是扮演了重要角色；即使当它与性别、阶级、种族、宗教等其他议题联系在一起时，其作用也依然突出。

在本章开头，我们曾提出这样的问题：为什么民族认同会如此无处不在又复杂多样？我们已经看到了民族与民族主义如何出现并传播到全世界。现在，这个问题变成了：民族认同能够持续地提供哪些其他类型的认同没有涉及或难以满足的功能？

在它的诸多功能中，最重要的可能就是为个体湮没（personal
oblivion）的问题提供了一个令人满意的答案。在这个世俗的时代中，160
认同于“民族”是战胜死亡结局和实现个体不朽的最可靠方式。甚至连政党也无法提供一个如此确定无疑的承诺，这种承诺最终还是要依靠民族来实现；因为政党只拥有短暂的革命历史，而民族则以它的遥远往昔为荣。即使民族历史的大部分都是重建甚至编造的，情况依然如此。更重要的是，它能够提供一个与英雄的往昔类似的辉煌未来。通过这种方式，它激励人们朝着一个共同的目标前进，并且，这个目标需要一代代人连续不断地去实现。这一代代人都是“我们的”孩子。无论是在生物学意义上，还是在精神气质上，他们都是“我们的”。这样的许诺是任何一个阶级或政党都无法给予的。因此，这种通过子孙后代来实现生命不朽的承诺，在遗传学的意义上就是确证无疑的。我们难道不能从后代的纪念中得到慰藉吗？这些纪念难道还不能确保我们拥有那个被世俗怀疑所摧毁的彼岸世界吗？因此，民族认同最主要的功能，就是提供一个强大的“历史与命运共同体”，从而将人们从个体湮没的深渊中拯救出来，并重塑集体信仰。[26]

认同于一个民族并不仅仅是认同于一个目标或一个集体。通过民族重建，个体将获得新生与尊严。通过成为政治性的“超级家庭”的一部分，每一个现在被剥夺了权力并遭受蔑视的成员，都将重获他们与生俱来的权利和先前的高贵地位。民族主义许诺了一种“地位逆转”，那些处于最末位的将成为最前面的，并且这个世界将认可被拣选的人民和他们的神圣价值。这正是族裔历史如此重要的原因。民族的历史必须长久，这样才能为它关于不朽的承诺奠定基础；同时，这种历史还必须辉煌，必须拥有一个充满圣徒与英雄的黄金年代，这样才能使它关于重生与高贵的承诺富有意义。因此，族裔历史越是充实和丰富，它的诉求就越有说服力，也就越能深刻地拨动民族成员的心弦。民族主义者早已明白这个道理：共同体族裔历史的那种能被感知到的古老性（其内容真实与否并不重要），既是民族尊严的检验标准，也是他们必须为民族重建发起上诉的法庭。这正是芬兰的知识分子（如伦洛特和斯内尔曼、盖伦—卡雷拉和西贝柳斯）感到自己不得不重新创造芬兰历史的原因。他们根据卡累利阿农民的歌谣，创造了《卡莱瓦拉》，描述了这
161 片英雄的土地上遥远的黄金年代，并将它作为真实可信的历史发布出来。这样，他们和所有的芬兰人就可以重温共同体的鲜活往昔，并借此重建集体尊严，将自己融入由许多代人构成的历史长链中。单单是这条世代之链就能够使个体实现不朽了。正是在“芬兰之地”（Finland）这个建构的抽象概念下，他们获得了新生；然而，这个建构的概念之所以富有意义并能够获得大众的共鸣，是因为它与一段悠久的假想族裔历史具有显而易见的联系，而这段历史获得了大多数芬兰人的认同，并且看起来能够许诺使他们不被湮没。[27]

民族认同的第三项功能是，它将同胞之爱（fraternity）的理想提升到重要位置。这种理想认为，至少在意识形态的层面上，家庭、族裔共同体和民族之间存在紧密联系。族群和民族被简单地视为扩大了的家

庭，是许多相互关联的家庭、兄弟与姐妹的总和。然而，民族主义者还对仪式和典礼做出了规定，从而演练并强化了这一理想。他们利用阅兵、纪念仪式、周年庆典、阵亡者纪念碑、誓词、货币、旗帜、对英雄的颂扬和对历史事件的纪念等方式，不断强调认同与统一，从而唤起同辈公民对他们的文化纽带和政治亲缘的记忆。

在许多时候，对民族认同的成功与持久而言，这些仪式和象征的内容是最具决定意义的。正是在这些方面，个体认同与集体认同被紧密地绑在了一起。有许多原因能够解释这种密切关系。我们不应低估审美因素的重要性——人们对美好、变化、高贵和同情的感受力。艺术作品通过对形式、体量、声音和节奏的巧妙安排，能够唤起这种感受，从而激发出这个民族与众不同的“精神”。毫无疑问，这可以解释：为什么如此多的诗人、作曲家、画家、雕刻家及其他艺术家都认为，对他们自己及其艺术而言，民族认同的理想是极富感召力的。然而在今天，民族主义的象征和仪式之所以能够如此直接地激发个体的认同感，首要原因在于，它让基于族裔的纽带与认同重新焕发了生机，并且，它是对这个共同体的“祖先”及每代的阵亡者的缅怀。在这一点上，民族主义与日本神道教这类宗教信仰颇为相似，后者非常重视与死者的交流和祖先崇拜。就像这些宗教那样，民族及其纪念仪式既将所有在战争及其他民族灾难中失去亲人的家庭聚到了一起，也将所 162
有能够追溯到共同祖先的人聚到了一起。这些人将从他们的榜样身上汲取实现目标的决心和自我牺牲的精神，从而在心中激起一种类似的英雄主义。[28]

为了不被历史遗忘，人们需要拥有子孙后代；为了重现集体荣耀，人们需要去追溯黄金年代；而为了将同胞之爱的理想变成现实，人们则需要借助象征符号、仪式和典礼的力量。这些符号、仪式和典礼，将共同体中活着的人与死去的人联系在了一起。这正是民族认同与民族主义在现代世界中的潜在功能，也是它们能够历经世事变迁而依然持久稳定、变化自如、富有生命力的根本原因。

还存在其他一些历史与地缘政治方面的原因。就历史而言，自从法国和英国的统治在战争时期与和平时期都展示出效能，民族—国家就已经证明了自己的价值。尽管对它的复制总是外在形式多于内在精神，但无论如何，它已经变成了一种普世的模型。与此类似，德国和日本的成功显示了族裔民族主义与民族认同的“族裔”类型所具有的力量与效能。赫尔德主义与费希特哲学的传播，证明了德国模型的广泛影响。由于许多族群都具有大众性质，因此，民族的这种族裔模型已经被证明比公民模型更加成功。在这个世界上，几乎没有哪个地区能够幸免于通常带有暴力性的族裔民族主义。

许多原因可能导致族群暴力，其中一个是“族裔历史”的不均衡分布。每个共同体的历史记忆在性质、深度和丰富程度上都彼此迥异。一些共同体所宣称的历史不仅源远流长，而且拥有完善的文字记载，能够唤起强大的情感共鸣；另一些共同体则只能找到很少关于共同壮举的记录，并且这些壮举中的大部分还是近期发生的；而对其他一些共同体（它们大部分只是族群类别）来说，它们可利用的集体记忆只是一段遭受压迫和奋起抗争的近代历史，或许还可以盗用一些关于该地区早期文化的记忆碎片。例如，在早期现代的东欧，我们可以看到一些具有清晰特征的族群，如波兰人、匈牙利人和克罗地亚人。他们生活在自己的历史性国家中，并为其漫长而丰富的历史自豪。我们也发现了那些已经湮没的族裔共同体，如塞尔维亚人、罗马尼亚人（瓦拉几亚人和摩尔多瓦人）和保加利亚人。他们的中世纪历史是被重新发掘出来的，并与其遭受奥斯曼帝国压迫的晚近记忆融为一体。

我们还发现了一些族群混杂的地区和类别，如马其顿人和罗塞尼亚人。这类人群的历史记忆的主体部分是相当晚近的，并且他们与斯洛伐克人一样，都不得不从血缘谱系和英雄祖先的模糊形象中去挖掘自己的族裔历史。[29] 163

现在，一份丰富的族裔历史能够成为文化权力的重要来源和文化政治化的重点。能够自夸拥有这种族裔历史的共同体，与那些历史匮乏或可疑的共同体相比，就拥有竞争优势。在后一种共同体中，知识分子面临双重任务：他们必须要发掘一段足够分量的共同历史，从而让这个共同体的成员相信，他们拥有一段辉煌的往昔；同时，他们也必须充分地证实这段历史，从而让那些持怀疑态度的外部人士相信这些历史伟业。民族主义知识分子正确地将重点放在了前一项任务上。从文化与政治的角度来看，这些被发掘出来的历史的内容的真实性，并不比它们的丰富性、多样性与戏剧效果（美学品质）重要，也不比它们所树立的忠诚、高贵与自我牺牲的榜样（道德品质）重要，因为正是后面这些品质才能鼓励共同体成员追赶先辈的功绩，并将当代人与那些“光荣的死者”联为一体。

总的来说，恰恰是那些规模较小的、被埋没的共同体或类别，才不得不通过“文化战争”来扭转它们因缺乏漫长、丰富且连续的族裔历史而陷入的困境。在这场战争中，文献学、考古学、人类学和其他“科学的”学科都被利用起来，以便去追溯并不确定的血缘谱系，使族群人口在所在土地扎下根来，用文字记录下他们与众不同的品质和文化，并将早期文明占为己有。因此，伊拉克人盗用了属于苏美尔人和巴比伦人的早期文化，因为这些文化曾在美索不达米亚地区兴盛繁荣。同样，土耳其人声称他们对公元前2000年的赫梯帝国拥有继承权。希腊人和保加利亚人为古马其顿的王室陵墓的“民族”起源问题争论不休，犹太人与巴勒斯坦人因为纳布卢斯（Nablus）与撒玛利亚（Samaria）两个地区的归属问题而兵戎相见，匈牙利人与罗马尼亚人则为了争夺特兰西瓦尼亚（Transylvania）的族群混居区而陷入战争。[30]

更普遍的情形是，在前面章节讨论过的方言动员与文化政治化的普遍过程中，这种由族裔历史的不均衡分布所孕育的文化竞争，已成为一种驱动力量。那些取得成功的族裔民族主义树立了榜样，那些发
164 达邻国的文化霸权则制造了恐惧，二者相结合，在全球范围内鼓励了族裔运动，激起了族群冲突。从斐济和斯里兰卡，到非洲之角（Horn of Africa）与加勒比海，情况都是如此。那些被发掘出来的族裔历史即使模糊难辨，也足以将数量众多的族裔共同体和类别动员起来；因此，族群与民族的文化战争还看不到终结的可能性，民族主义消亡的希望也依然遥遥无期。

地缘政治与民族资本主义

民族认同之所以是普遍存在的，除了那些文化和心理方面的原因外，同样重要的是经济和地缘政治的因素。这两类因素相结合，既强化了已经存在的族裔和民族差异，又使它们的影响全球化。我们经常听到这样的说法：发达资本主义已使得民族主义成为明日黄花，它突破了民族的边界，正在创造一个单一的、相互依赖的世界。有时，这种说法与马克思主义者的观点不谋而合，后者宣称民族和民族主义都是早期资本主义的产物（或工具）。然而，在这样一个由跨国公司和国际劳动分工所主导的世界里，民族和民族主义仍在蓬勃发展。显然，那种继续认为"民族和民族主义是随着资本主义生产方式的变化而出现"的观点，并不能为这个问题提供细致的分析。

事实上,尽管在特殊的历史阶段,资本兴起与民族产生这两件事经常相互纠缠,但最好将它们作为各自独立的过程来分开观察。最初,在意大利北部和佛兰德地区,资本主义经历了一个以银行业为主的阶段,但它很快就变成以商业资本为主。从15世纪晚期起,资本主义在欧洲西北部的几个"核心"国家的竞争中扮演了重要角色,并逐渐占据主导地位。尽管直到19世纪晚期和20世纪,资本主义才通过工业革命获得独霸世界的地位,但在18世纪,西欧和中欧的很多地区,以及亚洲、非洲和拉丁美洲的海岸地区和某些飞地,就已经被纳入资本主义的范围。在14—15世纪,欧洲西北部已经出现了最早的现代(理性化的,有专业化官僚机构的)国家——法国、英国、西班牙、荷兰和瑞典。正如我们所看到的那样,它们都是在其心脏地带已经存在的族裔共同体的基础上形成的。正是在这些地区,在这些"族裔国家"(但绝不是内部同质的) 165
的基础上,最早的现代民族产生了。它很快被复制到欧洲的其他地区,并从18世纪晚期开始扩散到整个世界,成为19世纪末、20世纪初的政治规范。

从时间上看,民族与资本的确是几乎同时兴起并取得世界霸权的,但它们并不是同一回事。事实上,资本主义是在已经存在的族裔共同体和国家的框架内运行的,而这些共同体和国家则常常深陷于彼此间的竞争与战争。商业资本主义和工业资本主义的相继来临,使得这种竞争进一步强化和扩大。战争进一步巩固了国家政权,并将它的主体族群铸造成一个紧实的、拥有领土的、由法律联合起来的民族。因此,资本主义扩张的影响,就是强化了欧洲既存的国家间体系,并通过战争和竞争推动国家中的主体族群的民族情感的塑造。[31]

事实上,在有些时候,资本运作与特定民族的兴起之间具有紧密联系。如果说贸易领域的竞争能够强化各民族对彼此差异的感知,并在民族冲突中注入经济内容；那么，资产阶级日益高涨的民族情感，同样也会增强他们在海外市场竞争的动力。如果说资本能够成为现代国家的经济工具，那么族裔国家的框架及民众对它的忠诚感，同样也常常支配了商人和（后来的）工业家的贸易方向。

资本主义对民族的首要贡献，是为国家配备了新的阶级——主要是资产阶级、工人和专业人士。在与其他国家和民族的竞争中，这些新阶级将担任领导者，并追求自己的利益。然而，这些功能都是在既存的族裔共同体和国家体系的范围内实现的。

资本主义创造了一种新的阶级结构。这种新结构通常被置于以农业为基础的旧结构之上。对于正在形成的民族而言，这种新结构为它所需的职业技能和多样化经济提供了必要的补充。但是，民族不应被视为这些新阶级的“产物”。相反，在民族从既存的水平或垂直族群中脱胎而成的过程中，这些不同的阶级都成了它的代理人；或者说，在族裔类别根据邻近族群的形象而形成一个新的族裔共同体的过程中，它
166 的知识阶层扮演了催化剂的角色。

在接下来的历史时期里，在旧式的族裔共同体向现代民族转变的过程中，这些不同的阶级和阶层都担任了领导者的角色。在早期的现代西方，在通过官僚体制将较低阶级和外围共同体吸纳进“民族国家”的过程中，君主、贵族和后来的绅士阶层是主要的代理人。他们与教会一起，帮助创建了“民族的国家”。这是一个长期、缓慢且不连续的过程，可以追溯到12—13世纪的英格兰和法国。后来，随着那些流散的族裔共同体（加泰罗尼亚人、德国人、亚美尼亚人、犹太人）将早期的商业资本主义传播到更大范围，法国、西班牙、英格兰、荷兰和瑞典的本地商人和贸易阶级帮助王室继续完成官僚体系的吸纳任务，并经常与贵族和教士的利益发生冲突。

另一方面，在东欧（除了波兰和匈牙利），贵族和绅士的角色被一个人数较少的专业人士与知识分子阶层取代了。在有些时候，这个阶层会与商人阶级结合在一起（就像希腊或塞尔维亚的情形那样）；但更多时候，他们只能从弱小的商业阶层那里获得微不足道的支持。在大多数案例中，由于工资收入这个要素在总人口中所占的比例非常小，因此，谈论资本主义渗透的问题还为时尚早。在欧洲以外的地区（除了印度、南非等少数例外），领土民族主义和族裔民族主义的出现时间，都早于资本主义生产关系的渗透，尽管海岸贸易通常起到了催化剂的作用，并促进了19世纪末、20世纪初的城市受教育阶级的兴起。然而在这里，同样是欧洲殖民主义的政治和行政框架，及其基于战略和声誉需要而划定的领土边界，限定了资本主义的影响范围。[32]

我们能够证明，在民族和民族主义的兴起中，资本主义本身只充当了一个有力的贡献性角色，但同样的定位却不适用于官僚制国家和地区性的国家间体系。如果官僚制国家和地区性的国家间体系是资本主义兴起的决定因素，那么它们对民族认同和民族主义的扩散也同样重要。这种重要性是通过它所发动的战争和它对多样化的族群人口与阶级所施加的影响来实现的。由于中央集权化的国家总会激
起示威、反抗乃至革命，因此，这种影响总是伴随着冲突。在这里，那 167
些被疏离的知识分子通常担任了关键性的角色。他们自己就能够创造出一个关于“真实的”民族共同体的理想，而这个理想将取代精英的独裁与国家的专制。同时，他们能够在受过教育的中间阶级的“公众”中吸引一批追随者——尤其是那些国家出于自身目的而需要、招募和训练的专业人士。[33]

结果是，主权官僚制国家越来越热衷于给它的领土和政治单元（还有经济和军事力量）设定边界。到20世纪早期，在民族主义原则的支

持下，这种做法已成为世界上大部分地区的政治联盟的公认规范。国家作为民族认同的守护者，试图使自己成为民族的化身与代表，并由此获取政治合法性。因为在一个由“民族—国家”构成的世界中，只有当拥有自己的国家时，民族才能感受到安全和自主。通过这种方式，国家与民族就宿命性地混为一体了。

然而，尽管这种混淆在许多地方带来了大量的冲突与不幸，但它的影响也仅仅是同时巩固了国家和民族。这二者的共生关系已被证明是不可逆转的。它有力地确认了民族认同与民族主义理想的控制力，这符合所有民族主义者的期望，却会令所有世界主义者悲恸。然而，它也增强了国家及其官僚机构的合法性。那些有效地运用民族主义话语的政权，即使越来越不得人心，也还是能够存活相当长的时间。当国家与民族合二为一（通常被赋予“民族—国家”这个不恰当的名称）时，它们就成了同样被不恰当地命名的“民族间”社会（“inter-national” community）所唯一认可的构成形式。[34]

今天，世界被划分为许多“民族—国家”，这些“民族—国家”又在地区性的国家间体系中结成松散的集团。这类国家间体系及其成员国都高度重视它们的公民的团结与政治承诺，以及民族—国家在各自边界内的司法主权。尽管也存在一些例外情况（捷克斯洛伐克、格林纳达、巴拿马），但总体来说，国际社会反对针对主权国家内部事务的外部干涉，因为这些事务属于公民权利的范畴，应该服从该民族的“人民意志”。在这个问题上，国家主义强化了民族和它的道德边
168 界，各种地区性的国家间体系也日益具有了同样的作用。对这些体系而言，唯一的集体行动者就是民族—国家——那些通过清晰地表达民族意志与民族认同而获得合法性的国家。为了在这个意义上获得合法性，一个民族—国家必须尽可能表明，它的公民与“外国人”

是具有绝对差异的，但其内部的每个人都是平等的、无差异的。换句话说，在一个由诸多“民族—国家”构成的世界里，合法性需要建立在一定程度的内部同质性之上；因此，现在地缘政治的边界就比其他的差异都重要。

然而，地缘政治的需要虽然能够巩固那些在族群上相对同质的国家，却也同样可能对那些族裔多元的国家的凝聚力造成侵蚀。国家间体系对团结、承诺和同质性的要求，经常会激发族裔反抗行动，而为了体系的稳定，这些行动将被镇压。在许多地区，之前就生活着若干族群和族裔类别。当我们将一个个紧实、理性和官僚制化的国家置于这些幸存下来的族裔马赛克画（或百衲衣）之上时，如果国家的边界与既存的族群地图不相匹配，那么这些官僚制国家就将引发巨大的不稳定和强烈的族群冲突。在任何案例中，奉行干涉主义的官僚制国家，都很容易激起受压迫的阶级和地区的反抗行动——这些行动通常是由被疏离的知识分子领导的——因此，我们不难看到，那些受压迫的族裔共同体和类别是如何被动员起来反抗新型国家与国家间体系的同质化要求的。一旦集权化的领土型“民族—国家”与族裔共同体之间爆发冲突，现代国家的地缘政治只会导致这两种（或更多种）民族主义间的永恒的（有时是潜藏的）矛盾变得更加棘手。[35]

因此，与许多流行的观点正好相反，这种将国家纳入范围更广的地区体系的政治构造，事实上有助于强化民族的权力和煽动民族主义的火焰。因此我们不应通过建立新的区域联盟或“超民族”的“民族—国家”集团的方式，来寻求取代民族与民族主义的可能性，因为这种国家间集团（无论是联盟、共同体还是组织）恰恰与那些国际资本主义的新兴阶级一样，只会使民族认同与民族主义抱负的影响力长存不衰，甚至成为它们的助燃剂。 169

超越民族的民族主义？

今天，民族认同是集体性身份认同的主要形式。无论个体的感受如何，它都提供了文化与认同的主导标准，政治统治的唯一原则，以及社会与经济行为的首要焦点。民族与民族主义的诉求是全球性的，没有任何一个地方能够摆脱族群示威与民族主义暴乱的影响。民族有时被赞颂，有时被辱骂，但无论如何，都没有迹象表明它将被超越；同样，也没有迹象显示民族主义将失去或减少其具有爆炸性的大众力量和影响力。

在这种事态中，没有什么是随机的或无缘由的，它们都根植于族裔纽带与情感的漫长历史。这种纽带与情感可以追溯到我们的现代世界诞生以前，但它们却在这个世俗化的时代里出人意料地获得了强势复兴。这次复兴的基础是官僚制国家体系、资本主义阶级结构，以及在一种历史与命运的共同体中实现不朽和尊严的渴望。民族认同和民族主义重新发现了族群的往昔，并承诺将恢复黄金年代的集体荣光。通过这种方式，它成功地唤醒了族裔共同体，以及来自所有阶级、地区、性别与宗教的人们，并鼓励他们在这个由自由和平等的民族构成的世界中追求作为"民族"（由具有同源的文化和历史的公民构成的领土共同体）的权利。这是一种有力的认同与力量，即使是最强大的国家，也不得不与之达成妥协。在可预见的未来，它已经（或可能会）塑造我们的世界。

对许多人来说，这是一个冷酷的结论。它声称我们的世界无法摆脱民族主义，不可能超越民族，也难以克服由民族主义引发的许多惨烈冲突。发生在民族—国家之间（及国家与构成它的族群之间）的冲突可能将持续下去，甚至可能播下新的冲突的种子，使今天还和平相处的族裔共同体与类别在明天变得激进。站在全球安全和全球文化的立场上，这个结论无法为地方性的分裂、不信任与战争的死结提供解决方案。

然而，我们能理所当然地得出这样一个严酷而绝对的结论吗？我们之前讨论过新兴的全球性力量（跨国公司、远程通信系统等）所具有的重要意义，这难道不会将情势导向一个全然不同的方向吗？我们也 170
对一些国家中的联邦体制和欧洲一体化的项目进行了讨论，难道这些制度的前景真的那么消极吗？如果说世界主义的狂热梦想必然无法实现，而全球性文化因为没有集体记忆作为基础也难以获得支持，那么，对于集体认同在区域层面上的重塑，难道我们也不能保留一些冷静的期望吗？我认为，在文化而非政治的意义上，这些有限的希望是具有生存空间的，但却是以一种矛盾的方式存在的。

我要论述的全部问题就在于多种力量间的相互影响。这些力量塑造了现代的集体性认同，其中最重要的就是族裔纽带和族群历史。但同时，它们也塑造了国家、阶级，以及人们（通常是追求民族主义的知识分子）将其历史遗产重构和重塑为“旧—新”民族认同的方式。这种二元性正继续影响着近来将民族认同重塑为某种“超越民族”之物的愿景和努力。这意味着，那些想要超越民族的各种严肃尝试，都不得不以民族的原则作为起点，并对其加以利用。民族的原则就是民族主义的原则。因此，也许只有通过民族主义的形式，才有可能超越民族。民族主义所追求的目标通常是一种紧凑的民族，而现在却要利用这种形式，来悖谬地实现更大规模的共同体形式。

存在着这样一种形式的民族主义，它的范围与视野比“正常的”紧实民族更为宽广；我将它称为“泛民族主义”。它可以被定义为一种运动，在共同的文化特征或同属一个“文化家族”的基础上，将几个国家（通常在地理上邻近）联合起来，构成一个文化和政治共同体。南斯拉夫是泛民族主义的最早范例之一，紧随其后又出现了各种各样的领土收复主义运动（泛德意志主义、泛保加利亚主义、泛意大利主义等），这些运动通常都是追求将其他国家中的同族群部分包含进来。此外，还有一些规模更大的“泛”运动——如泛突厥主义、泛阿拉伯主义、泛非主义、泛拉美主义等，其目标既包括致力于政治统一的严肃尝试，也包括在共同的殖民经历与文化的基础上建立松散的政治联盟。

所有这些运动都没能在政治意义上获得成功（除了一些规模更小的领土收复主义运动）。然而，这些运动的重要性存在于其他地方。泛
171 斯拉夫主义从来不曾将斯拉夫人联合为一个统一的政治共同体，就更不用说建立单一的领土国家了；但是，这项运动的确在斯拉夫语系的人群中激发了文化复兴，并滋养了各种各样的共同理想与情感，也在一个宽泛的文化领域内推动了作家和艺术家之间的交流。[36]

泛阿拉伯主义的力量从来没有强大到可以阻止阿拉伯人内部的自相残杀，就更不用说将政治共同体的信念传递给所有阿拉伯人了。然而，它还是推动了一些阿拉伯人之间的合作项目，也推动了更广泛的文化和慈善联结。与此类似，尽管泛突厥主义最终以毁灭性的军事暴力为结局，但它也确实成功地在土耳其以内和以外的突厥语系群体中造就了文化复兴，引发了对突厥语言与历史的新兴趣，并在突厥语系的人群中培养了多种多样的联系。[37]

泛民族主义的重要性在于，它对势力日益壮大的族裔民族主义的分离主义倾向具有对抗能力，或者至少也为其提供了备选方案。虽然泛非主义没能阻止一系列的少数族群的族裔民族主义在新兴的后殖民国家中提出权利诉求，但它的确赋予了他们一种对往昔非洲成就的全

新自豪感，以及一种由所有非洲人共享的更广泛的共同体感知。因此，它的意义并不仅存在于帮助创建非洲统一组织的政治努力中；更重要的是，通过重新发现共同的非洲往昔和“文化家族”，它使这些经常被其殖民者主人所歧视的非洲黑人拓展了视野，并重获尊严。[38]

在这里，“文化家族”（family for cultures）的概念是至关重要的。在今天，政治和经济的统一是人们想要实现并且会主动建构的，是制度性的；但是，那些包含了一系列相关文化的“文化地区”（cultural area），却通常是一个长期过程的结果，并且这个结果几乎都是非预期、非计划、没有明确方向的。政治和经济的统一总是经过计划和组织的，而文化家族和文化地区却往往是发展不充分和非制度化的。然而，对那些处于这个文化圈内部的成员来说，它的真实性和影响力却丝毫不会逊色。伊斯兰的、美利坚的和苏维埃俄国的认同与文化对它们的成员所具有的吸引力，就远远超过了作为官方喉舌的政治和社会制度的影响。

造就这种诉求的一个原因是“通用语”的重新出现。在中世纪的
鼎盛时期，拉丁语和阿拉伯语曾名副其实地获得了超越领土和文化的 172
统治力。然而，在这两个案例中，教士和乌里玛都是一种整体性的身份认同，具有超越领土的功能，而“通用语”就是为这种功能服务的。今天，为满足大众性、标准化的公共教育的需要，许多口头的“低级”文化都转变成了书面的“高级”文化，因此，民族语言也就取代了之前的“通用语”。但是，情形也并非完全如此。某些享有声望的语言因有助于广阔地区内的交流和沟通而获得扩张，这在文化地区内培养了一种松散的文化亲缘感。有时，这种影响甚至会超出文化地区的范围。就北美洲的英语、拉丁美洲的西班牙语、中东的阿拉伯语及苏联各加盟国的俄语而言，尽管它们的地位并非高枕无忧，但当条件成熟时，这些语言的确为重塑一种比既存的紧实民族认同更宽广的身份认同提供了

新工具。[39]

另一个原因是人们关于区域性共同问题（尤其是在生态领域的）的新观点。大众媒体使得地缘政治的区位与邻近性清晰可见，这有助于使人们意识到那些发生在民族边界以外，却对整个区域或文化地区的所有民族都构成威胁的危险。一场生态灾难的影响范围通常会更大，切尔诺贝利核泄漏、萨赫勒地区的饥荒或巴西热带雨林的大规模毁坏对人类意识的渗透，都远远超出了它所直接影响的文化地区的范围。在其他案例中，所发生的问题是区域性的（地中海的污染、加利福尼亚的地震、孟加拉的洪水），它们有助于激发一种关于区域共同需要的文化意识。

然而，文化地区与文化家族之所以拥有越来越大的吸引力，还存在第三个原因，即在它们涉及的社会与政治的观念和制度（包括基本的政治价值）中，存在着广泛的亲缘关系。在某些地区，军事独裁与公民权和政治自由的低水平共存，成为常见情况，这反映的不仅是经济发展的水平，也是建立在一系列政治价值之上的同源政治文化。在其他地区，社会动员与民主化的过程可能会推翻之前独裁的一党制政体；虽然经济方面的因素可以提供解释，但相关历史经验和政治文化的重要性，也不应被低估。

173 这些历史过程为西欧的欧洲一体化项目创造了条件。尽管欧洲合作的意愿在内容上主要是经济性的，在形式上主要是政治性的，但它也显然是以更广泛的文化预设与传统为前提的。这里或许缺乏单一的“通用语”（尽管法语和英语可以很好地承担这一功能），但共同的生态危险，以及政治观念与制度上的亲缘关系，都有助于形成一种关于“在一个独特的文化地区内的诸多相互关联的欧洲文化”的观念。众所周知，该地区内的民族边界是很难划定的。最初，它们都是被动地由冷战双方的势力范围所定义的；但随着政治变革席卷东欧，这些边界变得更加开放和不稳定。统一的目标也已经微妙地转向了泛欧洲主义者所倡导的政治联邦形式。但无论如何，对欧洲文化模式的坚定信仰，还是大致按原样得到了保留。

这种欧洲文化模式包括罗马法的遗产、犹太教—基督教的道德、文艺复兴的人文主义与个人主义、启蒙运动的理性主义与科学、艺术上的古典风格与浪漫主义，以及最重要的——公民权与民主的传统。这些元素都曾于不同时期在欧洲大陆的不同地区出现，它们创造了一种共同的欧洲文化遗产，形成了一个独特的文化地区。这个文化地区跨越了民族的边界，并以共同的格调和传统，将不同的民族文化联系在了一起。通过这种方式，一个互有重叠的文化家族在数个世纪的时间中逐渐形成了，尽管其间也不免经历了多次中断或分裂。这并不是官方欧洲主义所喜欢的那种有计划的“多元统一”，它由一系列文化预设、形式与传统混合而成，丰富但尚未充分发展。这是一份在欧洲人民中创造了亲密情感的文化遗产。只有在这里——而非中世纪的基督教国家（尽管目前正在进行普世教会运动）或以莱茵河地区为基础的神圣罗马帝国（尽管位于斯特拉斯堡）——我们才能找到那种可能超越民族的文化性泛欧洲民族主义的基础。[40]

显然，无论欧洲的泛民族主义将创造出什么，结果绝不会是欧洲人
的超级民族——一个与所有其他民族相似，只是扩大了规模的民族。
它不会像美国，因为美国的族裔共同体缺乏独立的历史性祖地；它也不 174
会像苏联，因为除了晚近的苏维埃政治经历外，苏联的各民族共和国及
共同体不具备相互之间的文化亲缘性。这个新欧洲甚至也不会类似于
英国或比利时的模型，因为在这两个模型中，尽管不同的族群或民族间
具有更强大的文化和历史纽带，但却存在一个占主体地位的族群或民

族。如果欧洲政治共同体能够获得普通民众的支持，那么我们可以确信，它一定是建立在共同的欧洲文化遗产的基础之上的。泛欧洲的民族主义运动能够从这些共同遗产中创造出共同的欧洲神话、象征、价值与记忆，并且会采取一种不与那些始终强大的民族文化相竞争的方式。只有通过这种方式，泛民族主义才能创造出一种超越但却不会取代个体民族的新型集体认同。

结　论

到目前为止，超越民族和取代民族主义的机会显然非常渺茫。今天，新兴的经济、政治和文化力量具有强大的跨民族影响力，它们无疑创造了多种多样的全球性相互依赖模式，然而，所有这些都还不足以实现上述理想。

正在发展的世界主义，本身并不意味着民族主义的衰落；区域性文化地区的兴起，也不会降低民族认同的控制力。就像我在本书开篇就指出的那样，人类拥有多种集体性认同，这些认同的范围和强度会随着时间和地点的变化而改变。一个人完全可以同时认同佛兰德、比利时和欧洲，并在合适的情境中表现出对每一种认同的忠诚感。或者，一个人也可以在忠诚或归属的同心圆中，同时认为自己是约鲁巴人、尼日利亚人和非洲人。事实上，这种现象非常普遍。在很大程度上，这正是一个具有多重纽带和认同的世界应该呈现出的面貌。

这并不意味着这些纽带和认同是随心所欲或完全由环境决定的，也不是要否认其中一些纽带和认同会比另外一些具有更强大的约束力和影响力。本书的主旨正是要说明：在当今世界，被我定位为民族
175 认同的这种现象，的确比其他的集体性文化认同拥有更有力和持久的

影响；并且，由于我所枚举的那些原因（对集体性的不朽与尊严的需要、族裔历史的力量、新的阶级结构的影响，以及现代世界的国家间关系体系的主导地位），在未来的很长一段时间里，这种集体认同形式可能会继续控制人类的忠诚归属，尽管其他一些规模很大但较为松散的集体认同也会与它同时发生作用。事实上，正如欧洲的案例所显示的那样，在划定的文化地区内，旨在创造一种范围广泛的大洲认同的文化性泛民族主义运动，可能反而会促使一些特定族群和民族的民族主义得以复兴，就好像一个"文化家族"的个体成员从他们的亲属纽带中汲取了力量。即使本来就具有较高同质性的文化能够通过移民而相互融合，外国劳工和难民潮也可能在本地人口和文化中触发强烈的族裔反抗。

人类被划分为不同的民族，并且民族认同在世界各地都具有持久力量。在这个事实中，既存在危险，也蕴含了希望。危险是显而易见的：它会使脆弱的全球安全体系更加不稳定，它会使族群冲突在任何地方产生和恶化，它会在追求民族同质性的驱动下对那些"无法同化"的少数群体施加迫害，它甚至为那些在以前的时代无法想象的大规模恐怖行为、文化灭绝、种族灭绝与大屠杀提供了正当性。尽管民族主义并不需要独自对20世纪所发生的地方性动乱、冲突和恐怖行为负责，但它通常是主要原因之一，或者扮演了帮凶的角色。对此，它难辞其咎。

但同时，这个由民族和民族认同所构成的世界并不是毫无希望的。在许多专制政权的改革与民主化过程中，民族主义或许不能自诩为功臣，但它的确是一种经常出现的伴生目标。它成为被压迫人民的骄傲之源，并且为他们加入或重回"民主"与"文明"的世界提供了一种可识别的模式。在当今世界，它是政治团结唯一的愿景和理由，能够获得

大众的支持，并释放他们的热情。与它相比，所有其他的愿景和理由都
将黯然失色。它们不能提供被拣选的感觉、独特的历史和特殊的命运，
而这些正是民族主义所履行的承诺，也是如此众多的个体继续坚持民
族认同的真正原因。每一个民族及其民族主义都培育了自己的独特历
176 史、黄金年代和神圣祖地。只要这些需求不能通过其他类型的认同获
得满足，那么在21世纪，民族和民族主义——无论被否定还是被认可，
无论被压制还是获得自由——仍将继续为人类提供基础性的文化和政
177 治认同。

注　释

第1章　民族认同与其他认同

1. Sophocles（1947，第55页）。
2. Sophocles（1947，第71—124页）。
3. Sophocles（1947，第66页、第74页、第79页、第117—121页）。
4. 这种更具凝聚力的身份认同通常与阶级或民族相关。女权主义运动经常与社会主义和（或）民族主义运动结成联盟。
5. 关于旺代叛乱，见Tilly（1963）；关于现代西方的族裔—宗教运动，见Hechter and Levi（1979）。
6. Cobban（1965）讨论了第三等级内部的分歧；Kautsky（1962，导论）考察了非民族主义者的工人很少发动社会主义革命的问题；但是要参考Breuilly（1982，第15章）的不同观点。
7. 关于革命性的马兹达克运动，见Frye（1966，第249—250页）。关于韦伯对阶层与阶级的关系及不同种类的宗教体验的分析，见Weber（1965，第8章）。
8. 见Bonton（1966）中M. Spiro的《宗教：定义与解释的困境》。
9. 关于德鲁兹人，见Hitti（1928，尤其是第12页）和Arberry（1969）中H. Z.（J. W.）Hirschberg的《德鲁兹人》。
10. 关于这一论断，见Armstrong（1982，尤其是第3章、第7章）的开创性研究。
11. 关于宗教能够加强族性的问题，缅甸佛教的角色提供了一个令人印象深刻的案例，见Sarkisyanz（1964）；也可参考de Silva（1981）关于僧伽罗人的案例。关于盎格鲁—萨克逊人的形成，见L. Smith（1984）中P. Wormald的有趣论述《盎格鲁—萨克逊王国的出现》。

12. 见Finley（1986，第7章）的讨论，其中包含了迈内克的论点；参考Fondation Hardt（1962）。

179 13. 关于西方早期的民族定义，见Kemilainen（1964）。

14. 关于早期荷兰的案例，见Schama（1987，第1章）；关于“民族领土”的各种含义，见A. D. Smith（1981b）。

15. Schama（1987，第2章）；关于19世纪晚期法国持久存在的地方主义，见E. Weber（1979）。

16. 关于这些“政治文化”，见Almond and Pye（1965）。

17. Nairn（1977，第2章、第9章）强调了这种“跨阶级”的平民主义角色。也可参考Gellner and Ionescu（1970）。

18. 关于这类语言复兴，见Fishman（1968）；关于包括冰岛和挪威的一些北方国家的复兴运动，见Mitchison（1980）。

19. 关于大革命期间法国的语言民族主义，见Lartichaux（1977）；关于法兰西血统的竞争性神话，见Poliakov（1974，第2章）。

20. 关于民族和民族主义的定义问题的部分讨论，见Deutsch（1966，第1章）、Rustow（1967，第1章）、A. D. Smith（1971，第7章）和Connor（1978）。

21. 例子见Tivey（1980）。

22. 关于这个计算，见Connor（1972）；也可见Wiberg（1983）。

23. 关于民族主义的经济维度，见Johnson（1968）和Mayall（1984）。

24. 这是Gellner（1983）所强调的一个方面。

25. 关于这种影响，Klausner（1960）提供了一个有趣的例子。

26. 见Kedourie（1960）的著名批评。Neuberger（1986，第3章）在经验的层面上展示了当代非洲的民族性自我的多样性。

27. Kedourie（1960）和（1971，导论）。

第2章　民族认同的族裔基础

1. Kedourie（1960）和Breuilly（1982）对这种民族主义的救赎戏剧进行了批判性刻画。
2. 关于这些竞争性方法的扩展讨论，见Taylor and Yapp（1979）中Paul Brass的论文和A. D. Smith（1986a，第1章）。
3. 关于土耳其人，见B. Lewis（1968，尤其是第10章）；关于斯洛伐克人，见Brass

(1985)中Paul的论文。 180

4. 关于更充分的讨论,见Horowitz(1985,第1—2章)和A. D. Smith(1986a,第2章)。
5. 关于这个区分,见Van den Berghe(1967)。
6. 例子见Dobzhansky(1962)、Banton and Harwood(1975)和Rex(1986)的讨论。
7. Horowitz(1985,第2章); 参考Schermerhorn(1970,第1章)。
8. 关于罗马的案例,见Tudor(1972,第3章); 关于瑞士的神话,见Steinberg(1976)。
9. Armstrong(1982,第2章)讨论了对土地的依恋之情的重要性。
10. 关于这一点,见Gellner(1973); 关于如何象征性地运用这些标志,使它们成为区分族群的"边界机制",见Barth(1969,导论)。
11. 除此之外,族裔传统、卫道士及使这些传统得以表达的文化模式(语言、习俗、风格等),可能会在长期范围内产生一种强大、持续和具有塑造力的影响; 关于这些问题,见Armstrong(1982)。
12. Horowitz(1985,第64—74页)。
13. 见Alty(1982)和Finley(1986,第7章)。
14. Coleman(1958,附录)很久以前就在非洲的语境中使用过族性同心圆的概念; 参考Anderson, Von der Mehden and Young(1967)。
15. 关于这一点,见Horowitz(185,第51—54页、第66—82页); A. D. Smith(1986b)。
16. 关于综合原生主义与工具主义(或动员主义)路径的努力,见McKay(1982)。
17. 关于这一点,见Cambridge History of Iran(1983,第三卷,第1章)。
18. 关于亚美尼亚人的早期历史,见Lang(1980)和Armstrong(1982,第7章)。
19. Weber(1968,第一卷,第二部分,第5章,"族群")。
20. 关于西方的案例,见Tilly(1975,导论); 关于其他的前现代案例,见Mann(1986)。
21. 见Tilly(1975,尤其是Tilly and Finer的论文); 参考A. D. Smith(1981c); 关于第一次世界大战,见Marwick(1974)。
22. 关于更多细节,见Armstrong(1982,第3章、第7章)和A. D. Smith(1986a,第2—5章)。 181
23. 关于这个问题的简要解释,见Woodhouse(1984,第36—38页); 参考Ostrogorski(1956,第93—94页、第192—194页); 关于古希腊神话,见Campbell and Sherrard(1968,第1章)。
24. 关于这类复兴运动,见Baynes and Moss(1969,导论)和Armstrong(1982,第174—181页); 更一般性的讨论,见Sherrard(1959)。
25. Carras(1983)表达了这一论点。
26. 关于纳粹对吉普赛人的灭绝行为,见Kenrick and Puxon(1972); 关于1915年土耳其人备受质疑的行动，见 Nalbandian（1963）。

27. 关于种族灭绝的一般性讨论，见 Kuper（1981）和 Horowitz（1982）。

28. 关于这一点，见 Moscati（1973，第二部分，尤其是第168—169页）；其他的古迦太基城市都被饶恕了，因此，古迦太基文化得以幸存下来。

29. 见 Roux（1964，第301—304页）；关于埃兰和埃兰人文化的更一般性的讨论，见 Cambridge Ancient History（1971，第一卷，第二部分，第23章）。

30. 见 Saggs（1984，第117—121页）；Roux（1964，第374页）。

31. 正如亚述艺术所揭示的，亚述人的崇拜对象越来越多地指向了国家本身，而非文化或共同体；见 Larsen（1979）中 Liverani 的论文。关于亚述衰落和灭亡的可能原因，见 Roux（1964，第278页、第290页）和 A. D. Smith（1986a，第100—104页）的讨论。

32. 关于巴比伦人的反抗，见 J. M. Cook（1983，第55—56页、第100页）；参考 Oates（1979）。

33. 见 Ben-Sasson and Ettinger（1971）中 Werblowski 的论文；参考 Seltzer（1980）和 Yerushalmi（1983）。

34. Armstrong（1976）和（1982，第7章）。

35. 关于撒玛利亚人的近况，见 Strizower（1962，第5章）；关于埃塞俄比亚的法拉沙人，见 Kessler（1985）。

36. 关于晚期的古埃及法老宗教，见 Grimal（1968，第211—241页）。

37. 关于东正教的案例，见 Arnakis（1963）。

38. 关于申命改革和先知运动，见 Seltzer（1980，第77—111页）；关于密西拿时代，见 Neusner（1981）。关于现代的宗教改革，见 Meyer（1967）。

39. 关于这个问题，见 Frazee（1969）和 Kitromilides（1979）。

40. 见 Tcherikover（1970）和 Hengel（1980）。

41. 见 Cambridge History of Iran（1983，第三卷，第一部分，第3章；第三卷，第二部
182 分，第27章）和 Frye（1966，第6章）。

42. 例子见 Saunders（1978）；关于今天的伊朗，见 Keddie（1981）。

43.《出埃及记》19：5—6；《申命记》7：6—13。

44. O'Brien（1988）已经开始这项努力；参考 Armstrong（1982）。

45. 关于宗教与神职人员在帝国中的角色，见 Coulborn and Strayer（1962）和 Eisenstadt（1963）；关于他们的族裔角色，见 Armstrong（1982，第3—7章）和 A. D. Smith（1986a，尤其是第3章、第5章）。

46. Armstrong（1982，第7章）。

47. 关于这些政权(regna),见Reynolds(1984,第8章)。
48. 关于这些过程的一般性概述,见Seton-Watson(1977,第2章);下一章将会进行充分讨论。
49. 关于拉丁美洲民族主义的一般性解释,见Masur(1966),以及Anderson(1983,第3章)的引人入胜的分析。
50. 这里的模型更类似于瑞士或不列颠(而非南斯拉夫)的情况,尽管它并不具备这两个民族国家得以形成所需要的时间跨度,但却拥有它们在民族形成的晚近阶段才产生的民族主义意识形态。在后面的第4章中,我们将更充分地讨论这个问题。关于撒哈拉以南非洲的一般性描述,见Rotberg(1967)和Horowitz(1985)。

第3章　民族的兴起

1. 关于德国人对有机的"民族灵魂"的浪漫主义信仰,见Reiss(1955);关于支持"永久主义"观点的早期学者,见Walek-Czernecki(1929)。
2. Kedourie(1960)和Breuilly(1982)是"现代主义"视角的好例子;对这种视角的批评,见A. D. Smith(1988a)。
3. 见Gellner(1983,第2章)。
4. 关于早期苏美尔人的城邦中出现的民主先兆,见Roux(1964,第105页);关于早期的瑞士各州,见Kohn(1957)。直到最近,"民族始于何时"这个问题才开始受到关注,见Connor(1990)。
5. 例子见Frankfort(1954,第4章)和David(1982)。
6. 关于古埃及各阶级之间的这些法律和教育差异,见Beyer(1959);关于古埃及宗教的衰落,见Grimal(1968,第211—241页)。 183
7. 关于这段铭文,见Moscati(1962,第110页);参考Pritchard(1958,第173—175页)。关于早期埃及人的情感,见Trigger等(1983,第188—202页)。
8. 关于多利亚人—爱奥尼亚人的二分法,见Alty(1982);关于其文化后果,见Huxley(1966)和Burn(1960,尤其是第6—7页、第48—50页、第98—100页、第210—214页)。
9. 关于泛希腊情感,见Fondation Hardt(1962)中H. Schwabl and H. Ditter的论文,以及Lloyd-Jones(1965)中Andrewes的论文;关于发生在城邦内部的城市间冲突和社会冲突,见Forrest(1966)和Burn(1978,第9—10章)。
10. 关于希腊化危机,见Tcherikover(1970);关于公元前7世纪的犹大王国的先知和神职人员运动的作用,见Seltzer(1980,第2—3章)和Zeitlin(1984)。

11. 关于奋锐党人的这些概念，见Brandon（1967，第2章）和Maccoby（1974）；关于对Brandon的文章的评述，见Zeitlin（1988，第10章）。
12. 关于这类宗教民族主义，见D. E. Smith（1974）中的例子。
13. 关于第二神殿和密西拿时期的犹太人概念，见Ben-Sasson and Ettinger（1971）中Werblowski的论文，以及Neusner（1981）；关于罗马晚期和《塔木德》时代的犹地亚（Talmudic Judea）的政治经济史，见Avi-Yonah（1976），尤其可参阅Alon（1980，第一卷，第1章、第4章、第7章、第8章）。
14. 对亚美尼亚人、埃塞俄比亚人、犹太人、拜占庭希腊人、东正教俄罗斯人、天主教波兰人、爱尔兰人、威尔士人、英格兰人和法兰西人来说，这种状况尤为明显。
15. 关于这些中世纪早期的政权，见Reynolds（1983）和Wallace-Hadrill（1985）。
16. 关于波兰和俄罗斯的总体状况，见Seton-Watson（1977，第2—3章）；关于波兰，见Davies（1982）；关于俄罗斯，见Pipes（1977）；也可参考Portal（1969）。
17. 我们的确发现了一些出现于16世纪的早期表达。关于这个问题，可见Marcu（1976）的论述，并同时参考Breuilly（1982）在“导言”中提出的批评。有关中世纪民族主义的争论，见Tipton（1972）和Reynolds（1984，第8章）。
18. 关于《阿布罗斯宣言》，见Duncan（1970）；关于瑞士联邦和《吕特利誓约》，见
184 Thrüer（1970）。
19. 关于诺曼人及其神话，见Davis（1976）和Reynolds（1984，第8章）。
20. A. D. Smith（1984，第3—5章）中有关于水平族群与垂直族群之间的差异的完整讨论；关于早期的以色列人联盟，见Zeitlin（1984，第3—5章）。
21. 见Frye（1966，第6章）；参考Herrmann（1977）。公元5世纪的马兹达克运动既是社会运动，也是宗教运动，它同时包含了阶级反抗和教义中的摩尼教异端。关于摩尼教教义，见Runciman（1947）。
22. Lewis（1970）提供了经典解释；也可见Saunders（1978）。
23. 关于亚美尼亚的封建阶段，见Lang（1980，第7—8章）；关于后来的亚美尼亚流散社群，见Nalbandian（1963）。
24. 关于在7世纪阿拉伯人入侵后的波斯转型，见Frye（1966，第7章）；关于从公元7世纪开始的埃及的伊斯兰化，见Atiyah（1968，第一部分）。
25. 关于这一点，见Levine（1965，第2章）和Ullendorff（1973，第4章）。
26. 关于这一复杂过程的政治（国家）层面，见Tilly（1975）；参考Seton-Watson（1977，第2章）。
27. 关于这一点，见Geoffrey of Monmouth（1966）和Mason（1985）。
28. 关于法律、经济和领土统一性的增长，见Corrigan and Sayer（1985）；关于早期阶

段，参考Brooke（1969）；关于盎格鲁—法兰西战争，参考Keeney（1972）。

29. 关于“萨克逊”神话，见MacDougall（1982）；关于16世纪中间阶级的宗教与民族情感，见Corrigan and Sayer（1985，第2—3章）。

30. 见Reynolds（1984，第276—289页）；参考Bloch（1961，第二部，第431—437页）。

31. 见Armstrong（1982，第152—159页）；参考A. Lewis（1974，第57—70页）。

32. 关于这一点，见E. Weber（1979）；关于法语的统一与标准化，见Rickard（1974）；关于大革命，见Lartichaux（1977）。

33. 关于这个问题的一般解释，见Atkinson（1960）；也可参考Poliakov（1974，第1章）。

34. 关于近期的巴斯克和加泰罗尼亚的族裔民族主义，见Payne（1971），以及Esman（1977）和Llobera（1983）中的Greenwood的论文。 185

35. 见Bendix（1964）的论文；Tilly（1975，导论和结论部分）也暗示了这一点；参考Poggi（1978）。

36. 在德国，尽管普鲁士扮演了关键角色，但情形依然如此。我们不能忽略那些对先前的族裔纽带（神话、符号、习俗、语言）的记忆所发挥的作用，也不可低估这个关税同盟中的知识阶层和资产阶级所具有的影响力；见Hamerow（1958）和Kohn（1965，尤其是第8章）。

37. 见Wallerstein（1974，第3章）和Tivey（1980）中Tiveand Navarri的论文。

38. 关于知识分子的地位，见Gouldner（1979）和Anderson（1983）。

39. 关于这个过程的完整讨论，见Strayer（1963）和A. D. Smith（1986a，第6—7章）。

40. 关于族裔—宗教共同体问题的例子，见Arnakis（1963）对奥斯曼帝国统治下的希腊人的研究，以及A. D. Smith（1973b）对19世纪的阿拉伯人和犹太人的讨论。

41. 关于这些由阿拉伯学者的研究所揭示出来的问题，见Haim（1962）；关于制度化差异，见Rosenthal（1965）。

42. 关于阿拉伯人的个案，见Sharabi（1970）；关于埃及人对这些问题的反应，见Jankowski（1979）。

43. 见Kedourie（1971，导论）和A. D. Smith（1971，第10章）。

44. 关于知识分子中的这些倾向的讨论，见Kautsky（1962）中Matossian的论文和A. D. Smith（1979a，第2章）。这些争论主导了俄罗斯、印度、波斯、希腊、以色列、冰岛以及阿拉伯人和西非人的民族主义运动；关于后者，见July（1967）和Geiss（1974）的优秀研究。

45. 关于这个问题，见Kedourie（1971，导论）。关于“回归人民”及其族裔历史这个问题，19世纪的俄罗斯知识阶层提供了一个经典案例；见Thaden（1964）。

46. 详细讨论见A. D. Smith(1984a),以及Hobsbawm and Ranger(1983)。
47. 关于瑞士人对传说的利用,见Steinberg(1976)。
48. 关于对巨石阵的浪漫兴趣,见Chippindale(1983,第6—7章)。
186 49. 见A. D. Smith(1984b)和(1986a,第8章)。
50. Hutchinson(1987)富有启发性的研究对盖尔复兴的愿景进行了分析;也可参考Lyons(1979)的精妙解释。
51. 见Branch为Kirby于1907年翻译的《卡莱瓦拉》所写的导言(Branch1985);关于更大范围的政治环境,见Jutikkala(1962,第8章)和Mitchison(1980)中M. Klinge的论文。
52. 见Honko(1985),他将对《卡莱瓦拉》的历史解释与民族认同受到威胁的时代联系起来;关于西贝柳斯和《卡莱瓦拉》,见Layton(1985);关于阿克瑟利·盖伦·卡雷拉的艺术,见Art Council(1986,尤其是第104—115页,以及Sarajas-Korte和Klinge的论文)。
53. 关于一些东欧发生的这类文化灭绝的例子,见Sugar(1980)中的论文;关于斯洛伐克人,见Brass(1985)中Paul的论文。
54. 但情况并非总是如此。在日本、沙皇俄国、埃塞俄比亚和波斯,贵族和神职人员存在了很长时间。在撒哈拉以南的非洲,这种现象甚至更为明显。关于这一点,见Markovitz(1977,第2—3章)。
55. 在这种情况下,即使王国是建立在某些特定族群的基础上的,也没有必要将全球都划分为一个个"民族";那些通常范围广泛的宗教共同体(伊斯兰教、佛教、基督教)对它们所有的族裔分支都具有控制力,这说明政治忠诚拥有一个更加普世性的基础。正如但丁所设想的那样,这个基础是与帝国的概念联系在一起的(见Breuilly1982,导论)。
56. 关于民族和民族主义的领土层面,见Kohn(1967b)和A. D. Smith(1981b)。

第4章 民族主义与文化认同

1. Gellner(1964,第168页)。
2. Kedourie(1960,第1页)。
3. 关于英格兰的民族主义,见Kohn(1940)和Samuel(1989,第一卷)中Christopher Hill and Linda Colley的论文。关于西非的民族主义,见July(1967)和Geiss(1974);关于阿拉伯民族主义,见Binder(1964)。
187 4. 关于这个问题,见Hutchinson(1987,第158—161页、第285—290页)。

5. 关于如何定义“民族主义”的问题的更充分讨论，见Deutsch（1966，第1章）、Rustow（1967，第1章）、A. D. Smith（1971，第7章）和Connor（1978）。
6. 这些命题是由A. D. Smith（1973a，2.1）中的内容改写而来的。
7. 关于“民族/国家”的区分，见Connor（1972）和Tivey（1980，导论）。
8. 见Akzin（1964，第3章）。
9. Shaftesbury（1712，第397—398页）；也见Macmillan（1986，第3章）。
10. Rousseau（1915，II，第319页，《科西嘉制宪拟议》）。
11. 引自Berlin（1976，第182页）；参考Barnard（1965）。
12. 关于第三世界的领土收复运动，见Horowitz（1985，第6章）和Lewis（1983）。
13. 对达维德所描绘的贺拉斯兄弟的讨论，见Brookner（1980，第5章）和Crow（1978）；关于法国大革命时期的“博爱”，见Cobban（1957—1963，第一卷，第三部分）和Kohn（1967b）。
14. 关于法兰西第三共和国的案例，见E. Weber（1979）；关于一些早期的独立后的非洲政权，见Apter（1963）和Rotberg（1967）。
15. 约瑟夫斯的《犹太战争》（*Jewish War*），第二卷，第53页，转引自Yadin，Y.（1966）的《梅察达》（*Masada*，London，Weidenfeld & Nicolson）；修昔底德的《伯罗奔尼撒战争》（*Peloponnesian War*），第二卷，第71章，第2页。
16. 关于康德的影响，见Kedourie（1960，第2—4章）；参考A. D. Smith（1971，第1章）。
17. 民族主义的符号体系这个领域，值得我们进行更深入的考察；关于提洛尔人的象征符号，见Doob（1964）；关于法国大革命中的庆祝仪式，见Dowd（1948）；关于德国民族主义中的庆祝仪式，见Mosse（1976）；关于阿非利卡人的庆祝仪式，见Thompson（1985）。
18. 关于民族主义的自我指涉性，见Breuilly（1982，第16章）；关于涂尔干与民族主义，见Mitchell（1931）。
19. Debray（1977）提出的一个观点；也可见Anderson（1983，第1章）。
20. 关于将族群视为一个“超级家庭”的观点，见Horowitz（1985，第1—2章）；关于达维德的历史画作中对两性的区分，见Herbert（1972）。
21. 在Kedourie（1960）和（1971）、Sathyamurthy（1983）和Breuilly（1982）中，都可以
发现这种观点。 188
22. 关于一些早期的类型学分析，见Snyder（1954）、Seton-Watson（1965），以及Symmons-Symonolewicz（1965）和（1970）；关于近期的分类框架，参考Gellner（1983）。
23. Kohn（1955）和（1967a）。
24. 更详细的讨论，见Hutchinson（1987，第1章）。

25. 对泛德意志主义的支持，见Pulzer（1964）和Mosse（1964）；关于俄罗斯资产阶级对俄罗斯文化民族主义的支持，见Gray（1971）。
26. 见Kamenka（1976）中Plamenatz的论文。
27. 这对A. D. Smith（1973a，第3—7页）的内容进行改编和简化后的版本。
28. 关于莫拉斯的“整体型”民族主义，见Nolte（1969）；关于拉丁美洲的民粹主义，见Mouzelis（1986）。
29. 见Kohn（1960）和Davies（1982，第二卷，第1章）；关于光明山，见Rozanow and Smulikowska（1979）。
30. 见Kedourie（1971，导论）；关于对印度教历史的民族主义运用，参考Sakai（1961）中Crane and Adenwalla的论文。
31. 关于中世纪晚期的“民族主义”，见Tipton（1972）；关于荷兰人的例子，见Schama（1987，I/2）。
32. 尤其可参见Kemilainen（1964）所做的细致工作，此后的讨论都受惠于它；也可以参考Barnard（1965，第1章）。
33. Richardson（1725，第222—224页）。
34. 这两处都引自Ranum（1975）中W. F. Church关于“法兰西”的论文。
35. La Fontde Saint-Yenne（1752，第305—306页）；关于这个问题，见Crow（1985，第4章）。
36. Barry（1809，第二卷，第248页）。
37. 关于欧洲民族概念的含义演变，见Zernatto（1944）；也见Bendix（1964）。
38. 见Poliakov（1974，尤其是第8章）；Nisbet（1969）。
39. 关于新古典主义的风格与运动，见Honour（1968）。
40. Rousseau（1924—1934，第十卷，第337—338页），引自Cobban（1964）；参考Cohler（1970）。
41. 关于卢梭对日内瓦的依恋，见Kohn（1967a，第238—245页）和Baron（1960，第24—28页）。关于法国大革命中的希腊—罗马模型，见Rosenblum（1967，第2
189 章）和Herbert（1972）。
42. 关于德国的哥特风格复兴，见Robson-Scott（1965）。
43. 关于“诗歌的性质”，见Macmillan（1986，第3章）；关于不列颠的文学中世纪主义，见Newman（1987，第5章）；关于法兰西和不列颠的艺术趋势的对比，见A. D. Smith（1979b）。
44. 关于这种“语言”，见Berlin（1976）。
45. 关于民族浪漫主义，见Porter and Teich（1988）；关于它在19世纪晚期的民族性运用，见Hobsbawm and Ranger（1983）中Hobsbawm的总结文章。

46. 关于艺术家的“道德历史主义”和“考古学戏剧”，见Rosenblum（1967），以及A. D. Smith（1987）和（1989）；也可见*La France*（1980）的目录。

47. 关于音乐中的民族性情感，见Einstein（1947，尤其是第266—269页、第274—282页）；关于艺术中的民族主义浪漫主义，见Vaughan（1978，第3章）；关于它在欧洲文化遗产中留下的印记，见Horne（1984）。许多艺术家绝非民族主义者，但他们的艺术作品却被某种特定的民族主义占为己有，因为对那些满怀民族主义情感的人来说，这些作品具有“唤起的”功能；这正是康斯坦布尔、德拉克洛瓦、舒曼甚至贝多芬所遭遇的情况。

48. 关于知识分子，见Shils（1972）和Gella（1976）。

49. 见Baron（1960，第2章）和Anderson（1983，第5章）。

50. 见Kedourie（1960）和Breuilly（1982，导论、第15—16章）。

51. 关于德国浪漫主义的贡献，见Reiss（1955）和Kedourie（1960）；关于康德，也见Gellner（1983）。

52. 见Cobban（1957—1963，第一卷，第三部分）和Palmer（1940）；关于1789年的《陈情书》与法国民族主义，见Shafer（1938）。

53. 关于知识分子拥有必不可少的现代化技能这个主题，见Kautsky（1962，导论）和Worsley（1964）。但是，Kautsky所说的“知识分子”实际上是知识阶层，即专业人员。Kedourie（1971，导论）所引用的一些案例（包括那些关于甘地和肯雅塔的案例）也是如此。

54. 关于赫斯，见Hertzberg（1960，导论）；关于欧洲的知识分子与民族主义的关系，见A. D. Smith（1981a，第5章）。 190

55. 关于“认同危机”这个主题，见Ayal（1966）；以及Kedourie（1960）和（1971，导论）；关于对此的批评意见，见Breuilly（1982，第28—35页）。

56. 关于这种范围更广泛的文化危机，见A. D. Smith（1971，第10章）。

第5章　民族是被设计出来的吗？

1. 见Tilly（1975，导论和结论）；Seton-Watson（1977，第2—3章）。
2. 见Corrigan and Sayer（1984，第2—4章）；Newman（1987，第5—6章）；Samuel（1989，第一卷）中Hill and Colley的论文。
3. 见Pipes（1977，第9—10章）；参考Seton-Watson（1967）。
4. 见Dunlop（1985）和Ramet（1989）中Pospielovsky的论文。

5. 例子见G. E. Smith（1989）。
6. 关于奥斯曼主义，见Mardin（1965）和Berkes（1964），以及Brass（1985）中Karpat的论文。
7. 关于这一点，见Lewis（1968，第10章）和Kushner（1976）。
8. 关于现代泛突厥主义，见Landau（1981）。
9. 关于这段历史，见Ullendorff（1973）；关于“德哥”政权的问题，见Halliday and Molyneux（1981）。
10. 关于这个问题的一些简要解释，见J. Hall（1962）和A. Lewis（1974）。
11. 见Brown（1955）。
12. 关于“日本人论”及倡导者的详细讨论，见Yoshino（1989）。
13. 见Alavi（1972）；参考Saul（1979）。
14. 见Horowitz（1975，第2章）；参考Asiwaju（1985）中Asiwaju and Hargreaves的论文。
15. 关于法国在非洲的政策，见W. H. Lewis（1965）和Crowder（1968）。
16. 见Wallerstein（1965）和Lloyd（1966）；参考Geiss（1974）和Kedourie（1971，导论）。
17. 见W. H. Lewis（1965）；Geiss（1974，第15章）；Legum（1964）。关于这种选择性殖民措施的观点，见Enloe（1980）。
18. 见J. H. Kautsky（1962，导论），Kedourie（1971，导论）和Seton-Watson（1977）。
191 19. 见Kedourie（1971，导论）；McCulley（1966）。
20. 还存在一些更一般性的政治和经济因素（尤其是地缘政治力量），使得非洲、亚洲和拉丁美洲的公民—领土型民族能够继续保留下来；见Neuberger（1986）。关于Négritude，见Geiss（1974）。
21. 关于这些影响，见Hodgkin（1964）；关于印度的案例，见Heimsath（1964）。
22. 见Sharabi（1970）和Vital（1975）。
23. 见Kedourie（1971，导论）、Kushner（1976）和Hutchinson（1987）。
24. 见Vatikiotis（1969）和Jankowski（1979）。
25. 关于缅甸佛教，见Sarkisyanz（1964）。
26. 关于肯尼亚，见Olorunsola（1972）中Rothchild的论文；关于津巴布韦的少数族群及其环境，见Ucko（1983）。
27. 关于尼日利亚的族群背景，见Hodgkin（1975，导论），Panter-Brick（1970）和Markovitz（1977）。
28. 见Gutteridge（1975）。
29. 关于复兴党的早期意识形态，见Binder（1964）；参考Sharabi（1966）。
30. 关于巴基斯坦的主要族群、他们的民族主义以及伊斯兰教的角色，见Banuazizi

and Weiner(1986)中Harrison and Esposito的论文。关于印度的族裔—宗教马赛克,见Harrison(1960)和Brass(1974)。

31. 见McCulley(1966)和D. E. Smith(1963)。
32. 巴基斯坦的案例正显示了这一点;见Banuazizi and Weiner(1986)中Binder and Harrison的论文。关于非洲人在这一问题上的焦虑,见Neuberger(1976)。
33. 关于OAU的这一立场,见Legum(1964)和Neuberger(1986)。
34. 见Brass(1985)中Young的论文;关于非洲政权早期的大众动员,见Apter(1963)。
35. 关于安哥拉的抵抗运动,见Davidson, Slovo and Wilkinson(1976);关于几内亚比绍,也可参考Lyon(1980)。
36. 关于大津巴布韦争论的简要说明,见Chamberlin(1979,第27—35页);关于"祖地"对民族主义的意义,见A. D. Smith(1981b)。
37. 关于加纳的人民大会党,见Austin(1964)。
38. 关于公共教育被赋予的新的重要性,见Gellner(1983);但对于民族主义的意识形态与思想意识而言,它既是起因,也是结果。 192
39. 关于法国大革命时期和第三共和国时期的语言教育,分别见Lartichaux(1977)和E. Weber(1979)。
40. 见Markovitz(1977,第6章)。
41. Mannheim(1940);J. H. Kautsky(1962,导论);Gouldner(1979)。
42. 关于民族主义运动的社会构成,见Seton-Watson(1960),A. D. Smith(1976)中Kiernan的论文,以及Breuilly(1982,第15章);关于相关批评,见Zubaida(1978)。
43. 关于专业人员的角色,见Hunter(1962)、Gella(1976)和Pinard and Hamilton(1984)。
44. 例子见Hodgkin(1956)。

第6章　分离主义与多元民族主义

1. 关于这种"官方的"民族主义,见Anderson(1983,第6章);关于一些东欧的经典族裔民族主义,见Sugar and Lederer(1969)。
2. 关于后殖民国家的外国的、都市的起源,见Alavi(1972);关于一些这种第三世界的族裔运动,见R. Hall(1979)。
3. 关于西方运动的一般性概述,见Esman(1977)和Allardt(1979)。
4. 见Deutsch(1966),以及Connor(1972)的经典批评。

5. Connor（1984a）。
6. 关于爱尔兰人的案例，见Boyce（1982）；关于挪威人的案例，见Elviken（1931）和Mitchison（1980，第11—29页）；关于芬兰，见Jutikkala（1962）；在19世纪中期，所有这些案例都正处于鼎盛时期。
7. 位于波兰南部的光明山修道院及其拜占庭风格的圣母像所受到的崇拜，就是这方面的一个范例。这座修道院是在14世纪末修建的，自那以后，它就成了波兰民族的朝圣之地；见Rozanow and Smulikowska（1979）。
8. 关于音乐的民族主义，见Einstein（1947，第266—259页、第274—282页）和Raynor（1976，第8章）。
9. Weber（1968，第一部分，第二卷，第5章，第396页）。
10. 关于这个过程，见Kedourie（1971，导论）。

193 11. 关于"批判话语的文化"，见Gouldner（1979）。关于知识阶层在古典欧洲民族主义中扮演的角色，见Barnard（1965，第1章）和Anderson（1983，第5章）。
12. 关于这个问题，见Nairn（1977，第9章）和Pech（1976）。
13. 关于盖尔人的民族主义，见Lyons（1979）；关于芬兰的"卡累利阿主义"，见Laitinen（1985）和Boulton Smith（1985）。
14. 例子见Kedourie（1960，第5—6章）；Pearson（1983）。
15. 例如，关于法国大革命对奥斯曼土耳其的影响，见Berkes（1964）；关于希腊的案例，见Kitromilides（1980）。
16. 关于库尔德人的斗争，见Edmonds（1971）和Chaliand（1980，第8—46页）。
17. 关于巴基斯坦的族群政治（包括俾路支人、信德人和普什图人的运动）的概述，见Banuazizi and Weiner（1986，第267—298页）中Selig Harrison的论文《巴基斯坦的族性与政治困局》。
18. 在厄立特里亚的案例中，这个问题尤为严重：该区域内居住着至少九个族裔类别，对他们来说，曾遭受意大利殖民统治和埃塞俄比亚压迫的共同经历，无疑有助于培育出某种一体感。然而，在人口上处于支配地位、信仰基督教、使用提格里尼亚语的族群，与主要是穆斯林的"蒂格雷人"及其他族群之间存在分歧，由此引发的周期性内战直到最近才在厄立特里亚人民解放阵线的控制下趋于缓和；见Cliffe（1989，第131—147页）。关于巴勒斯坦人的案例，见Quandt et al.（1973）。
19. 关于比夫拉，见Olorunsola（1972）中V. Olorunsola撰写的《尼日利亚》和Markovitz（1977，第8章）。关于利用主体族群的例子，见Olorunsola（1972）中D. Rothchild撰写的《肯尼亚》。关于非洲和亚洲的族群—国家间关系模式的细致分析，见Brown（1989，第1—17页）。

20. 事实上，盖尔纳声称民族主义是“虚弱的”，因为实际存在的“客观的”文化差异要比族裔民族主义所利用的多得多。仅有一些差异成了发生族裔动员的场所，其他那些则“没能”为民族主义的发展提供基础；见Gellner（183，第5章）。关于非洲“部落”直到今天还“没能”产生相互依赖的民族主义的例子，见King（1976）。

21. Horowitz（1985，第6章）详细阐述了他的观点。我并没有充分讨论这个观点，因为我的主要关注点是：分离主义的族裔民族主义所建构的“民族认同”将产生 194
什么样的后果。

22. 在Banuazizi and Weiner（1986）主编的书中关于巴基斯坦和伊朗的论文里，这些因素是非常重要的。

23. 其他关于亚非族裔分离主义与领土收复主义的民族主义中的地缘政治的讨论，见Bucheit（1981）、Wiberg（1983）和Mayall（1985）。

24. 关于这些较小规模群体中的文化灭绝现象，见Svensson（1978）。关于中美洲和拉丁美洲的印第安人口丧失部分土著传统的问题，见Whitaker and Jordan（1966）。

25. 关于库尔德人，见Chaliand（1980）和Entessar（1989，第83—100页）。关于今天的尼日利亚境内的前殖民时代的族裔类别，见Hokgkin（1975，导论）。

26. 关于族裔民族主义所具有的创造共同体的本性，见Hutchinson（1987）和Cliffe（1989，第131—147页）。

27. 见Esman（1977）中Connor and Lijphart的论文，以及Allardt（1979）。

28. 关于立陶宛的民族主义复兴，见Vardys（1989，第53—76页）。

29. 关于苏格兰人，见MacCormick（1970）和Webb（1977）；关于西方式民主中的“双重忠诚”问题，见A. D. Smith（1986c）。

30. 关于西方的“欠发达的”族裔地区，见Stone（1979）中Reece的论文以及Hechter and Levi的论文；关于族裔民族主义与特定的经济背景之间并不存在匹配关系的问题，见Connor（1984a）。

31. 关于苏联的族群情感和动员，见Szporluk（1973）和G. E. Smith（1985）。

32. Nairn（1977，第2章、第9章）强调了族裔民族主义的大众维度，并谈及了最近的“新民族主义”。

33. 关于相关过程的更充分的讨论，见A. D. Smith（1986a，第7—8章）、Brock（1976）和Hutchinson（1987）。

34. 尤其应关注像芬兰民族主义中的隆洛特和鲁内贝里这样的知识分子的作用；

见Branch(1985)。关于爱尔兰的案例,见Lyons(1979);关于布列塔尼人的复兴运动,见Mayo(1974)和Esman(1977)中Beer的论文。

195 35. 关于这个问题,见Schama(1987)和Hill(1968)。

36. 关于细节的讨论,见A. D. smith(1981a,第1、9章);关于加泰罗尼亚,见Conversi(1990)。

37. Hechter(1975)关于不列颠民族国家对所辖族群区域的影响的细致研究,很好地展现了这一点。

38. 在法国、英国和最近的西班牙,少数族群经常对集权化的国家提出这样的控诉;见Coulon(1978)。

第7章　超越民族认同?

1. 在西伯利亚、巴布亚新几内亚和美拉尼西亚这种显然不可能发生民族性运动的地区,也已经出现了这类运动;例如,关于西伯利亚和中亚的情况,见Kolarz(1954),关于巴布亚新几内亚的情况,见May(1982)。
2. 对过度高涨的民族主义的批评,见Breuilly(1982,第8—11页)。
3. Daniel Bell(1975)也对族裔动员中的"亲近性"和"利益"的结合方式进行了讨论。
4. 关于自由主义社会学中的这种进化论视角,见Parsons(1966)和Smelser(1968);关于马克思主义和马克思主义政治学中的这种视角,见Cummins(1980)和Connor(1984b)。
5. 尽管在意大利和德国都存在领土收复主义和民族统一主义的渴望,但这两个国家的地方主义力量依然强大,这清楚地证明了这一点。关于瑞士的案例,见Steinberg(1976)。
6. 关于伊利里亚主义和南斯拉夫的独立斗争,见Stavrianos(1961,尤其是第9章)和Singleton(1985,第5章)。
7. 见Schöpflin(1980)和Djilas(1984)。
8. 见Fedoseyev et al.(1977);Bennigsen(1979)。
9. 关于这些问题的分析,见Goldhagen(1968)和G. E. Smith(1985)。
10. 关于俄罗斯的新民族主义,见Dunlop(1985)和Ramet(1989)中的论文。
11. 关于白人中的"新族性",见Kilson(1975);关于它主要作为象征符号的本质,见Gans(1979)。
12. 见Burrows(1982)。

13. 关于反映神意的清教徒神话的向心性,见Tuveson(1968)和O'Brien(1988)。 196
14. 就像19世纪的德国案例的情况那样;见Kahan(1968)。关于欧洲共同体的早期"功能性"分析,见Hass(1964)。
15. 这种关于欧洲的争论,直到今天还能在英国听到回音,见Camps(1965)。
16. 特别是,Galtung(1973)成功地恳请挪威人不要加入这个扩大的共同体。但是,那些支持或反对将欧洲变成一个"超级国家"的论点,不应与那些将欧洲描绘成一个可能的"超级民族"的论点混为一谈,因为这将混淆丧失主权与丧失认同的差别。族群可以在没有主权的情况下幸存下来,历史证明两者之间不存在任何必然联系;见A. D. Smith(1988b)。就一种纯粹的**政治**欧洲民族主义而言,它至今仍被局限在每个欧洲民族的政治、经济和文化的精英集团内部,至今仍不具备深厚的大众基础。
17. 关于第二次世界大战的直接后果与大国集团的兴起,见Barraclough(1967)和Hinsley(1973)。
18. 关于这种"服务型社会",见Bell(1973)和Kumar(1978)。
19. 关于这些新型运动(女权主义、生态、学生和族裔民族的运动)的分析,见Melucci(1989,第3—4章)。
20. 见Richmond(1984);并参考Melucci(1989,第89—92页)。
21. 见Warren(1980,第7章);也可参考Enloe(1986)。
22. 有媒体评论家(Mattelaart、Morley和Hall)展示了族性和阶级如何影响人们对现代主义的美国媒体产品的态度,关于这些评论家的讨论,见Schlesinger(1987)。
23. 关于人文知识分子和他们在专业上的同道人的"批判话语文化",见Gouldner(1979)。
24. 关于这些纪念物和庆典仪式,见Hobsbawm and Ranger(1983,尤其是Hobsbawm的论文)和Horne(1984)。关于早期的帝国意象,见Armstrong(1982,第5章)。
25. 关于"民族是一个想象的共同体,其文本必须被结构化和解读"的观点,见Anderson(1983);关于这一观点在英国的案例中的应用,见Samuel(1989,尤其是第三卷)。 197
26. 类似观点见Anderson(1983,第1章);关于这些纪念,见Rosenblum(1967,第2章)。
27. 关于芬兰人的民族历史,见Branch(1985)和Honko(1985)。
28. 关于民族主义的仪式,见Mosse(1976)和Horne(1984);关于艺术与民族主义,见Rosenblum(1967)。
29. 关于斯洛伐克的历史,见Brock(1976);关于东欧的族群马赛克,见Pearson(1983)。

30. 关于伊拉克人和土耳其人的“根源”，见 Zeine（1958）；关于古马其顿的王室陵墓，见 Yalouris（1980）；关于特兰西瓦尼亚，见 Giurescu（1967）。
31. 关于这些过程，见 Wallerstein（1974，第3章）和 Tilly（1975）。
32. 关于巴尔干地区的民族主义，见 Stavrianos（1957）；关于非洲的资本主义和民族主义，见 Markovitz（1977）和 A. D. Smith（1983，第3、5章）。
33. 关于这个过程，见 A. D. Smith（1981a，第6章）。
34. 关于这种混淆，见 Connor（1978）和 Tivey（1980）。
35. 关于国家体系和不干涉原则，见 Beitz（1979，第二部分）。
36. 关于这个问题，见 Kohn（1960）。
37. 关于它的近期历史，见 Landau（1981）。
38. 关于这个问题，见 Geiss（1974）。
39. 关于中世纪的神圣语言，见 Armstrong（1982，第8章）；关于今天的语言与民族主义，见 Edwards（1985，第2章）。

198 40. 关于这个神话，见 de Rougemont（1965）。

参考文献

AKZIN, Benjamin (1964) *State and Nation*, London: Hutchinson

ALAVI, Hamza (1972) 'The State in Post-colonial Societies — Pakistan and Bangla Desh', *New Left Review* 74, 59—81

ALLARDT, Erik (1979), *Implications of the Ethnic Revival in Modern, Industrialised Society*, Commentationes Scientiarum Socialium 12, Helsinki, Societas Scientiarum Fennica

ALMOND, Gabriel and Lucian Pye (eds.) (1965) *Comparative Political Culture*, Princeton, Princeton University Press

ALON, Gedaliah (1980) *The Jews in their Land in the Talmudic Age (70—640 CE)*, 2 Vols., Jerusalem, The Magnes Press, The Hebrew University

ALTY, J. H. M. (1982) 'Dorians and Ionians', *The Journal of Hellenic Studies* 102, 1—14

ANDERSON, Benedict (1983) *Imagined Communities: Reflections on the Origin and Spread of Nationalism*, London, Verso Editions and New Left Books

ANDERSON, Charles W., Fred von der Mehden and Crawford Young (eds.) (1967) *Issues of Political Development*, Englewood Cliffs, Prentice-Hall

APTER, David (1963) 'Political Religion in the New Nations', in C. Geertz (ed.) *Old Societies and New States*, New York, Free Press

ARBERRY, A.J. (ed.) (1969) *Religion in the Middle East: Three Religions in Concord and*

Conflict, 2 Vols., Cambridge, Cambridge University Press
ARMSTRONG, John (1976) 'Mobilised and Proletarian Diasporas', *American Political Science Review* 70, 393—408
— (1982) *Nations before Nationalism*, Chapel Hill, University of North Carolina Press
ARNAKIS, G. (1963) 'The Role of Religion in the Development of Balkan Nationalism', in Barbara Jelavich and Charles Jelavich (eds.), *The Balkans in Transition*, Berkeley, University of California Press
ARTS COUNCIL (1986) *Dreams of a Summer Night: Scandinavian Painting at the Turn of the Century*, London, Hayward Gallery, Arts Council of Great Britain
ASIWAJU, A. I. (ed.) (1985) *Partitioned Africans: Ethnic Relations across Africa's International Boundaries, 1884—1984*, London, C. Hurst & Company
ATIYA, A. S. (1968) *A History of Eastern Christianity*, London, Mcthucn
ATKINSON, W. C. (1960) *A History of Spain and Portugal*, Harmondsworth, Penguin
AUSTIN, Denis (1964) *Politics in Ghana, 1946—1960*, London, Oxford University Press
AVI-YONAH, Michael (1976) *The Jews of Palestine: A Political History from the Bar-Kochba War to the Arab Conquest*, Oxford, Basil Blackwell
AYAL, E. B. (1966) 'Nationalist ideology and economic development', *Human Organisation* 25, 230—239
BANTON, Michael (ed.) (1966) *Anthropological Approaches to the Study of Religion*, London, Tavistock
— and Jonathan Harwood (1975) *The Race Concept*, Newton Abbott, London and Vancouver, David and Charles
BANUAZIZI, Ali and Myron Weiner (eds.) (1986) *The State, Religion and Ethnic Politics: Afghanistan, Iran and Pakistan*, Syracuse, New York, Syracuse University Press
BARNARD, Frederick M. (1965) *Herder's Social and Political Thought*, Oxford, Clarendon Press
BARON, Salo W. (1960) *Modern Nationalism and Religion*, New York, Meridian Books
BARRACLOUGH, Geoffrey (1967) *An Introduction to Contemporary History*, Harmondsworth, Penguin
BARRY, James (1809) *The Works of James Barry, Esq.*, London
BARTH, Fredrik (ed.) (1969) *Ethnic Groups and Boundaries*, Boston, Little, Brown and Co.

BAYNES, Norman and H. St L. B. Moss (eds.) (1969) *Byzantium: An Introduction to East Roman Civilisation*, Oxford, Oxford University Press

BEITZ, C. (1979) *Political Theory and International Relations*, Princeton, Princeton University Press

BELL, Daniel (1973) *The Coming of Post Industrial Society*, New York, Basic Books

— (1975) 'Ethnicity and Social Change', in Nathan Glazer and Daniel Moynihan (eds.), *Ethnicity: Theory and Experience*, Cambridge, Mass., Harvard University Press

BENDIX, Reinhard (1964) *Nation-building and Citizenship*, New York, John Wiley

BENNIGSEN, Alexandre (1979) 'Islam in the Soviet Union', *Soviet Jewish Affairs* 9, No. 2, 3—14

BEN-SASSON, H. and S. Ettinger (eds.) (1971) *Jewish Society through the Ages*, London, Valentine, Mitchell & Co.

BENTHEM VAN DEN BERGHE, G. van (1966) 'Contemporary Nationalism in the Western World', *Daedalus* 95, 828—861

BERKES, Niyazi (1964) *The Development of Secularism in Turkey*, Montreal, McGill University Press

BERLIN, Isaiah (1976) *Vico and Herder*, London, Hogarth Press

BEYER, W. C. (1959) 'The Civil Service in the Ancient World', *Public Administration Review* 19, 243—249

BINDER, Leonard (1964) *The Ideological Revolution in the Middle East*, New York, John Wiley

BLOCH, Marc (1961) *Feudal Society*, 2 Vols., London, Routledge & Kegan Paul

BOULTON SMITH, J. (1985) 'The Kalevala in Finnish Art', *Books from Finland* 19, No. 1, 48—55

BOYCE, D. George (1982) *Nationalism in Ireland*, London, Croom Helm

BRANCH, Michael (ed.) (1985) *Kalevala: the Land of Heroes*, trans. W. F. Kirby, London, Athlone Press / New Hampshire, Dover.

BRANDON, S. G. F. (1967) *Jesus and the Zealots*, Manchester, Manchester University Press

BRASS, Paul (1974) *Religion, Language and Politics in North India*, Cambridge, Cambridge University Press

— (ed.) (1985) *Ethnic Groups and the State*, London, Croom Helm

BREUILLY, John (1982) *Nationalism and the State*, Manchester, Manchester

University Press
BROCK, Peter (1976) *The Slovak National Awakening*, Toronto, University of Toronto Press
BROOKE, Christopher (1969) *From Alfred to Henry III, 871—1272*, London, Sphere Books Ltd
BROOKNER, Anita (1980) *Jacques-Louis David*, London, Chatto & Windus
BROWN, D. (1955) *Nationalism in Japan: An Introductory Historical Analysis*, Berkeley, University of California Press
BROWN, David (1989) 'Ethnic Revival: Perspectives on State and Society', *Third World Quarterly* 11, No. 4, 1—17
BUCHHEIT, Lee C. (1981) *Secession, the Legitimacy of Self-determination*, New Haven, Yale University Press
BURN, Andrew R. (1960) *The Lyric Age of Greece*, London, Edward Arnold
— (1978) *The Pelican History of Greece*, Harmondsworth, Penguin
BURROWS, Edwin G. (1982) 'Bold Forefathers and the Cruel Stepmother: Ideologies of Descent in the American Revolution', Paper for Conference on *Legitimation by Descent*, Paris, Maison des Sciences de l'Homme
CAMBRIDGE ANCIENT HISTORY (1971) Vol. I, Part 2, *The Early History of the Middle East* (1971), third edition, Cambridge, Cambridge University Press
CAMBRIDGE HISTORY OF IRAN (1983) Vol. III, Parts 1 and 2, *The Seleucid, Parthian and Sassanian Periods* (ed. E. Yarshater), Cambridge, Cambridge University Press
CAMPBELL, John and Philip Sherrard (1968) *Modern Greece*, London, Benn
CAMPS, Miriam (1965) *What Kind of Europe? The Community since De Gaulle's Veto*, London, Oxford University Press
CARRAS, C. (1983) *3,000 Years of Greek Identity — myth or reality?*, Athens, Domus Books
CHALIAND, Gerard (ed.) (1980) *People without a Country: The Kurds and Kurdistan*, London, Zed Press
CHAMBERLIN, E. R. (1979) *Preserving the Past, London*, J. M. Dent - & Sons
CHIPPINDALE, Christopher (1983) *Stonehenge Complete*, London, Thames & Hudson
CLIFFE, Lionel (1989) 'Forging a Nation: the Eritrean Experience', *Third World Quarterly* 11, No. 4, 131—147
COBBAN, Alfred (1957—1963) *A History of Modern France*, 3 Vols., Harmondsworth,

Penguin

— (1964) *Rousseau and the Modern State*, second edition, London, Allen and Unwin

— (1965) *Social Interpretation of the French Revolution*, Cambridge, Cambridge University Press

COHLER, Anne(1970) *Rousseau and Nationalism*, New York, Basic Books

COLEMAN, James S. (1958) *Nigeria: Background to Nationalism*, Berkeley and Los Angeles, University of California Press

CONNOR, Walker (1972) 'Nation-building or Nation-destroying?', *World Politics* 24, 319—355.

— (1978) 'A nation is a nation, is a state, is an ethnic group, is a . . .', *Ethnic and Racial Studies* 1, No. 4, 378—400

— (1984a) 'Eco- or ethno-nationalism?', *Ethnic and Racial Studies* 7. No. 3, 342—359

— (1984b) *The National Question in Marxist-Leninist Theory and Strategy*, Princeton, Princeton University Press

— (1990) 'When is a Nation?', *Ethnic and Racial Studies* 13, No. 1, 92—103

CONVERSI, Daniele (1990) 'Language or race?: the choice of core values in the development of Catalan and Basque nationalisms', *Ethnic and Racial Studies* 13, No. 1, 50—70

COOK, J. M. (1983) *The Persian Empire*, London, J. M. Dent & Sons

CORRIGAN, Philip and Derek Sayer (1985) *The Great Arch: English State Formation as Cultural Revolution*, Oxford, Basil Blackwell

COULBORN, Rushton and Jack Strayer (1962) 'Religion and the State', *Comparative Studies in Society and History* I, No. 1, 38—57, 387—393

COULON, Christian (1978) 'French political science and regional diversity: a strategy of silence', *Ethnic and Racial Studies* 1, No. 1, 80—99

CROW, Tom (1978) 'The Oath of the Horatii in 1785: Painting and pre-Revolutionary Radicalism in France', *Art History* 1, 424—471

— (1985) *Painters and Public Life*, New Haven, Yale University Press

CROWDER, Michael (1968) *West Africa under Colonial Rule*, London, Hutchinson and Co.

CUMMINS, Ian (1980) *Marx, Engels and National Movements*, London, Croom Helm

DAVID, A. Rosalie (1982) *The Ancient Egyptians: Beliefs and Practices*, London & Boston, Routledge & Kegan Paul

DAVIDSON, B., J. Slovo and A. R. Wilkinson (1976) *Southern Africa: the New Politics of Revolution*, Harmondsworth, Penguin

DAVIES, Norman (1982) *God's Playground: A History of Poland*, 2 Vols., Oxford, Clarendon Press

DAVIS, R. H. C. (1976) *The Normans and their Myth*, London, Thames & Hudson

DEBRAY, Regis (1977) 'Marxism and the National Question', *New Left Review* 105, 20—41

DE ROUGEMONT, Denis (1965) *The Meaning of Europe*, London, Sidgwick & Jackson

DEUTSCH, Karl W. (1966) *Nationalism and Social Communication*, second edition, New York, MIT Press

DJILAS, Aleksa (1984) 'Communists and Yugoslavia', *Survey* 28, No. 3, 25—38

DOBZHANSKY, Theodosius (1962) *Mankind Evolving*, Toronto and New York, Bantam Books

DOOB, Leonard (1964) *Patriotism and Nationalism: their Psychological Foundations*, New Haven, Yale University Press

DOWD, David (1948) *Pageant-Master of the Republic: Jacques-Louis David and the French Revolution*, Nebraska, University of Lincoln Press

DUNCAN, A. A. M. (1970) *The Nation of Scots and the Declaration of Arbroath (1320)*, London, The Historical Association

DUNLOP, John B. (1985) *The New Russian Nationalism*, New York, Praeger

EDMONDS, C. J. (1971) 'Kurdish Nationalism', *Journal of Contemporary History* 6, No. 1, 87—107

EDWARDS, John (1985) *Language, Society and Identity*, Oxford, Basil Blackwell

EINSTEIN, Alfred (1947) *Music in the Romantic Era*, London, J. M. Dent & Sons

EISENSTADT, Shmuel N. (1963) *The Political System of Empires*, New York, Free Press

ELVIKEN, A. (1931) 'The Genesis of Norwegian Nationalism', *Journal of Modern History* 3, 365—391

ENLOE, Cynthia (1980) *Ethnic Soldiers*, Harmondsworth, Penguin

— (1986) 'Ethnicity, the State and the New International Order', in John F. Stack, Jr, (ed.) *The Primordial Challenge: Ethnicity in the Contemporary World*, op. cit.

ENTESSAR, Nader (1989) 'The Kurdish Mosaic of Discord', *Third World Quarterly* 11, No. 4, 83—100

ESMAN, Milton J. (ed.) (1977) *Ethnic Conflict in the Western World*, Ithaca, Cornell

University Press

FEDOSEYEV, P. N. et al. (1977) *Leninism and the National Question*, Institute of Marxism-Leninism, CC CPSU, Moscow, Moscow Progress Publishers

FINLEY, Moses (1986) *The Use and Abuse of History*, London, Hogarth Press

FISHMAN, Joshua et al. (eds.) (1968) *Language Problems of Developing Countries*, New York, John Wiley

FONDATION HARDT, (1962) *Grecs et Barbares, Entretiens sur l'Antiquité Classique* VIII, Geneva

FORREST, William G. (1966) *The Emergence of Greek Democracy*, London, Weidenfeld & Nicolson

FRANKFORT, Henri (1954) *The Birth of Civilisation in the Near East*, New York, Anchor Books

FRAZEE, C. A. (1969) *The Orthodox Church and Independent Greece, 1821—1852*, Cambridge, Cambridge University Press

FRYE, Richard N. (1966) *The Heritage of Persia*, New York, Mentor

GALTUNG, John (1973) *The European Community: A Superpower in the Making*, London, Allen & Unwin

GANS, Herbert (1979) 'Symbolic ethnicity', *Ethnic and Racial Studies* 2, No. 1, 1—20

GEISS, Immanuel (1974) *The Pan-African Movement*, London, Methuen

GELLA, Aleksander (1976) *The Intelligentsia and the Intellectuals*, Beverley Hills, Sage Publications

GELLNER, Ernest (1964) *Thought and Change*, London, Weidenfeld & Nicolson

— (1973) 'Scale and Nation', *Philosophy of the Social Sciences* 3, 1—17

— (1983) *Nations and Nationalism*, Oxford, Blackwell

— and Gita Ionescu (eds.) (1970) *Populism, Its Meanings and National Characteristics*, London, Weidenfeld & Nicolson

GEOFFREY OF MONMOUTH (1966) *The History of the Kings of Britain*, (trans. L. Thorpe), Harmondsworth, Penguin

GIURESCU, C. C. (1967) *Transylvania in the History of Romania*, London, Garnstone Press

GLAZER, Nathan and Daniel Moynihan (eds.) (1975) *Ethnicity: Theory and Experience*, Cambridge, Mass., Harvard University Press

GOLDHAGEN, Eric (ed.) (1968) *Ethnic Minorities in the Soviet Union*, New York,

Praeger

GOULDNER, Alvin (1979) *The Rise of the Intellectuals and the Future of the New Class*, London, Macmillan

GRAY, Camilla (1971) *The Russian Experiment in Art, 1863—1922*, London, Thames & Hudson

GRIMAL, Pierre (1968) *Hellenism and the Rise of Rome*, London, Weidenfeld & Nicolson

GUTTERIDGE, William F. (1975) *Military Regimes in Africa*, London, Methuen & Co.

HAAS, E. B. (1964) *Beyond the Nation-State: Functionalism and International Organisation*, Stanford, Stanford University Press

HAIM, Sylvia (ed.) (1962) *Arab Nationalism: An Anthology*, Berkeley and Los Angeles, University of California Press

HALL, J. (1962) 'Feudalism in Japan', *Comparative Studies in Society and History* V, 15—51

HALL, John (1985) *Powers and Liberties: the causes and consequences of the rise of the West*, Oxford, Basil Blackwell

HALL, Raymond (ed.) (1979) *Ethnic Autonomy — Comparative Dynamics*, New York, Pergamon Press

HALLIDAY, Fred and Maxine Molyneux (1981) *The Ethiopian Revolution*, London, Verso and New Left Books

HAMEROW, T. (1958) *Restoration, Revolution, Reaction: Economics and Politics in Germany, 1815—1871*, Princeton, Princeton University Press

HARRISON, Selig (1960) *India: The Most Dangerous Decades*, Princeton, Princeton University Press

HECHTER, Michael (1975) *Internal Colonialism: the Celtic Fringe in British National Development, 1536—1966*, London, Routledge & Kegan Paul

— and Margaret Levi (1979) 'The Comparative Analysis of Ethnoregional Movements', *Ethnic and Racial Studies* 2, No. 3, 260—274

HEIMSATH, C. (1964) *Indian Nationalism and Hindu Social Reform*, Princeton, Princeton University Press

HENGEL, Martin (1980) *Jews, Greeks and Barbarians*, London, SCM Press

HERBERT, R. (1972) David, *Voltaire, Brutus and the French Revolution*, London, Allen Lane

HERRMANN, Georgina (1977) *The Iranian Revival*, Oxford, Elsevier Phaidon

HERTZBERG, Arthur (ed.) (1960) *The Zionist Idea, A Reader*, New York, Meridian Books

HILL, Christopher (1968) *Puritanism and Revolution*, London, Panther Books

HINSLEY, F. H. (1973) *Nationalism and the International System*, London, Hodder and Stoughton

HITTI, P. K. (1928) *The Origins of the Druze People and Religion*, New York, Columbia University Press

HOBSBAWM, Eric and Terence Ranger (eds.) (1983) *The Invention of Tradition*, Cambridge, Cambridge University Press

HODGKIN, Thomas (1956) *Nationalism in Colonial Africa*, London, Müller

— (1964) 'The relevance of "Western" ideas in the derivation of African nationalism', in J. R. Pennock (ed.) *Self-government in Modernising Societies*, Englewood Cliffs, Prentice-Hall

— (1975) *Nigerian Perspectives, An Historical Anthology*, second edition., London, Oxford University Press

HONKO, Lauri (1985) 'The Kalevala Process', *Books from Finland* 19, No. 1, 16—23

HONOUR, Hugh (1968) *Neo-Classicism*, Harmondsworth, Penguin

HÖRNE, Donald (1984) *The Great Museum*, London and Sydney, Pluto Press

HOROWITZ, Donald (1985) *Ethnic Groups in Conflict*, Berkeley, Los Angeles & London, University of California Press

HOROWITZ, Irving Louis (1982) *Taking Lives: Genocide and State Power*, third edition, New Brunswick and London, Transaction Books

HUNTER, Guy (1962) *The New Societies of Tropical Africa*, London, Oxford University Press

HUTCHINSON, John (1987) *The Dynamics of Cultural Nationalism: The Gaelic Revival and the Creation of the Irish Nation State*, London, Allen & Unwin

HUXLEY, G. L. (1966) *The Early Ionians*, London, Faber & Faber

JANKOWSKI, J. P. (1979) 'Nationalism in Twentieth Century Egypt', *Middle East Review* 12, 37—48

JOHNSON, Chalmers (1969) 'Building a communist nation in China', in R. A. Scalapino (ed.) *The Communist Revolution in Asia*, Englewood Cliffs, Prentice-Hall

JOHNSON, Harry G. (ed.) (1968) *Economic Nationalism in Old and New States*, London,

Allen & Unwin
JULY, R. (1967) *The Origins of Modern African Thought*, London, Faber & Faber
JUTIKKALA, Eino (1962) *A History of Finland*, London, Thames & Hudson
KAHAN, Arcadius (1968) 'Nineteenth-century European experience with policies of economic nationalism', in H. G. Johnson (ed.) *Economic Nationalism in Old and New States*, London, Allen & Unwin
KAMENKA, Eugene (ed.) (1976) *Nationalism: The Nature and Evolution of an Idea*, London, Edward Arnold
KAUTSKY, John H. (ed.) (1962) *Political Change in Underdeveloped Countries*, New York, John Wiley
KEDDIE, Nikki (1981) *Roots of Revolution: An Interpretive History of Modern Iran*, New Haven and London, Yale University Press
KEDOURIE, Elie (1960) *Nationalism*, London, Hutchinson
— (ed.) (1971) *Nationalism in Asia and Africa*, London Weidenfeld & Nicolson
KEENEY, Barnaby C. (1972) 'England', in Leon Tipton (ed.) *Nationalism in the Middle Ages*, New York, Holt, Rinehart & Winston, 87—97
KEMILAINEN, Aira (1964) *Nationalism, Problems Concerning the World, the Concept and Classification*, Jyväskylä, Kustantajat Publishers
KENRICK, Donald and Graham Puxon (1972) *The Destiny of Europe's Gypsies*, London, Chatto-Heinemann (for Sussex University Press)
KESSLER, David (1985) *The Falashas, the Forgotten Jews of Ethiopia*, New York, Schocken Books
KILSON, Martin (1975) 'Blacks and Neo-ethnicity in American Political Life', in Nathan Glazer & Daniel Moynihan (eds.), *Ethnicity*, op. cit.
KING, P. (1976) 'Tribe: conflicts in meaning and usage', *The West African Journal of Sociology and Political Science* I, No. 2, 186—194
KITROMILIDES, Paschalis (1979) 'The Dialectic of Intolerance: Ideological Dimensions of Ethnic Conflict', *Journal of the Hellenic Diaspora* VI, No. 4, 5—30
— (1980) 'Republican Aspirations in South-eastern Europe in the Age of the French Revolution', *The Consortium on Revolutionary Europe, Proceedings* Vol. I, 275—285, Athens, Georgia
KLAUSNER, S. (1960) 'Why they chose Israel', *Archives de Sociologie des Religions* 9, 129—144

KOHN, Hans (1940) 'The origins of English nationalism', *Journal of the History of Ideas* I, 69—94

— (1955) *Nationalism: Its Meaning and History*, Princeton, Van Nostrand

— (1957) *Nationalism and Liberty: The Swiss Example*, London, Macmillan

— (1960) *Pan-Slavism, Its History and Ideology*, second edition revised, New York, Random House, Vintage Books

— (1965) *The Mind of Germany: The Education of a Nation*, New York, Scribners / London, Macmillan

— (1967a) *The Idea of Nationalism*, second edition, New York, Collier-Macmillan

— (1967b) *Prelude to Nation-States: The French and German Experience, 1789—1815*, Princeton, Van Nostrand

KOLARZ, W. (1954) *Peoples of the Soviet Far East*, London, Philip

KUMAR, Krishan (1978) *Prophecy and Progress*, Harmondsworth, Penguin

KUPER, Leo (1981) *Genocide*, Harmondsworth, Penguin

KUSHNER, David (1976) *The Rise of Turkish Nationalism*, London, Frank Cass

LA FONT DE SAINTE-YENNE (1752) *L'Ombre du Grand Colbert, Le Louvre et la ville de Paris, Dialogue*, Paris

LA FRANCE (1989) *Images of Woman and Ideas of Nation, 1789—1989*, London, South Bank Centre

LAITINEN, Kai (1985) 'The Kalevala and Finnish Literature', *Books from Finland* 19, No. 1, 61—64

LANDAU, Jacob (198i) *Pan-Turkism in Turkey*, London, C. Hurst & Co.

LANG, David M. (1980) *Armenia, Cradle of Civilisation*, London, Allen & Unwin

LARSEN, Mogens Trolle (ed.) (1979) *Power and Propaganda: A Symposium on Ancient Empires*, Copenhagen, Akademisk Forlag (*Mesopotamia*, Copenhagen Studies in Assyriology 7)

LARTICHAUX, J. -Y. (1977) 'Linguistic Politics during the French Revolution', *Diogenes* 97, 65—84

LAYTON, Robert (1985) 'The Kalevala and Music', *Books from Finland* 19, No. 1, 56—59

LEGUM, Colin (1964) *Pan-Africanism, A Political Guide*, second edition, London, Pall Mall Press

LEVINE, Donald N. (1965) *Wax and Gold: Tradition and Innovation in Ethiopian*

Culture, Chicago and London, Chicago University Press
LEWIS, Archibald (1974) *Knights and Samurai: Feudalism in Northern France and Japan*, London, Temple Smith
LEWIS, Bernard (1968) *The Emergence of Modern Turkey*, London, Oxford University Press
— (1970) *The Arabs in History*, fifth edition, London, Hutchinson & Co.
LEWIS, I. M. (ed.) (1983) *Nationalism and Self-determination in the Horn of Africa*, London, Ithaca Press
LEWIS, W. H. (ed.) (1965) *French-speaking Africa: the Search for Identity*, New York, Walker
LLOBERA, Josep (1983) 'The Idea of Volksgeist in the Formation of Catalan Nationalist Ideology', *Ethnic and Racial Studies* 6, No. 3, 332—350
LLOYD, P. C. (ed.) (1966) *New Elites in Tropical Africa*, London, Oxford University Press
LLOYD-JONES, Hugh (ed.) (1965) *The Greek World*, Harmondsworth, Penguin
LYON, Judson (1980) 'Marxism and Ethno-nationalism in Guinea-Bissau', *Ethnic and Racial Studies* 3, No. 2, 156—168
LYONS, F. S. (1979) *Culture and Anarchy in Ireland, 1890—1930*, London, Oxford University Press
MACCOBY, Hyam (1974) *Judea in Revolution*, London, Ocean Books
MACCORMICK, Neil (ed.) (1970) *The Scottish Debate, Essays in Scottish Nationalism*, London, Oxford University Press
MACDOUGALL, Hugh A. (1982) *Racial Myth in English History: Trojans, Teutons and Anglo-Saxons*, Montreal, Harvest House / Hanover, New Hampshire, University Press of New England
MACMILLAN, Duncan (1986) *Painting in Scotland: The Golden Age*, Oxford, Phaidon Press
MANN, Michael (1986) *The Sources of Social Power*, Vol. I, Cambridge, Cambridge University Press
MANNHEIM, Karl (1940) *Man and Society in An Age of Reconstruction*, London, Routledge & Kegan Paul
MARCU, E. D. (1976) *Sixteenth-Century Nationalism*, New York, Abaris Books
MARDIN, Sherif (1965) *The Genesis of Young Ottoman Thought: A Study of the*

Modernisation of Turkish Political Ideas, Princeton, Princeton University Press
MARKOVITZ, I. L. (1977) *Power and Class in Africa*, Englewood Cliffs, Prentice-Hall
MARWICK, Arthur (1974) *War and Social Change in the Twentieth Century*, London, Methuen
MASON, R. A. (1985) 'Scotching the Brut: the Early History of Britain', *History Today* 35 (January), 26—31
MASUR, G. (1966) *Nationalism in Latin America: Diversity and Unity*, New York, Macmillan
MAY, R. J. (ed.) (1982) *Micronationalist Movements in Papua New Guinea*, Political and Social Change Monograph No. 1, Canberra, Australian National University
MAYALL, James (1984) 'Reflections on the New Economic Nationalism', *Review of International Studies* 10, 313—321
— (1985) 'Nationalism and the International Order', *Millennium, Journal of International Studies* 14, No. 2, 143—158
— (1990) *Nationalism and International Society*, Cambridge, Cambridge University Press
MAYO, Patricia (1974) *The Roots of Identity: Three National Movements in Contemporary European Politics*, London, Allen Lane
MCCULLEY, B. T. (1966) *English Education and the Origins of Indian Nationalism*, Gloucester, Mass., Smith
MCKAY, James (1982) 'An Exploratory Synthesis of Primordial and Mobilisationist Approaches to Ethnic Phenomena', *Ethnic and Racial Studies* 5, No. 4, 395—420
MELUCCI, Alberto (1989) *Nomads of the Present: Social Movements and Individual Needs in Contemporary Society*, London, Hutchinson Radius
MEYER, Michael A. (1967) *The Origins of the Modern Jew: Jewish Identity and European Culture in Germany, 1749—1824*, Detroit, Wayne State University Press
MITCHELL, Marion M. (1931) 'Emile Durkheim and the Philosophy of Nationalism', *Political Science Quarterly* 46, 87—106
MITCHISON, Rosalind (ed.) (1980) *The Roots of Nationalism: Studies in Northern Europe*, Edinburgh, John Donald Publishers
MOSCATI, Sabatino (1962) *The Face of the Ancient Orient*, New York, Anchor Books
— (1973) *The World of the Phoenicians*, London, Cardinal, Sphere Books Ltd
MOSSE, George (1964) *The Crisis of German Ideology*, New York, Grosset and Dunlap
— (1970) 'Mass politics and the Political Liturgy of Nationalism', in Eugen Kamenka

(ed.) *Nationalism*, op. cit.

MOUZELIS, Nicos (1986) *Politics in the Semi-periphery*, London, Macmillan

NAIRN, Tom (1977) *The Break-up of Britain*, London, New Left Books

NALBANDIAN, Louise (1963) *The Armenian Revolutionary Movement: the Development of Armenian Political Parties through the Nineteenth Century*, Berkeley, University of California Press

NEUBERGER, Benjamin (1976) 'The African Concept of Balkanisation', *Journal of Modern African Studies* XIII, 523—529

— (1986) *National Self-determination in Post-colonial Africa*, Boulder, Colorado, Lynne Rienner Publishers

NEUSNER, Jacob (1981) *Max Weber Revisited: Religion and Society in Ancient Judaism*, Eighth Sacks Lecture, Oxford, Oxford Centre for Postgraduate Hebrew Studies

NEWMAN, Gerald (1987) *The Rise of English Nationalism: A Cultural History, 1740—1830*, London, Weidenfeld & Nicolson

NISBET, Robert (1969) *Social Change and History*, Oxford, London and New York; Oxford University Press

NOLTE, Ernest (1969) *Three Faces of Fascism*, trans. L. Vennewitz, New York and Toronto, Mentor Books

OATES, Joan (1979) *Babylon*, London, Thames and Hudson

O'BRIEN, Conor Cruise (1988) *God Land: Reflections on Religion and Nationalism*, Cambridge, Mass, Harvard University Press

OLORUNSOLA, Victor (ed.) (1972) *The Politics of Cultural Sub-Nationalism in Africa*, New York, Anchor Books

OSTROGORSKY, George (1956) *History of the Byzantine State*, Oxford, Basil Blackwell

PALMER, R. (1940) 'The National Idea in France before the Revolution', *Journal of the History of Ideas* I, 95—111

PANTER-BRICK, S. (ed.) (1970) *Nigerian Politics and Military Rule*, London, Athlone Press

PARSONS, Talcott (1966) *Societies: Evolutionary and Comparative Perspectives*, Englewood Cliffs, Prentice-Hall

PAYNE, Stanley (1971) 'Catalan and Basque nationalism', *Journal of Contemporary History* 6, No. 1, 15—51

PEARSON, Raymond (1983) *National Minorities in Eastern Europe, 1848—1945*,

London, Macmillan

PECH, Stanley (1976) 'The Nationalist Movements of the Austrian Slavs', *Social / History* 9, 336—356

PINARD, M. and R. Hamilton (1984) 'The Class Bases of the Quebec Independence Movement: Conjectures and Evidence', *Ethnic and Racial Studies* 7, No. 1, 19—54

PIPES, Richard (1977) *Russia under the Old Regime*, London, Peregrine Books

POGGI, Gianfranco (1978) *The Development of the Modern State*, London, Hutchinson & Co.

POLIAKOV, Leon (1974) *The Aryan Myth*, New York, Basic Books

PORTAL, Roger (1969) *The Slavs: A Cultural Historical Survey of the Slavonic Peoples*, trans. Patrick Evans, London, Weidenfeld Sc Nicolson

PORTER, Roy and Mikulas Teich (eds.) (1988) *Romanticism in National Context*, Cambridge, Cambridge University Press

PRITCHARD, J. B. (ed.) (1958) *The Ancient Near East*, Princeton, Princeton University Press

PULZER, Peter (1964) *The Rise of Political Anti-Semitism in Germany and Austria*, New York, John Wiley

QUANDT, W. B., Fuad Jabber and Mosely A. Lesch (eds.) (1973) *The Politics of Palestinian Nationalism*, Berkeley & Los Angeles, University of California Press

RAMET, Pedro (ed.) (1989) *Religion and Nationalism in Soviet and East European Politics*, Durham and London, Duke University Press

RANUM, Orest (ed.) (1975) *National Consciousness, History and Political Culture*, Baltimore and London, Johns Hopkins University Press

RAYNOR, Henry (1976) *Music and Society Since 1815*, London, Barrie and Jenkins

REISS, H. S. (ed.) (1955) *The Political Thought of the German Romantics, 1793—1815*, Oxford, Blackwell

REX, John (1986) *Race and Ethnicity*, Milton Keynes, Open University Press

REYNOLDS, Susan (1983) 'Medieval Origines Gentium and the Community of the Realm', *History*, 68, 375—390

— (1984) *Kingdoms and Communities in Western Europe, 900—1300*, Oxford, Clarendon

RICHARDSON, Jonathan (1725) *An Essay on the Theory of Painting,* second edition, London

RICHMOND, Anthony (1984) 'Ethnic Nationalism and Post-industrialism', *Ethnic and*

Racial Studies 7, No. 4, 4—18

RICKARD, Peter (1974) *A History of the French Language*, London, Hutchinson University Library

ROBSON-SCOTT, William D. (1965) *The Literary Background of the Gothic Revival in Germany*, Oxford, Clarendon Press

ROSENBLUM, Robert (1967) *Transformations in Late Eighteenth Century Art*, Princeton, Princeton University Press

ROSENTHAL, Erwin (1965) *Islam in the Modern National State*, Cambridge, Cambridge University Press

ROTBERG, Robert (1967) 'African Nationalism: Concept of Confusion?', *Journal of Modern African Studies* 4, 33—46

ROUSSEAU, Jean-Jacques (1915) *The Political Writings of Rousseau*, ed. C. E. Vaughan, 2 Vols., Cambridge, Cambridge University Press

— (1924—1934) *Correspondance Générale*, ed. T. Dufour, Paris, Vol. X

ROUX, Georges (1964) *Ancient Iraq*, Harmondsworth, Penguin

ROZANOW, Zofia and Ewa Smulikowska (1979) *The Cultural Heritage of Jasna Gòra*, second revised edition, Warsaw, Interpress Publishers

RUNCIMAN, Steven (1947) *The Medieval Manichee; A Study of the Christian Dualist Heresy*, Cambridge, Cambridge University Press

RUSTOW, Dankwart (1967) *A World of Nations*, Washington DC, Brookings Institution

SAGGS, H. W. F. (1984) *The Might That Was Assyria*, London, Sidgwick and Jackson

SARAI, R. A. (ed.) (1961) *Studies on Asia*, Lincoln, University of Nebraska Press

SAMUEL, Raphael (1989) *Patriotism, the Making and Unmaking of British National Identity*, London, Routledge & Kegan Paul

SARKISYANZ, Emanuel (1964) *Buddhist Backgrounds of the Burmese Revolution*, The Hague, Nijhoff

SATHYAMURTHY, T. (1983) *Nationalism in the Contemporary World*, London, Frances Pinter

SAUL, John (1979) *State and Revolution in East Africa*, London, Heinemann

SAUNDERS, J. J. (1978) *A History of Medieval Islam*, London, Routledge & Kegan Paul

SCHAMA, Simon (1987) *The Embarrassment of Riches: An Interpretation of Dutch Culture in the Golden Age*, London, William Collins

SCHERMERHORN, Richard (1970) *Comparative Ethnic Relations*, New York, Random

House
SCHLESINGER, Philip (1987) 'On National Identity: Some Conceptions and Misconceptions Criticised', *Social Science Information* 26, No. 2, 219—264
SCHÖPFLIN, George (1980) 'Nationality in the Fabric of Yugoslav Polities', *Survey* 25, 1—19
SELTZER, Robert M. (1980) *Jewish People, Jewish Thought*, New York, Macmillan
SETON-WATSON, Hugh (1961) *Neither War Nor Peace*, London, Methuen
— (1955) *Nationalism, Old and New*, Sydney, Sydney University Press
— (1967) *The Russian Empire, 1801—1917*, London, Oxford University Press
— (1977) *Nations and States*, London, Methuen
SHAFER, Boyd C. (1938) 'Bourgeois nationalism in the Pamphlets on the Eve of the French Revolution', *Journal of Modern History* 10, 31—50
SHAFTESBURY, Lord (1712) *A Letter Concerning the Art or Science of Design*, written from Italy, on the occasion of the *Judgment of Hercules* to my Lord —, Naples
SHARABI, Hisham (1966) *Nationalism and Revolution in the Arab World*, Princeton, Van Nostrand
— (1970) *The Arab Intellectuals and the West: The Formative Years, 1875—1914*, Baltimore and London, Johns Hopkins University Press
SHERRARD, Philip (1959) *The Greek East and the Latin West*, London, Oxford University Press
SHILS, Edward (1972) *The Intellectuals and the Powers, and Other Essays*, Chicago, Chicago University Press
SILVA, K. M. de (1981) *A History of Sri Lanka*, London, C. Hurst & Co. / Berkeley & Los Angeles, University of California Press
SINGLETON, Fred (1985) *A Short History of the Yugoslav Peoples*, Cambridge, Cambridge University Press
SMELSER, Neil J. (1968) *Essays in Sociological Explanation*, Englewood Cliffs, Prentice-Hall
SMITH, Anthony D. (1971) *Theories of Nationalism*, (second edition 1983), London, Duckworth / New York, Harper & Row
— (1973 a) *Nationalism*, A Trend Report and Annotated Bibliography, *Current Sociology* 21, No. 3, The Hague, Mouton
— (1973b) 'Nationalism and Religion: the Role of Religious Reform in the Genesis of

Arab and Jewish Nationalism', *Archives de Sociologie des Religions* 35, 23—43
— (ed.) (1976) *Nationalist Movements*, London, Macmillan / New York, St Martin Press
— (1979a) *Nationalism in the Twentieth Century*, Oxford, Martin Robertson
— (1979b) 'The "Historical Revival" in Late Eighteenth-century England and France', *Art History* 2, No. 2, 156—178
— (1981a) *The Ethnic Revival in the Modern World*, Cambridge, Cambridge University Press
— (1981b) 'States and Homelands: the Social and Geopolitical Implications of National Territory', *Millennium, Journal of International Studies* 10, No. 3, 187—202
— (1981c) 'War and Ethnicity: the Role of Warfare in the Formation, Self-images and Cohesion of Ethnic Communities', *Ethnic and Racial Studies* 4, No. 4, 375—397
— (1983) *State and Nation in the Third World*, Brighton, Harvester Press
— (1984a) 'Ethnic Myths and Ethnic Revivals', *European Journal of Sociology* 25, 283—305
— (1984b) 'National Identity and Myths of Ethnic Descent', *Research in Social Movements, Conflict and Change*, 7, 95—130
— (1986a) *The Ethnic Origins of Nations*, Oxford, Blackwell
— (1986b) 'State-making and Nation-building', in John Hall (ed.) *States in History*, Oxford, Blackwell, 228—263
— (1986c) 'History and Liberty: Dilemmas of Loyalty in Western Democracies', *Ethnic and Racial Studies* 9, No. 1, 43—65
— (1987) *Patriotism and Neo-Classicism: The 'Historical Revival' in French and English Painting and Sculpture, 1746—1800*, Ph.D. Dissertation, University of London
— (1988a) 'The Myth of the "Modern Nation" and the Myths of Nations', *Ethnic and Racial Studies* 11, No. 1, 1—26
— (1988b) 'Social and Cultural Conditions of Ethnic Survival', *Journal of Ethnic Studies, Treatises and Documents* 21, 15—26, Ljubljana
— (1989) 'The Suffering Hero: Belisarius and Oedipus in Late Eighteenth Century French and British Art', *Journal of the Royal Society of Arts* CXXXVII, September 1989, 634—640
SMITH, Donald E. (1963) *India as a Secular State*, Princeton, Princeton University Press
— (ed.) (1974) *Religion and Political Modernisation*, New Haven, Yale University Press
SMITH, G. E. (1985) 'Ethnic Nationalism in the Soviet Union: Territory, Cleavage and

Control', *Environment and Planning C: Government and Policy*, 3, 49—73

— (1989) 'Gorbachev's Greatest Challenge: Perestroika and the National Question', *Political Geography Quarterly* 8, No. 1, 7—20

SMITH, Leslie (ed.) (1984) *The Making of Britain: The Dark Ages*, London, Macmillan

SNYDER, Louis (1954) *The Meaning of Nationalism*, New Brunswick, Rutgers University Press

SOPHOCLES (1947) *The Theban Plays*, trans. E. Watling, Harmondsworth, Penguin

STACK, J. F. (1986), *The Primordial Challenge: Ethnicity in the Contemporary World*, New York, Greenwood Press

STAVRIANOS, L. S. (1957) 'Antecedents of the Balkan Revolutions of the Nineteenth Century', *Journal of Modern History* 29, 333—348

— (1961) *The Balkans Since 1453*, New York, Holt

STEINBERG, Jonathan (1976) *Why Switzerland?*, Cambridge, Cambridge University Press

STONE, John (ed.) (1979) 'Internal Colonialism', *Ethnic and Racial Studies* 2. No. 3

STRAYER, J. (1963) 'The Historical Experience of Nation-building in Europe', in K. W. Deutsch and J. Foltz (eds.) *Nation-Building*, New York, Atherton

STRIZOWER, S. (1962) *Exotic Jewish Communities*, New York and London, Thomas Yoseloff

SUGAR, Peter (ed.) (1980) *Ethnic Diversity and Conflict in Eastern Europe*, Santa Barbara, ABC-CLIO

— and Ivo Lederer (eds.) (1969) *Nationalism in Eastern Europe*, Seattle and London, University of Washington Press

SVENSSON, F. (1978) 'The Final Crisis of Tribalism: Comparative Ethnic Policy on the American and Russian Frontiers', *Ethnic and Racial Studies* 1, No. 1, 100—123

SYMMONS-SYMONOLEWICZ, Konstantin (1965) 'Nationalist Movements: an Attempt at a Comparative Typology', *Comparative Studies in Society and History* 7, 221—230

— (1970) *Nationalist Movements: A Comparative View*, Meadville, Pa., Maplewood Press

SZPORLUK, Roman (1973) 'Nationalities and the Russian Problem in the USSR: an Historical Outline', *Journal of International Affairs* 27, 22—40

TAYLOR, David and Malcolm Yapp (eds.) (1979) *Political Identity in South Asia*, London and Dublin, Centre for South Asian Studies, SOAS, Curzon Press

TCHERIKOVER, Victor (1970) *Hellenistic Civilisation and the Jews*, New York, Athenaeum

THADEN, Edward C. (1964) *Conservative Nationalism in Nineteenth Century Russia*, Seattle, University of Washington Press

THOMPSON, Leonard (1985) *The Political Mythology of Apartheid*, New Haven and London, Yale University Press

THUCYDIDES (1963) *The Peloponnesian War*, New York, Washington Square Press

THÜRER, Georg (1970) *Free and Swiss*, London, Oswald Wolff

TILLY, Charles (1963) *The Vendée*, London, Arnold

— (1975) *The Formation of National States in Western Europe*, Princeton, Princeton University Press

TIPTON, Leon (ed.) (1972) *Nationalism in the Middle Ages*, New York, Holt, Rinehart and Winston

TIVEY, Leonard (ed.) (1980) *The Nation-State*, Oxford, Martin Robertson

TRIGGER, B. G., B.J. Kemp, D. O'Connor and A. B. Lloyd (1983) *Ancient Egypt, A Social History*, Cambridge, Cambridge University Press

TUDOR, Henry (1972) *Political Myth*, London, Pall Mall Press / Macmillan

TUVESON, E. L. (1968) *Redeemer Nation: The Idea of America's Millennial Role*, Chicago and London, University of Chicago Press

UCKO, Peter (1983) 'The politics of the Indigenous Minority', *Journal of Bio-Social Science, Supplement* 8, 25—40

ULLENDORFF, Edward (1973) *The Ethiopians, An Introduction to Country and People*, third edition, London, Oxford University Press

VAN DEN BERGHE, Pierre (1967) *Race and Racism*, New York, Wiley

VARDYS, V. Stanley (1989) 'Lithuanian National Polities', *Problems of Communism* XXXVIII (July-August), 53—76

VATIKIOTIS, P. J. (1969) *A Modern History of Egypt*, New York and Washington, Frederick A. Praeger

VAUGHAN, William (1978) *Romantic Art*, London, Thames & Hudson

VITAL, David (1975) *The Origins of Zionism*, Oxford, Clarendon Press

WALEK-CZERNECKI, M. T. (1929) 'Le rôle de la nationalité dans l'histoire de l'antiquité', *Bulletin of the International Committee of Historical Sciences* II, 305—320

WALLACE-HADRILL, J. M. (1985) *The Barbarian West, 400—1000*, Oxford, Basil Blackwell

WALLERSTEIN, Immanuel (1965) 'Elites in French-speaking West Africa', *Journal of Modern African Studies* 3, 1—33

— (1974) *The Modern World System*, New York, Academic Press

WARREN, Bill (1980) *Imperialism, Pioneer of Capitalism*, New York and London, Monthly Review Press

WEBB, Keith (1977) *The Growth of Nationalism in Scotland*, Harmondsworth, Penguin

WEBER, Eugene (1979) *Peasants into Frenchmen: The Modernisation of Rural France, 1870—1914*, London, Chatto & Windus

WEBER, Max (1965) *The Sociology of Religion*, trans. E. Fischoff, London, Methuen

— (1968) *Economy and Society*, Vol. I, eds. G. Roth and C. Wittich, New York, Bedminster Press

WHITAKER, A. P. and D. C. Jordan (1966) *Nationalism in Contemporary Latin America*, New York, Free Press

WIBERG, Hakan (1983) 'Self-determination as international issue', in Ioann M. Lewis (ed.): *Nationalism and Self-determination*, op. cit.

WOODHOUSE, C. M. (1984) *Modern Greece: A Short History*, London and Boston, Faber & Faber

WORSLEY, Peter (1964) *The Third World*, London, Weidenfeld & Nicolson

YALOURIS, N. et al. (1980) *The Search for Alexander*, Boston, New York Graphics Society (Exhibition)

YERUSHALMI, Yosef H. (1983) *Jewish History and Jewish Memory*, Seattle and London, University of Washington Press

YOSHINO, Kosaku (1989) *Cultural Nationalism in Contemporary Japan*, Ph.D. Dissertation, University of London

ZEINE, Z. N. (1958) *Arab-Turkish Relations and the Emergence of Arab Nationalism*, Beirut, Khayats / London, Constable & Co. Ltd

ZEITLIN, Irving (1984) *Ancient Judaism*, Cambridge, Polity Press

— (1988) *Jesus and the Judaism of His Time*, Cambridge, Polity Press

ZERNATTO, G. (1944) 'Nation: The History of a Word', *Review of Politics* 6, 351—366

ZUBAIDA, Sami (1978) 'Theories of Nationalism', in G. Littlejohn, B. Smart, J. Wakeford and N. Yuval-Davis (eds.) *Power and the State*, London, Croom Helm

索　引

（条目后的数字为原书页码，见本书边码；
部分带n的页码，表示该条目位于"注释"部分）

Aborigines,原住民,30,31,77
Acton,Lord,艾克顿公爵,85
Africa,非洲,ix,22,41,60,72,81,90,100,105,107—109,110—112,115—116,121,124,131,136,139,150,154,165,167,171—172,175
Alavi, Hamza,阿拉维,哈姆扎 107
Alsace,阿尔萨斯,13,83,128
America, North,北美洲,vii,30,40,60,80,85—86,90,112,138,149—150,172—173
South / Latin,南美洲 / 拉丁美洲,30,125,149
American Indian,美洲印第安人,30,125,149
Amhara,阿姆哈拉,见 Ethiopia,埃塞俄比亚
ancestry / descent,祖先 / 血统(血缘),viii,7,11—13,15,20—21,39,50,52,56—58,66,70,76,81—82,101,104,117,123,140,149,162,164
Anderson, Benedict,安德森,本尼迪克特,85
Angola,安哥拉,116,112,136
anthropology,人类学,21,74—75,164
Arabia, Arabs, Arabism,阿拉伯半岛,阿拉伯人,阿拉伯主义,6,7,26,27,54,62—63,73,103,109,110—111,113,128,132,150,171,172,173
Aramaic, Aramean,阿拉姆语,阿拉姆人
Argentina,阿根廷,40,76,83
aristocracy,贵族,ix,5,45—46,53,54—55,66,68,81,89,100,101—103,105,120,123,129,167
Armenia, -ians,亚美尼亚,亚美尼亚人,6,23,26,27,30,33—34,37,38—39,54,62,124,167
Armstrong, John,阿姆斯特朗,约翰,7,34,38
art, artists,艺术,艺术家,83,85—87,89,

92—93,119,127,137,141,157,159,162,172,174,190n47
Asia,亚洲,ix,11,12—13,22,41,60,80,90,100,104,107,110,111,121,124,131,139,148,154,165
Assyria,-ians,亚述,亚述人,27,28,31—32,37,44,45—46,54,182n31
Athens,雅典,1—3,8,28,87
Australia,澳大利亚,30,40,77
autarchy,经济自给,10,16,90
authenticity,真实性,16,17,73,76—77,90,91,130,140,161
autonomy,自治,51,73,74,76—77,90,91,125,133,136,138—139,141—142,146,148
Aztec,阿兹特克人,**见**Mexico,墨西哥

Baltic,波罗的海,135,148
Baluchi,俾路支的(俾路支人、俾路支语),132
Bangladesh,孟加拉国,24,134,135—136,173
Basques,巴斯克(巴斯克的、巴斯克人、巴斯克语),53,58—59,125,126,135,138,139,141
Belgium,比利时,175
Bengal,孟加拉,**见**Bangladesh,孟加拉国
Biafra,比夫拉,**见**Nigeria,尼日利亚
Bible,《圣经》,27,50
Blacks, American,黑人,美洲的/美国的,149
Bolivia,玻利维亚,40
Brazil,巴西,83,173
Britain,-ish,不列颠(英国),不列颠的(英国的、英国人),5,46,56—57,59,66,73,75,80,87,89,100,107,113—114,137,138,150,151,163,174,183n55;**也见**England,英格兰
Brittany, Bretons,布列塔尼,布列塔尼人,58,125,126—127,138—139,141
Buddhism,佛教,8,28
Bulgaria,-ians,保加利亚,保加利亚人,163,164,171
bureaucracy,官僚制,ix,15,38,45,53,55—63,68,79,87,96,100,101,107—108,113,120,124,140—141,165,167—169,170
Burgundy,勃艮第,26
Burma,缅甸,8,106,107,111,116,134
Byzantium,-ine,拜占庭,拜占庭的(拜占庭人),26,27—29,158;**也见**Christianity,基督教,**以及**Greece,希腊

Canaan,-ite,迦南,迦南人(迦南语),48,53
Canada,加拿大,125,132;**也见**Québec,魁北克
capitalism,资本主义,33,60,109,119,134,154—157,165—167,169,170
Carthage,-inian,迦太基,迦太基的(迦太基人、迦太基语),28,31
Catalonia,-an,加泰罗尼亚,加泰罗尼亚的(加泰罗尼亚人、加泰罗尼亚语),54,58—59,74,125—126,139,141,167

ceremony,典礼、仪式,**见** customs,习俗
Chile,智利,40,83
China,中国,27,34,101,136,144,154
Christianity,基督教,7,8,13,22,26,28,34,37,46,51,54,56—58,62,66—67,82,103,104—105,121,137,148,149,174
citizen,-ship,公民,公民身份,10,13,16,44,45,59,63—64,69,76,79,91,94,97,103,117—118,119,121,144,168
city,city-state,城市,城邦,8,10,24,32—33,44,47,54,88,149,167
class,阶级,4—6,12,14,16,24—25,35,45—46,53,57—61,68,73,80—81,86,96,102,115,119—121,124,129,133,143,160,166—167,169,170
classicism,neo-classicism,古典主义,新古典主义,85,86—91,100,157,159,174
clergy,教士、神职人员,13,23,28,35—38,45—46,48,53—54,62,68,101,120,167
colony,colonialism,殖民地,殖民主义,101,106—110,112,114—115,120—121,124,131,133—136,137,167,171,172
communism,共产主义,**见** Marxism,马克思主义
Connor,Walker,康纳,沃克,15,125
Constantinople,君士坦丁堡,29,35
Copts,Coptic,科普特人,科普特的(科普特语),6,62,110
Corsica,科西嘉,125
Croat,-ia,克罗地亚人(克罗地亚语),克罗地亚,7,139,147,163
culture,文化,**见全书**
customs,习俗,ix,6,12,16,20,23,27,38—39,45,50—53,77—78,83,113,140,146
Czechoslovakia,Czechs,捷克斯洛伐克,捷克人,27,67,81,84,88,127,128,156,159,162—163,168

David,Jacques-Louis,达维德,雅克—路易,76,78—7,87,92
democracy,民主,15,44,143,149,173—174,176
demotic(ethnie),大众性(族群),36,41,53—54,61—64,67—68,78,90,101,103,110—111,114,123,126,129—131,136,137—141,163,166
Denmark,丹麦,56
descent,血统(血缘),**见** ancestry,祖先
Deutsch,Karl,多伊奇,卡尔,125
diaspora,流散(流散社群),23,34,38,54,82
Druze,德鲁兹人,7,34,37,53,62
Durkheim,Emile,涂尔干,爱弥尔,77
Dutch,荷兰人,**见** Holland,荷兰

education,教育,11,13,16,45,50,56,58,61,63,65,69,77,81,91,107,115,118—119,121,129,132,148,167—168,173
Egypt,-ian,埃及,埃及的(埃及人、古埃

及语),7,27,35—36,38,44—48,51,55,106,110—111,115
Elam,-ite,埃兰,埃兰人(埃兰语),31—32
election(myth),拣选(神话),36—37,39,50,57—58,62,64,66,70,84,127,150,176
empire,imperialism,帝国,帝国主义,ix,32,38,40,46,50,59,101—106,124,130,139,147,150,155,158—159
Engels,Friedrich,恩格斯,弗里德里希,32
England,-ish,英格兰,英格兰的(英格兰人、英语),6,8,27,39,51,55—61,67,72,85—86,92,100,132,141,150,165,167,173
Eritrea,厄立特里亚,104,124,132—133,135,136—137,194 n18
ethnic,ethnicity,族裔的,族性,**见全书**
ethnic core,核心族群,38—42,54,57,61,68,102—103,110—111
ethnie,ethnic community,族群,族裔共同体,**见全书**
ethnocide,文化灭绝,30—32,137,176
'ethno-nationalism',"族裔民族主义",ix,82—83,123—142
Ethiopia,埃塞俄比亚,6,33—34,37,55,62,101—102,104—105,116,136
Europe,欧洲,viii,ix,7,9—11,12—13,22,27,30,32,34,37,40,44,49,50,60,63,71,75—76,80—81,84,86,88—91,91—94,97,106—107,109—110,111,112,124—126,130—131,138—139,150—154,165,167,171,173—176,197n15—16
　Western,西欧,vii,ix,9—12,15,51—52,55,59,60—61,63—64,67—69,80—81,86,87,90,100—101,108—109,114,116,118,121,125,131,133—134,139,155—156,157,165,167,173
　Eastern,东欧,vii,ix,11—13,80—81,86,90,100,124,126,128,130—131,141,144,148,151,154—155,163—164,167
exile,流亡(驱逐),23,36,33,66

Falasha,法拉沙人,34
Fallmereyer,Jacob,法尔梅赖尔,雅各布,29
family,-ial,家庭(家族),家庭的(家族的),4,12,21—22,24,29,76,78—79,91,105,117,145,161—163,172—174,176
fascism,法西斯主义,14,30,83,96,103,106,151
federal,-ism,联邦的,联邦主义,10,103,145—146,147,149,174
feminism,女权主义,41,55;**也见**gender,性别
Fichte,J. G.,费希特,J. G,76,85,93,94,163
Finns,Finland,芬兰人,芬兰,67,126,127—128,130,141,161—162,187n52
Flanders,Flemish,佛兰德,佛兰德斯的(佛兰芒人、佛兰芒语),74,125,165,

175；也见Belgium，比利时
folk，folklore，民间的（民俗的），民俗（民俗学、民间传说），12，77，129，132，157—159
foundation myth，建国神话，22，39
France，Franks，法国（法兰西），法兰克人，10，13，27，39，46，50—52，56—59，61—76，80，83，85—89，92，94，100，107—108，118，128，138，163，165，167
French Revolution，法国大革命，4，5，10，18，44，58，76，89，94，118，128，130

Gellner，Ernest，盖尔纳，欧内斯特，71，194 n20
genealogy，谱系，见ancestry，祖先
gender，性别，4—5，24—25，44，60，143，160，170
genocide，种族灭绝，26，30—31，176
Georgia，-ians（USSR），格鲁吉亚，格鲁吉亚人（苏联），147
German，Germany，德国的（日耳曼的、德国人、德语），德国（日耳曼），7，26，57，76，81，85—86，89，91—92，107，128，146，154，156，163，167，171，186n36
global，-ism，全球的，全球主义，见internationalism，国际主义
Gold Coast，黄金海岸，见Ghana，加纳
"golden age"，"黄金年代"，33，39，64，66—67，69，78，89，91—92，119，127，161，163，170，177
Gouldner，Alvin，古德纳，阿尔文，119
Greece，Greek，希腊，希腊的（希腊人、希腊语），3—4，8，24，27—30，33—37，45，47—48，62，76，85，87，164，167
Gypsy，吉普赛人，30，31
Ghana，加纳，72—73，106，115，117

Habsburg，哈布斯堡王朝，10，124，131
Hebrew，希伯来人（希伯来的、希伯来语），见Israel，以色列
Hellas，赫拉斯（希腊），见Greece，希腊
Herder，Johann Gottfried，赫尔德，约翰·哥特弗雷德，74，75，86，93，109，163
hero，-ism，英雄，英雄主义，3，9，27，38，66—67，73，77，83，87，88—89，91—92，117，119，128，199，161—163
Hesiod，赫西奥德，27
Hindu，-ism，印度教教徒，印度教，83，113—114
history，-icism，历史，历史主义，ix，9，11—14，18，20，22，25—26，40，56，63，64—68，69—70，74—75，78，86—90，91—93，96—97，111，119，126—127，129，134，140—141，146—147，158—159，160—165，170，172，176—177
Holland，荷兰，9，10，59，84，86，141，165，167
homeland，祖地，9，11，14—15，21，23，26，33，39，49—50，56，64—65，70，75，82，90—91，130，146，174
Horowitz，Donald，霍洛维茨，唐纳德，22，24，134—135

Hungary, -ians, 匈牙利, 匈牙利人, 53, 81, 127, 163, 164, 167

Ibo, 伊博人, 112, 124, 33, 136—137; **也见** Nigeria, 尼日利亚
identity, 认同, viii, 1, 3—8, 13—14, 17—18, 20, 24—25, 73—76, 96—97, 105, 112—113, 140, 143, 146, 151—152, 158—159, 160, 162, 170, 173, 175, 176—177
imperialism, 帝国主义, **见** empire, 帝国
India, -ans, 印度, 印度人, 83—84, 106, 107—109, 173—174
Indonesia, 印度尼西亚, 106, 110
intellectual, intelligentsia, 知识分子, 知识阶层, ix, 12, 60—61, 63—64, 73, 81, 84, 89, 93—96, 103—104, 106—110, 114, 119—123, 127—132, 134—135, 140, 148, 158—159, 160, 164, 166—169, 190n53
internationalism, 国际主义, 17, 123, 126, 144—145, 154—159, 166, 168—170, 176—177
Iran, 伊朗, **见** Persia, 波斯
Iraq, 伊拉克, 106, 117, 132, 164
Ireland, Irish, 爱尔兰, 爱尔兰的(爱尔兰人、爱尔兰语), 7, 12, 28, 33, 52—54, 62, 66—67, 73, 81, 126, 130, 141
irredentism, 领土收复主义, ix, 75—76, 83, 104, 171
Islam, 伊斯兰教, 7, 21, 26, 36, 54—55, 58, 63, 73, 104—105, 110—111, 113, 115, 118, 148, 172
Israel, 以色列, 27, 33—34, 39, 47—50, 53, 58, 81, 109
Italy, -ian, 意大利, 意大利的(意大利人、意大利语), 76, 81, 86, 107, 146, 165, 171

Japan, 日本, 27, 36, 45—47, 68, 91, 101—102, 105—106, 144, 154, 163
Jerusalem, 耶路撒冷, 32, 48, 150
Jews, Judaism, 犹太人, 犹太教, 6, 30, 33—37, 48—50, 54, 58, 62, 164, 167, 174

Kant, Immanuel, 康德, 伊曼努尔, 76, 94
Karen, 克伦人, 7, 111, 124, 134; **也见** Burma, 缅甸
Kautsky, J. H., 考茨基, J. H., 119
Kedourie, Elie, 凯杜里, 埃里, 85
Kenya, 肯尼亚, 106, 107, 111
Khmers, 高棉人, 27
Kiev, 基辅, **见** Russia, 俄罗斯
Kohn, Hans, 科恩, 汉斯, 80
Korean, 朝鲜的(朝鲜人), 47, 105
Kosovo, 科索沃, 29, 147; **也见** Yugoslavia, 南斯拉夫
Kurdistan, Kurds, 库尔德斯坦, 库尔德人, 7, 27, 124, 131, 132, 134, 136, 137

language, 语言, vii, ix, 12—13, 20, 23—24, 26, 29—31, 34, 40, 49, 50, 52, 56, 58, 63, 68, 73—75, 78, 84, 88—90, 99, 104, 109, 113, 119, 132, 135, 140—141, 144, 147, 150, 156, 160,

172—173,174
lateral(ethnie),水平(族群),52—58,61,65,68,100—101,106,123,166
Latin America,拉丁美洲,**也见** America,South,南美洲
law,法律,9—12,14,40,45,50—51,58,62—63,65,69,77,118,144,174
Lebanon,黎巴嫩,7,31,34
Lerner,Daniel,勒纳,丹尼尔,125
liberalism,自由主义,14,109,144,145
Lithuania,立陶宛,138
Lombard,伦巴第人,39

Macedonia,马其顿,147,164
Malay,-sia,马来西亚的(马来人、马来语),马来西亚,14,24
Mannheim,Karl,曼海姆,卡尔,119
Markovitz,I. L.,马科维茨,I. L.,119
Maronite,马龙派教徒,7,34;**也见** Lebanon,黎巴嫩
Marx,Marxism,马克思,马克思主义,5,14,95,97,103—105,116,119,144—145,149,154,156,165
Mayall,James,梅奥尔,詹姆斯,viii
Mazdakism,马兹达克主义,6,36,54,185n21;**也见** Persia,波斯
McKay,James,麦凯,詹姆斯,viii
media,媒介(媒体),11,157—158,173
medieval,-ism,中世纪的,中世纪主义,88—91,172—173,174,197n22
Meinecke,Friedrich,梅尼克,弗雷德里希,8
memory,记忆,9,11,14—15,19—22,25,27—29,31,33,39—41,43,45,48—52,65,70,89,104,113,119,129,138,144,159,163,175;**也见** history,历史
Mexico,墨西哥,30,40
Middle East,中东,ix,7,12,27,90,124,126,128,130,173
migration,迁移,11,22,26,29,40,55,66,150,156,176
minorities,少数群体,7,18,110,112—114,137—138,141,156,172,176
mobilization,动员,ix,4,12,18,20,27,53,60,64,68—69,76,78,90—91,101,112,113—115,123,124—133,135—137,140—141,144,150,164—165,170,173
modernism,-ization,现代主义,现代化,44,63—64,69,71,101,103—105,119,124,145
Mongol,-ia,蒙古人(蒙古语),蒙古,30,51,54
Montesquieu,孟德斯鸠,75,86,88
Moses,摩西,27,36
Mozambique,莫桑比克,116
Muhammad,穆罕默德,27,54
Moslem,穆斯林,**见** Islam,伊斯兰教
myth,mythology,神话,神话体系,6,11—12,14—15,19—22,25,27—29,31,33,39—41,45,48—49,52—53,56—57,66,70,91,94,104,113—114,119,127,129,144,146,150,153,159,175

nation,民族,**见全书**
national identity,民族认同,**见全书**
nationalism,民族主义,**见全书**
Nazism,纳粹主义,**见** fascism,法西斯主义
Netherlands,尼德兰(荷兰),**见** Holland,荷兰
Nigeria,尼日利亚,72—73,106—107,112,115,122,132,175
Normans,-dy,诺曼人,诺曼底,28,50,52—53,55—57,67
Norway,挪威,12,126

Occitanie,欧西坦尼亚,33
Oedipus,俄狄浦斯,1—4,19
Ottoman,奥斯曼,21,35,101—104,124,131,163

Pakistan,巴基斯坦,73,113,122,132,134
Palestine,-ians,巴勒斯坦,巴勒斯坦人,39,124,132—133,164
"Pan" nationalisms,"泛"民族主义,ix,81,82,171—172,174—175,176
patria,patriotism,祖国,爱国主义,10,13,76,85,88,117
Pericles,伯里克利,1,8,48
Persia,波斯,6—7,26—28,31—32,36,38,45—46,48,54—55,101,132
Philistine,非利士人,31,37,48,53—54
Phoenicia,腓尼基,31—32,37
Plamenatz,John,普拉梅纳茨,约翰,81
Poles,Poland,波兰人,波兰,7,50—51,62,83—84,85—86,125,128,156,163,167
political community,政治共同体,viii,ix,9—14,18,26,41,64,76,82,97,99,101,103—104,105—106,107,110,112,116—117,122,150—152,172
polulism,民粹主义,12,75,92,109,117
primordialism,原生主义,20,23—25,69
Prussia,普鲁士,**见** Germany,德国(日耳曼)

Québec,-ois,魁北克,魁北克人,125,**也见** Canada,加拿大

race,racism,种族,种族主义,17,21—22,83,95,108,143,160
region,-alism,区域,区域主义,ix,4,10,21,24,45—46,48,55,56,58—59,73,76,112,113—114,134,137,139,145—146,153,169,170,173
regna,政权,39,50,57
religion,宗教,4,6—8,14,17—18,20—21,23—29,31—38,40,45—46,48—51,54—55,58,62,64,68,84,96,101,103,113—114,115,117,123,143,145,147,160,162,170,187 n55
revolution,革命,5,59—61,64,90,96,147,149,167
Richmond,Anthony,里士满,安东尼,156
Romania,罗马尼亚,125,163,164
Romanticism,浪漫主义,66,91,100,

146,174
Rome, Romans, 罗马, 罗马人, 22, 27, 29, 31—32, 35, 50, 57, 85, 87—88, 92, 109—110, 150, 158—159, 174
Rousseau, Jean-Jacques, 卢梭, 让—雅克, 74, 75, 87—88, 93, 94—95, 109
Russia, 俄罗斯, 36—37, 50—51, 62, 67, 81, 86, 101—103, 107, 109, 127, 139, 148, 150, 156, 173; **也见** Soviet Union, 苏联

Samaritans, 撒玛利亚人, 34
Saxons, 萨克逊人, 39, 50, 55, 56
Scots, Scotland, 苏格兰人, 苏格兰, 39, 51, 56, 74, 138—139, 141
secession, 分离, ix, 41, 82, 104, 115, 124, 126, 131, 133—136, 137, 138—139, 142, 147
Serbia, Serbs, 塞尔维亚, 塞尔维亚人, 7, 139, 147, 156, 163, 167
Shaftesbury, Lord, 沙夫茨伯里, 勋爵, 75, 85, 86, 88
Shi'ism, 什叶派, **见** Islam, 伊斯兰教
Sikhs, 锡克教徒, 7, 27, 34, 37, 53, 62, 124, 134, 136
Simmel, Georg, 齐美尔, 格奥尔格, 27
Singapore, 新加坡, 135—136
Sinhala, 僧伽罗语, **见** Sri Lanka, 斯里兰卡
Slavs, Slavism, 斯拉夫人, 斯拉夫主义, 29, 51, 171—172
Slovak, -ia, 斯洛伐克的(斯洛伐克人、斯洛伐克语), 斯洛伐克, 21, 67, 164; **也见** Czechoslovakia, Czechs, 捷克斯洛伐克, 捷克人
Slovenia, -enes, 斯洛文尼亚, 斯洛文尼亚人, 125, 139, 147
Smith, A. D., 史密斯, A. D., viii
Somalia, -i, 索马里, 索马里的(索马里人、索马里语), 76, 104, 108, 124
Sophocles, 索福克勒斯, 1, 3, 8
sovereignty, 主权, 8, 15, 18, 51, 94, 101, 129, 130, 152, 168
Soviet Union, 苏联, viii, ix, 30, 103—104, 125, 138—139, 141, 147—179, 150—151, 154, 172—173, 174—175; **也见** Russia, 俄罗斯
Spain, Spanish, 西班牙, 西班牙的(西班牙人、西班牙语), 10, 27, 30, 57—59, 138, 165, 167, 173
Sri Lanka, 斯里兰卡, 7, 8, 136, 165
Stack, John, 斯塔克, 约翰, viii
state, 国家, **见全书**
Sudan, 苏丹, 115, 137, 139
Sumerians, 苏美尔人, 44
Sunni, 逊尼派, **见** Islam, 伊斯兰教
Sweden, 瑞典, 59, 67, 86, 165, 167
Switzerland, Swiss, 瑞士, 瑞士的(瑞士人), 7, 22, 27—28, 44, 65, 86, 146, 183n50
symbol, -ism, 象征(符号), 象征主义(符号体系), vii, 6, 11, 16, 20, 25, 28—31, 33, 40—41, 65, 70, 73—74, 77—78, 79, 83—84, 90—91, 94, 96, 104, 113, 115, 119, 129, 132, 146, 149—150, 159, 162, 163, 175, 188n17

Syria，叙利亚，112，113

Tanzania，坦桑尼亚，112，115
Tartar，鞑靼人，68
Taylor，David，泰勒，戴维，vii
Tell，William，特尔，威廉，22
territory，领土，viii—ix，4，7，9，11，13—16，22—23，25，27，39—40，45，48—49，64—65，69，78—79，80—82，99，104—105，107，111，113—114，117—118，120—122，123，129，133—134，137，140，144，147，150，152，166—168
Tilly，Charles，蒂利，查尔斯，27
tradition，传统，6，11—12，15—16，20，27—28，35，38，48—49，53，63，64—65，68，96，129，141，146，149，159，181 n11
transnational，跨国的，**见** international，国际的
Turkey，Turk，土耳其，土耳其人（突厥语系民族），21，26，30，101—104，128，132，164，171，172；**也见** Ottoman，奥斯曼帝国

Ukraine，-ians，乌克兰，乌克兰人，67；**也见** Soviet Union，苏联
Ulster，阿尔斯特，**见** Ireland，爱尔兰
United States of America，美国，10，90，119，125，149—150，174；**也见** America，North，北美洲
USSR，苏联，**见** Russia，俄罗斯，**以及** Soviet Union，苏联
Uzbeks，乌兹别克人，67；**也见** Soviet Union，苏联

Vietnam，越南，27
Visigoths，西哥特人，39，50

Wales，Welsh，威尔士，威尔士的（威尔士人、威尔士语），39，56—57，135，141
war，warfare，战争，8，10，26—28，31，34，47—48，53，56，60，77，116，136—137，151，156，163，166
Warren，Bill，沃伦，比尔，156
Weber，Max，韦伯，马克斯，5，6，26，128
West Indies，西印度群岛，108

Yapp，Malcolm，亚普，马尔科姆，viii
Yugoslavia，南斯拉夫，125，146—147，171；**也见** Croat，克罗地亚人，Serb，塞尔维亚人
Yoruba，约鲁巴人，24，112，135，175；**也见** Negeria，尼日利亚
Zaire，扎伊尔，112，113
Zimbabwe，津巴布韦，111，117
Zionism，犹太复国主义，**见** Israel，以色列
Zoroaster，琐罗亚斯德，27，36，54